21 世纪全国高等院校公共管理类规划教材

老年社会工作

主　编　吴　华　张韧韧

内 容 简 介

本书基于工作过程系统化的设计理念，以老年社会工作中的具体工作任务为主线，以个案、小组、社区社会工作三大工作方法在老年社会工作中的实际运用为切入点，以促进工学结合及实施"教、学、做"一体的教学模式为目标而编写。本书共分为两个部分：第一部分是老年社会工作的理论基础；第二部分为实务操作，选择了多角度的老人社会工作评估、老年社区照顾、老年机构照顾、老年教育、老年合法权益保障、老年社会保障、老年文化工作、老年婚姻与家庭、临终关怀等项目，教材内容编排与工作过程契合。每个项目都包括基础知识、案例示范、任务实训、巩固提高四个模块，具体的案例示范都以突出实际工作方法的训练及能力培养为目的。知识内容、实务内容都是按照完成工作项目的要求以及工作内容、工作过程进行设计，使"教、学、做"环节清晰，合理链接。

本书既可作为高等院校人文管理类专业"老年社会工作方法"课程使用的教材，也可作为相关社会工作者、社区管理人员的培训教材，以及自学者的自学教材与必备参考书。

图书在版编目(CIP)数据

老年社会工作/吴华，张韧韧主编．—北京：北京大学出版社，2011.7
（21世纪全国高等院校公共管理类规划教材）
ISBN 978-7-301-18911-5

Ⅰ. ①老⋯ Ⅱ.①吴⋯②张⋯ Ⅲ. ①老年人—社会工作—高等学校—教材 Ⅳ.①C913.6

中国版本图书馆 CIP 数据核字（2011）第 093036 号

书　　　　名：	老年社会工作
著作责任者：	吴 华　张韧韧　主编
策 划 编 辑：	傅 莉
责 任 编 辑：	傅 莉　段瑞阳
标 准 书 号：	ISBN 978-7-301-18911-5/C・0673
出 版 者：	北京大学出版社
地　　　　址：	北京市海淀区成府路 205 号　100871
网　　　　址：	http://www.pup.cn
电　　　　话：	邮购部 62752015　发行部 62750672　编辑部 62754934　出版部 62754962
电 子 邮 箱：	编辑部 zyjy@pup.cn　总编室 zpup@pup.cn
印 刷 者：	北京虎彩文化传播有限公司
发 行 者：	北京大学出版社
经 销 者：	新华书店
	787 毫米×1092 毫米　16 开本　14.75 印张　359 千字
	2011 年 7 月第 1 版　2024 年 12 月第 16 次印刷
定　　　　价：	39.00 元

未经许可，不得以任何方式复制或抄袭本书之部分或全部内容。
版权所有，侵权必究
举报电话：010-62752024；电子邮箱：fd@pup.cn

前　言

21世纪是人口老龄化的时代，中国是未富先老、较早进入老龄化社会的发展中国家之一。中国是世界上老年人口最多的国家，据有关资料报导，2009年中国60岁以上的老人为1.67亿，占全球老龄人口总量的五分之一。

民政部部长李立国表示，我国自1999年步入人口老龄化社会以来，日益呈现老年人口基数大、增长快、高龄化、空巢化趋势明显，需要照料的失能、半失能老人比例高等态势。人口老龄化对我国经济、文化、社会等各个方面的影响逐渐突显出来。如何应对这一巨大挑战，减轻社会和家庭的养老负担，并为老年人创造良好的养老条件和尊老氛围使其能够安度晚年，已经成为与老年相关的各学科研究的重点。在这些学科中，社会工作的作用日益受到人们的重视。我们今天面对的老年人，已经不仅仅是帮助他们解决温饱和安居问题，而是在其获得基本生存条件的情况下，如何满足其更高精神层面的需求问题。这也是现代化社会赋予老年人的权利。如何理解老年人和他们的需求，如何运用社会工作的知识与技巧，妥善解决老龄化所带来的社会问题，建立一个积极、和谐、健康的老龄化社会，提高老年人生活质量，是老年社会工作者的使命，也是我们编写此书的目的所在。

作为一门应用性极高的课程所使用的教材，本书以教育部《关于全面提高高等职业技术教育教学质量的若干意见》为依据，以案例为依托，以促进工学结合及实施"教、学、做"一体的教学模式、培养学生的社会工作操作能力为目标进行编写。本书结构的构建与教学内容设计体现出以下基本特点。

第一，知识内容与实际工作项目相一致。本书以老年社会工作中的具体工作任务为切入点，选择了多角度的老人社会工作评估、老年社区照顾、老年机构照顾、老年教育、老年合法权益保障、老年社会保障、老年文化工作、老年婚姻与家庭、临终关怀等项目，构建了教材内容体系，知识内容编排与工作过程契合。

第二，教材内容突出了实际工作方法的训练及能力培养。知识内容、实务内容都是按照完成工作项目的要求以及工作内容、工作过程进行设计。

第三，教材编排形式体现了对教学的适用性。教材编写以每个典型的工作项目为一个学习单元，每个单元由基础知识、案例示范、任务实训、巩固提高四个模块组成。教学内容的模块设计，使"教、学、做"环节清晰，合理链接。

因此，本书既可作为高等院校人文管理类专业"老年社会工作方法"课程使用的教材，也可作为相关社会工作者、社区管理人员的培训教材，以及自学者的自学教材与必备参考书。

本书由江苏建筑职业技术学院吴华、张韧韧合作编写，具体分工如下：张韧韧负责项目一、项目二、项目三、项目十的编写；吴华负责项目四、项目五、项目六、项目七、项目八、项目九的编写。徐州市民政局副局长王立峰，徐州市老龄办副主任石峰参与了本书结构的设计和部分实务案例的论证。同时，在编写过程中，本书充分吸收了行业职业专家、兄弟院校同行专家的建议和意见，借鉴吸收了有关教材和学术界的研究成果，并始终得到了北京大学出版社的指导与帮助，得到了中国高等职业技术教育研究会的大力支持，在此一并表示感谢。

由于编者水平有限，对很多问题研究不够，不足之处在所难免，真诚地希望各位专家、学者、读者不吝赐教。

编 者
2011 年 3 月

目 录

项目一 老年社会工作理论基础 1
 一、基础知识 1
  （一）老年人与老龄化 1
  （二）老年社会工作概述 4
  （三）老年社会工作的基本理论 6
  （四）老年个案工作 16
  （五）老年小组工作 20
  （六）老年社区工作 23
 二、案例示范 23
  （一）案例描述 24
  （二）个案社会工作模式在残疾人社会工作中的应用 25
  （三）案例评析 28
 三、任务实训 33
 四、巩固提高 34

项目二 多角度的老年社会工作评估 35
 一、基础知识 35
  （一）关于老年社会工作评估的认知 35
  （二）基本的社会人口特征资料评估 44
  （三）生理健康及生理机能评估 44
  （四）心理机能评估 47
  （五）社会资源系统评估 51
  （六）经济评估 53
  （七）其他环境评估 53
 二、案例示范 54
  （一）案例描述 54
  （二）案例评析 54
 三、任务实训 56
 四、巩固提高 57

项目三 老年社区照顾 58
 一、基础知识 58
  （一）社会支援与老人照顾 58
  （二）家庭养老的内涵 59
  （三）老年人的社区照顾 60
  （四）我国的社区居家养老服务体系 66
  （五）老年人社区支援网络 67

二、案例示范 71
　　　　(一)"金色夕阳"案例示范 71
　　　　(二)案例评析 74
　　三、任务实训 78
　　四、巩固提高 79
项目四　老年机构照顾 81
　　一、基础知识 81
　　　　(一)机构照顾的含义、分类及比较 81
　　　　(二)不同国家和地区机构照顾的分类 83
　　　　(三)影响老年人机构生活质量的因素 85
　　　　(四)机构照顾的模式与老年人生活质量的提高 86
　　　　(五)机构照顾中的社会工作介入 87
　　二、案例示范 93
　　　　(一)案例描述 93
　　　　(二)案例评析 93
　　三、任务实训 94
　　四、巩固提高 99
项目五　老年教育 100
　　一、基础知识 100
　　　　(一)老年教育的概念 100
　　　　(二)老年教育的内容 101
　　　　(三)老年教育的形式 102
　　　　(四)老年教育的意义 104
　　二、案例示范 105
　　　　(一)增权取向教育方案案例：晚年生活的技巧 105
　　　　(二)老年人生存方案 106
　　三、任务实训 107
　　四、巩固提高 108
项目六　老年合法权益保障 109
　　一、基础知识 109
　　　　(一)老年人合法权益的主要内容 109
　　　　(二)国家、社会、家庭在保障老年人合法权益中的责任 ... 110
　　　　(三)老年人合法权益的自我保护 112
　　　　(四)老年歧视 112
　　　　(五)老年人虐待 114
　　　　(六)老年人自杀 116
　　　　(七)社会工作者在保障老年人合法权益中的介入方法 ... 117
　　　　(八)社会工作者对老年人受虐现象的介入 119
　　　　(九)社会工作者对老年人自杀现象的介入 123

  二、案例示范 125
    （一）案例描述 125
    （二）案例评析 126
    （三）危机干预模式在残疾人社会工作中的应用 126
  三、任务实训 132
  四、巩固提高 132
项目七 老年社会保障 133
  一、基础知识 133
    （一）老年社会保障的认知 133
    （二）退休、离休、退职与养老保险的内涵 139
    （三）养老保险 141
  二、案例示范 146
    （一）案例描述 146
    （二）案例评析 150
  三、任务实训 151
  四、巩固提高 152
项目八 老年文化工作 153
  一、基础知识 153
    （一）老年文化工作的含义与原则 153
    （二）老年文化与中国传统文化 153
    （三）老年文化生活建设的特点及意义 154
    （四）老年文化生活的内容 155
    （五）社会工作者对老年文化生活建设的介入 159
    （六）老年文化服务 164
    （七）老年文化的产业化发展 165
  二、案例示范——老年社区活动项目策划书 167
  三、任务实训 168
  四、巩固提高 172
项目九 老年婚姻与家庭 173
  一、基础知识 173
    （一）婚姻对老年人生活的重要性 173
    （二）我国老年人婚姻状况 175
    （三）老年人的婚姻类型 175
    （四）影响老年人婚姻关系的因素 176
    （五）老年人的再婚问题 177
    （六）我国老年人家庭结构现状 183
    （七）老年人在家庭中的地位 185
    （八）空巢家庭 186
    （九）社会工作者对老年婚姻与家庭关系的介入 189

二、案例示范 195
　　　　（一）"老年生活趣多多"案例描述 195
　　　　（二）案例实施及评估 198
　　三、任务实训 202
　　四、巩固提高 209
项目十　临终关怀 211
　　一、基础知识 211
　　　　（一）死亡与濒临死亡问题是老年社会工作的一部分 211
　　　　（二）濒临死亡的人的身心特点 212
　　　　（三）临终老人的需要 212
　　　　（四）社会工作者在老人濒临死亡时的角色 213
　　二、案例示范 215
　　　　（一）案例描述——最后一个驿站 215
　　　　（二）案例评析 219
　　三、任务实训 220
　　四、巩固提高 222
参考文献 225

项目一　老年社会工作理论基础

项目简介

老年社会工作就是运用特定的知识体系和技巧，帮助老年人增强个人能力，并解决其所面临的各种问题的专业服务活动。这种助老自助的活动需要科学合理的方法，而社会工作的三大方法个案工作、小组工作和社区工作即可作为老年社会工作的方法。同时本章内容还将涉及老年社会工作的基本价值观及老年社会工作的相关理论。

学习目标

知识目标：通过本项目的学习，使学生掌握老年社会工作的三大方法，对老年个案工作，老年小组工作和老年社区工作的内涵和外延有全面而深刻的了解和认识。对老年社会工作的基本价值观和原则有充分的了解。对老年社会工作相关理论能深刻领会。

技能目标：通过本项目相关理论知识的运用，使学生可以掌握老年社会工作的基本技巧，能够开展老年社会工作的各项活动，能够独立从事老年社会工作。

一、基础知识

（一）老年人与老龄化

1. 老年人的界定

什么是老年人？国内外老年学家对老年人的定义有十几种观点。世界卫生组织和卫生部规定，60 岁以上为老年人。但在现实生活中，不难发现，同是花甲之人，却相差悬殊：有的身体健康，有的疾病缠身；有的活力四射，有的暮气沉沉；有的老当益壮，有的未老先衰；有的壮心不已，有的万念俱灰。显然，简单地从年龄或表面现象来划分老年人是很不科学的。究竟老年人的概念是什么？这的确是一个既简单又难以回答的问题。下面介绍四种界定标准。

（1）根据年代年龄界定老年人。

所谓年代年龄，也就是出生年龄，是指个体离开母体后在地球上生存的时间。西方国家把 45～64 岁称为初老期，65～89 岁称为老年期，90 岁以上称为老寿期。发展中国家规定男子 55 岁，女子 50 岁为老年期限。根据我国的实际情况，规定 45～59 岁为初老期，60～79 岁为老年期限，80 岁以上为长寿期。生命年龄指个体出生到现在按年月计算的时间而确定的年龄，又称"实足年龄"或"自然年龄"。人的生命年龄随岁月而增加，一年增一岁，这是普遍采用的方法。那么，人到多大年龄才算进入老年期？各国标准不一。西方一些国家一般将老年期的起点年龄定为 65 岁，我国则习惯定为 60 岁。1964 年我国第一届老年学与老年医学会议上明确规定，男女都以 60 岁以上为老年期。1980 年亚太地区第一届老年学学术会议也规定，60 岁以上的为老年人。

在中国民间，"年过花甲"即称为老年人。老年期是一个相当长的时期，不同时代有着不同的阶段划分。《周礼》曾将老年期分为五个阶段："五十曰艾，六十曰耆，七十曰耋，八十、九十曰耄，百岁曰期颐。"《说文》上则从 70 岁算起，将老年期分为四个阶段："七十曰老，八十曰耋，九十曰鲐背，百年曰期颐。"为研究方便，现代有学者把老年期划分为三个阶段，55～65 岁为老年前期，65～75 岁为老年期，75 岁以上为衰老期。

应该承认的是，每个人生命年龄增长的速度虽然相同，但由于其所处的客观环境千差万别，以及个人的体质等其他因素的影响，生命年龄并不能完全代表一个人的生理功能、心理状况以及社会活动能力等方面的内容。

（2）根据生理年龄来界定老年人。

即以个体细胞、组织、器官、系统的生理状态、生理功能以及反应这些状态和功能的生理指标确定个体年龄。生理年龄可分为四个时期：出生至 19 岁为生长发育期，20～39 岁为成熟期，40～59 岁为衰老前期，60 岁以上为衰老期。所以，生理年龄 60 岁以上的人被认为是老年人。但生理年龄和年代年龄的含义是不同的，往往也是不同步的。生理年龄的测定主要由血压、呼吸量、视觉、听觉、血液、握力、皮肤弹性等多项生理指标来决定。生理年龄指以正常个体生理学上和解剖学上的发育状况为标准确定的年龄，这一年龄是根据个体目前的健康状况（如细胞、组织、器官、生理功能等）以及反映其健康状况的生理指标来确定的。一般来说，生理年龄会随着生命年龄的递增而增长，也就是说机体的结构和功能会随着年龄的增长而发生老化性改变。

当然，生理年龄并不完全等同于生命年龄。由于先天遗传因素和后天环境、疾病、营养、运动等因素的不同影响，机体的生理功能、组织结构的老化速度是不同的，个体差异很大。例如，同为 60 岁，有人身板硬朗，精神抖擞，显得非常年轻，有的人却步履蹒跚，百病缠身，看上去很苍老。

（3）根据心理年龄来界定老年人。

即根据个体心理活动的程度来确定个体年龄。心理年龄以意识和个性为主要测量内容。心理年龄分为 3 个时期：出生至 19 岁为未成熟期，20～59 岁为成熟期，60 岁以上为衰老期。心理年龄 60 岁以上的人被认为是老年人。心理年龄和年代年龄的含义是不一样的，也是不同步的。如年代年龄 60 岁的人，他的心理年龄可能只有四五十岁。心理年龄是根据个体心理活动的程度与功能确定个体年龄的，也叫"智力年龄"，它反映出一个人在漫长的人生中其主观感受方面的老化程度。

心理年龄和生命年龄、生理年龄并不完全同步。例如，有些人年纪不大，但心理上却"未老先衰"、"老气横秋"，整日意志消沉，感叹生命苦短；而有些人年纪虽大，仍然思维敏捷、动作稳健，情绪乐观，可谓"老当益壮"、"人老心不老"。很明显，后者的心理年龄要低于前者。

（4）根据社会年龄来界定老年人。

即根据一个人与其他人交往的角色来确定个体年龄，它反映的是个体社会行为的成熟程度。也就是说一个人的社会地位越高，起的作用越大，社会年龄就越成熟。一般来说，社会年龄分为三个阶段：0~17 岁为未成熟期，18~59 岁为成熟期，60 岁以上为衰老期。社会年龄在 60 岁以上者为老年人。社会年龄和前面三种年龄并非一致。人们常说某人"老年持重"，意即一个人的社会行为稳重，而所谓的"老来少"则指老年人的行为返老还童。

综上所述，对老年人的界定有年代年龄、生理年龄、心理年龄和社会年龄四种标准。年代年龄受之父母，不可改变，但生理年龄、心理年龄和社会年龄却可以通过身心锻炼、个人努力加以改变，推迟衰老，弥补其不足。因此，一个人是否衰老，不能单纯看出生年龄，还要看生理年龄，尤其是心理年龄，人的心理状态对生活有很强的反作用力。所以老年人只要加强锻炼，不仅能使身体健康，而且能在心理上永葆青春。

世界卫生组织新提出的年龄划分法如下：

45 岁以下为青年；

45~59 岁为中年；

60~74 岁为年青的老人或老年前期；

75~89 岁为老年；

90 岁以上为长寿老人。

目前，我国 60 岁及以上的老年人口已达 1.26 亿，占总人口的 10%，并且老年人口还将继续以每年 3.2%的速度增长。据估计，2025 年我国老年人口将达到 2.9 亿。

2. 四种年龄的关系

人的四种年龄的发展速度通常并不同步，一般来说有下列几种情况。

（1）生命、生理、心理和社会年龄四种年龄发展基本同步。

大多数老人在离退休后随着体力的减退，不再担任任何社会职务，疾病增加，健康下降，感知觉、记忆力、智力、情绪、兴趣等心理能力迅速衰退，在人际交往、参加社会活动等方面也进入了低潮状态。

（2）生命年龄衰退在先，其他三种年龄老化在后。

我们看到，有的老年人虽已退休，但仍然"宝刀未老"，或自谋职业、继续创业，或积极参加社会活动、发挥余热，或热衷于琴棋书画、花草鱼鸟之趣，他们没有把职业当作生活的全部，而是将离退休视为一种生活方式的转变，一种身心自由发展的机会。

（3）心理、社会年龄老化在先，生命、生理年龄衰退在后。

这就是俗语常说的"未老先衰"。例如，有的人身体并无大病患，外表也无明显衰老症状，但对外界各种刺激的反应能力减弱，兴趣减退，回避社交，性情变得孤独、忧郁、封闭，甚至心智不明。

（4）社会年龄老化在先，生命、生理和心理年龄老化在后。

比方说，现在社会中典型的"59 岁现象"，一些人自恃过去功勋卓著、劳苦功高，临退休时变得胆大妄为，想趁机捞一把，因此在社会行为方面倒退到不成熟的状态或者说老化到利令智昏，结果自食其果。这就是社会年龄提前衰退的明显表现。

以上介绍了人的四种年龄：生命、生理、心理和社会年龄，而且这四种年龄的发展并不是齐头并进的。在人类无法改变的生命年龄的基础上，人们的生理功能、心理状况以及社会行为能力都不尽相同。由此可见，对于"老年期"的界定在不同的年龄背景下应该区别对待。尽管如此，我们也看到，这四种年龄都以60岁为起始年龄。因此，我们可以将一般意义上的"老年期"概括为年龄在60岁以上的人所处的生命周期，而60岁以上的人则称为"老年人"，在这一特殊的年龄阶段中，老年人在生理和心理等方面出现了较大的变化。

3. 人口老龄化

人口老龄化是指总人口中因年轻人口数量减少、年长人口数量增加而导致的老年人口比例相应增长的过程。国际上通常把60岁以上的人口占总人口比例达到10%，或65岁以上人口占总人口的比重达到7%作为国家或地区进入老龄化社会的标准。这包含两层含义：一是指老年人口相对增多，在总人口中所占比例不断上升的过程；二是指社会人口结构呈现老年状态，进入老龄化社会。

4. 积极老龄化

世界卫生组织（WHO）于1990年提出实现"健康老龄化"的目标。根据世界卫生组织1946年章程中关于健康的经典定义——"健康是身体、心理和社会功能的完美状态"，"健康老龄化"应该是老年人群的健康长寿，群体达到身体、心理和社会功能的完美状态。

1999年是国际老人年。在这一年的世界卫生日，世界卫生组织提出了"积极老龄化"的口号。"积极老龄化"比"健康老龄化"具有更为广泛的意思。"积极"一词不仅仅指身体活动能力或参加体力劳动，而且指不断参与社会、经济、文化、精神和公民事务。"积极老龄化"是指在老年时为了提高生活质量，尽可能获得最佳健康、参与和保障的机会的过程，适用于个体和人群。"积极老龄化"的目的在于使所有年龄组的人们，包括那些体弱者、残疾和需要照料者，延长健康预期寿命和提高生活质量。世界卫生组织强调以生命全程观点看待老龄化，老年人不是一个均一的群体，而且随着年龄的增长，个体差异有加大趋势。越来越多的研究表明，一些慢性疾病（如糖尿病和心脏病）的初始危险，在童年早期甚至更早就开始了。因此，在生命各个阶段进行干预，创建支持性的优良环境并进行有益于健康的选择是很重要的。

积极老龄化受围绕个人、家庭和国家的种种"决定"因素的影响。在理解积极老龄化框架方面，文化和性别是外围的决定因素，它们影响积极老龄化的其他决定因素。文化价值和传统在很大程度上决定一个社会如何看待老年人和老龄化过程。女孩子和妇女的社会地位如何，将影响老年女性的生活质量。积极老龄化的其他决定因素包括：经济（收入、社会保护和工作）、卫生与社会服务（促进健康和预防疾病、医疗服务、照料和社区服务、精神卫生服务）、社会（和平、平等、社会支持和学习机会等）、个人（遗传背景和心理因素）、行为（健康生活方式、自我保健）及环境因素（良好、安全的环境）。

积极老龄化是一项推动社会进步的公益事业，也是我们每个人都可能实现的目标。为此，不仅要靠国家和社会的力量，我们每个人也应做出积极的响应。

（二）老年社会工作概述

1. 老年社会工作的定义[①]

老年社会工作是针对老年人的问题与需要而产生的一种专业服务活动，它是指老年社

---

① 马伊里：《社会工作案例精选》. 华东理工大学出版社. 2007. P31

会工作机构和老年社会工作者运用社会工作的专业理念、方法和技巧，以利他主义为指导，为老年人及其家庭提供社会保障与社会服务，以协助老年人解决生理、精神、情感和经济等方面的问题，使老年人能够继续参与社会生活，幸福安度晚年的专业服务。

这一概念可从以下几方面来理解：首先，老年社会工作的服务对象通常是老年人及其家庭成员；其次，老年社会工作是在利他主义指导下的一种专业服务活动，因而在开展老年社会工作的过程中时刻需要把握社会工作专业的价值伦理与基本守则；再次，协助老人及其家庭解决各种生活困难和问题需要在社会工作的理论指导下并运用多种专业工作方法和技巧，以提高服务的有效性和针对性；最后，老年社会工作的最终目标是挖掘老人的潜能，提高老人的自助能力，促进老人的发展，使其顺利安度晚年。

2. 老年社会工作的主要内容[①]

老年社会工作的内容在不同的国家会略有不同。可以说，凡是协助老年人解决其生活困难或问题，满足其需要并帮助其进一步发展的服务，都可纳入老年社会工作的内容范畴。具体说来，各国老年社会工作的主要内容有如下几个方面。

（1）老年社会救助。

这主要是指为困难老人提供经济上的援助，也称为经济供养，以保障老年人的基本生活。通常来说，由于老年人退休以后，经济收入减少，同时疾病发生概率增加，医疗费用支出比例上升，老人没有渠道或者没有能力去获取资助，因而容易导致生活困难。社会工作者应积极接触处于经济困难中的老人，通过各种途径为其申请并及时获得有关经济或物质帮助，使其顺利渡过难关。

（2）老年生活服务。

这主要是指为老年人的养老提供各种生活上的辅导与照料服务，以帮助老年人解决一些生活中的困难，满足其基本需要。老年人的生活自理能力不断下降，特别是在丧失生活自理能力之后，生活的各方面都需要家庭成员帮助甚至代劳。但是，随着家庭规模日益小型化，子女数量减少，且大部分有工作，因此照料、护理老年人的时间越来越少。因而对于无子女或子女由于种种原因无法照顾的老人，可以到养老机构集中养老，也可以居家养老，由社区或志愿人员对其生活给予适当照顾。

（3）老年家庭关系处理。

在许多国家，老人都是与子女生活在一起，并由子女来提供养老服务，但由于两代人在生活方式、价值观念、兴趣爱好等方面存在着一定的差异，容易引发一些家庭矛盾，从而影响老年人的生活质量。因而协助老年人处理其与子女的关系，推进老年人与子女的相互理解与尊重，并调适老年夫妻之间的一些摩擦与冲突，以改善老年人的家庭环境，发挥家庭的正常功能，便成为老年社会工作的重要内容之一。

（4）老年心理辅导。

现代生活节奏的加快与生活压力的加大，容易引发各种心理疾病。随着年龄的增长，老年人不得不面对逐渐衰退的身体机能、退休以及随之而来的经济收入的减少与社会地位的下降、丧偶、病重、家人的变异、亲朋好友的生离死别等生活事件。这些通常会给老年

---

① 马伊里：《社会工作案例精选》．华东理工大学出版社．2007．P33

人带来严重的心理伤害,使老年人容易变得孤独、寂寞、忧郁,从而引发心理问题。所以,针对老年人或轻或重的心理不适,需要老年社会工作者去积极应对,以协助老年人进行自我心理调适,缓解其内心的压力,以对生活保持一种健康的心态。

(5) 老年社会参与和社会融合。

这主要是指为老年人提供各种文体娱乐活动服务,鼓励老年人走出家庭,寻找自己的生活乐趣,以丰富老年人的生活,并增加老年人之间的社会交往,排遣其寂寞和孤独的情绪,使得老年人老有所乐,而且还可在参与社会、服务他人的过程中,感受到自身的价值和尊严,从而以愉悦的心情度过晚年。

此外,老年社会工作的内容还包括老年医疗健康服务、老年教育服务、老年就业服务等内容,以使老年人尽可能保持健康的身心状态,并继续充实自己,为社会发挥余热,丰富老年生活,全方位地提高生活质量。可以说,老年社会工作的内容随着老年人对生活要求的不断提高、新需求的不断出现而会不断扩展。

3. 老年社会工作的价值观[1]

(1) 每个老年人都有改变的能力和要求发展的能力;
(2) 每个老年人都享有与他人同样的生存权利;
(3) 每个老年人都是一个独特的个体;
(4) 每个老年人都享有人的尊严,并且这种尊严必须受到尊重;
(5) 每个老年人都应该受到社会的关怀,尤其是受到贫困、饥饿、疾病和其他困难威胁的老人更应该受到社会的重点照顾;
(6) 每个老年人都有权利享受经济、社会发展带来的成果;
(7) 一个民主的和理想的社会应该不断修订和完善有关老人的社会政策与法律,为老人的生存与发展不断提供良好的社会环境;
(8) 在一个民主的社会里,每个老年人都享有下列最基本的权利:生存权、健康权、教育权、居住权、休息权、选举权、参政权及社会福利和人道服务的权利。

(三) 老年社会工作的基本理论[2]

1. 社会撤离理论

社会撤离理论又称脱离理论或休闲理论,这是老年学家提出的第一个有关老年的主要理论。其代表作是 1961 年出版的由卡明(Cumming)和亨利(Henry)合著的《年事日增》(Crowing Old)(或译作《逐渐衰老》)。

(1) 社会撤离理论的主要观点。

社会撤离理论认为,老年人年事已高、身心衰弱,不适合继续担任社会角色而应该撤离社会,这既有利于老年人,也有利于社会。具体观点如下。

① 老年人身衰体弱,形成了撤离社会的生理基础。老年人身体与日俱衰,易于患病,无法承担社会重任。

---

[1] 范明林:《老年社会工作》.上海大学出版社.2006.P16
[2] 刘静林:《老年社会工作》.中国轻工业出版社.2005.P99

② 老年人心理较为消极,经常想到死亡,甚至期盼死亡,其心理不适合不断发展的社会。

③ 老年人的撤离过程可能由老年人启动,也可能由社会启动。老年人主动退却,减少活动和社会联系,是老年人启动的撤离过程;社会对老年人的排挤、歧视和强制性退休制度,是社会启动的撤离过程。

④ 老年人的撤离状态有利于老年人晚年生活,否则老年人因再社会化能力降低,将无法满足较高生产能力和竞争能力的社会期望,容易形成较强的心理压力。撤离社会一方面可以摆脱职业角色的负担,保持一种平和心态,另一方面可以进入比工作角色更令人愉快的家庭关系。这些方面在改善老年人生活质量上的积极意义显而易见。社会发展需要代际交替。当老年人无法履行职业角色所规范的权利、义务和责任时,年轻人就要成为老年人的接替者,取代老年人的职业角色。这是社会发展的必然,也是时代变迁过程中不以人的意志为转移的客观规律。

⑤ 老年人的撤离过程具有普遍性和不可避免性。一方面,由于老年人不像过去那么能干或者可以依赖,必须由年轻人担任过去由他们占据的职位从而将他们排挤出去,以保持社会体系的平衡;另一方面,老年人自己也感觉到精力衰退,余日不多,选择了退隐。

(2) 对社会撤离理论的评价。

不可否认,社会撤离理论的确在一定程度上反映了老龄化社会的一些事实,但并不全面,该理论总的基调是消极、被动的,呈现出一种"无可奈何花落去"、"近黄昏"的心理。在当今时代,随着人类健康水平的不断提高和人均寿命的逐渐延长,社会撤离理论日益受到广泛的批评。对社会撤离理论的批评,大致集中在以下几个方面。

① 忽视个体差异。事实上当人们进入老年期后,因为各方面的原因,老年人之间是存在很大差异的。有的老年人年事已高,却仍然身体健康,精力旺盛,智力良好。特别是随着成功老化观念的倡导,某些老年人身体健康,仍然可以继续承担社会角色和责任。

② 忽视个性差异。个性差异是存在的,而且会对整个人生过程产生影响。性格开朗、喜欢交际、思维活跃的老年人可能并不喜欢、也不赞成撤离社会,而是主张继续参与社会活动,与社会保持密切联系。而那些性格沉闷、不喜交际的老年人,则比较愿意选择退避社会的生活方式。因此,撤离社会并非是所有老年人的选择,而只是符合部分老年人的意愿。

③ 忽视地位差异。老年人撤离社会的程度与方式往往与其在社会结构中所处的地位有关。老年知识分子参与社会活动的机会可能大大超过退休工人。即使同样深居简出,知识分子读报纸听新闻,心理和精神上依然保持着与社会的联系,而闭门养花的退休职工,则处于一种全方位的撤离社会状态。

④ 忽视撤离造成的弊端。老年人撤离社会,有对老年人和社会有利的一面,但也会造成明显的弊端,这是一个事物的两个方面。随着人口迅速老龄化,老年人增多所引发的问题也会逐渐严重。毋庸置疑,老年人完全撤离社会将意味着社会不得不面对巨大而沉重的负担。另据研究,有工作、有朋友和有家庭的老年人,其身心健康水平明显高于无工作、无朋友和无家庭的老年人。这也证实,撤离社会利弊兼有,不能一概论之,应作具体分析。

⑤ 忽视撤离的文化特征。社会撤离理论认为,撤离是不可避免的,构成了老年人遵

行的普遍规律。而在实践中,撤离行为常常表现出鲜明的文化个性,从而打破了撤离行为不可避免的理论思维。处于老年亚文化群体中,老年人是主要角色,没有心理压力,没有受歧视、被排挤的感觉,始终与社会保持着密切的联系。即使在崇尚年轻、崇尚技术的文化中,也并非所有老年人都被排挤于社会之外,而是有相当一部分老年人依然为社会所接受。从社会功能学角度来说,老年人的社会功能是其他人口群体无可代替的,因此社会撤离理论将老年人撤离社会绝对化,是不全面的。

⑥ 忽视老年完全撤离社会的负面意义。在人口日益老龄化的社会背景下,重视老年人力资源的开发和利用,也是解决老龄化社会经济压力的出路之一。再则老年人继续工作对老年人的身心健康均有积极意义。

社会撤离理论从理论高度总结了老年人与社会互动关系的特征,加深了人们对老年人社会特征的认识,具有积极意义。但是,社会撤离理论又忽视了老年人的复杂性,使理论观点流于简单化,因而成为当今最有争议的老年学理论。

2. 活动理论

活动理论在老年学领域中是一种优势理论。其代表作是美国学者罗伯特·哈维格斯特(R. Havighurst)与艾玉白(R. Albrecht)合撰的巨著《老年人》(Older People)。

(1) 活动理论主要观点。

活动理论认为,老年人应积极参与社会。只有参与,才能使老年人重新认识自我,保持生命的活力。

① 老年期角色与成年期不同,老年期的角色属非强制性的,更加符合个人意愿。

② 非强制性角色有益于改善老年人的精神状态。

③ 非强制性角色的数量与老年人精神状态呈正相关关系。

(2) 活动理论的基础。

① 老年人的角色丧失越多,参与的活动越少。

② 老年人的自我认识需要在社会活动中形成和证明。

③ 自我认识的稳定性源于角色的稳定性。

④ 自我认识越清楚,生活满意度越高。

这四个假设阐明了一种逻辑关系,即生活满意度源于清晰的自我认识,自我认识源于新的角色,新的角色源于参与社会的程度。

(3) 对活动理论的评价。

① 有利于老年人重新认识自我。从活动理论的要点和假设条件上看,活动理论与社会撤离理论的基本观点正好相反,活动理论主张通过新的参与、新的角色、新的自我定位以改善老年人因社会角色中断所引发的情绪低落,也就是获得新的自我认识。自我认识是个体对自身能力以及社会反映的一种综合评价。一般来说,社会角色及其相应的权利、义务和社会责任,是自我认识的物化形态。扮演一种社会角色,就获得一定的社会地位。角色更替、地位上升正是中年期活力之所在。进入老年期以后,角色中断,地位下降,构成老年人的孤独与郁闷,加深其老龄化程度。因此,改变老年人精神状态的方法之一,就是老年人重新认识自我。虽然老年期的新角色多为非强制性的,但其仍能体现人的价值和人

生价值，也能获得社会的尊重与回报。我国老有所为的很多事例均说明了这一点。

② 活动理论符合社会的价值体系。活动的理论观点在很大程度上是与社会价值体系相一致的，它强调参与、活动、与社会的认同。它也符合如下的调查结论，即精神状态、个人调节和活动水平之间存在一种肯定的、但非绝对的关系，因而受到老年人的欢迎。我国近年来所提出的"老有所为"理论，"六十而立"论，"开创人生的第二个春天"论，都是活动理论在中国的具体运用。"老有所为"理论还是活动理论的一种升华。

③ 活动理论利于老年人的健康。活动理论的基本观点为大多数老年社会工作者所肯定。在老年社会工作者看来，社会不仅在态度上应鼓励老年人积极参与他们力所能及的一切社会活动，而且应努力为老年人融入社会提供条件。现实的情况是，许多老年人想有所作为而苦于没有机会；一些老年人因退出社会主流生活而导致老年抑郁症。

④ 活动理论利于延缓老化。有些老年人因枯坐家中无人交谈而加速脑退化进程。现代医学证明，勤于用脑的人比懒于用脑的人，脑力活动退化的速度要缓慢得多，较少说话的老年人比常有人陪伴的老年人更易患老年痴呆症。因此，让老年人多活动，积极参与社会生活，对防止老年人大脑退化具有明显的作用。随着核心家庭和双职工家庭的增多，快速的生活节奏和竞争压力使子女很难抽出更多的时间陪伴老年人，所以，鼓励老年人自我调适、积极投身社会生活而不是独处一隅，就显得十分必要了。

⑤ 活动理论回避老年人的个性特点。活动理论得到多项老年人调查资料的支持，但也暴露出一些不足。比如，活动理论没有回答个性在老年人参与过程中的作用。有的老年人参与了但并不愉快；有的老年人没有参与，却很愉快。该理论观点也未能有效地解释个人经历与老年人晚年活动需求的关系。一般来说，中年期的活跃性格应该是老年期积极参与的前提，而实际上，有些开朗活跃的中年人，在老年期却喜欢安静地读书写字，不太愿意涉足社会活动。

3. 连续性理论

撤离理论和活动理论的局限性促成又一种老年学理论的出现，这就是连续性理论。该理论的重点在于解释老年人晚年生活的差异性。

（1）连续性理论的主要观点。

连续性理论认为，中年期的生活方式将会延续到老年期。换句话说，老年期的生活方式在很大程度上会受到中年期生活方式的影响。中年期开朗活跃者，老年期也会积极投入社会活动；中年期沉稳内向者，老年期一般不会热衷参与社会活动。

连续性理论是以对个性的研究为基础的。所谓个性，是指个体特有的感知方式和生活方式。不论年轻或年老，人们都有不同的个性和生活方式，而个性在适应衰老时起着重要的作用。从某种意义上说，个性是动态的，不断发展的，但它又是个体变化的稳定因素，始终扎根于过去。相当多的证据表明，正常的男性和女性并不因为年龄的增长而出现明显的个性脱节，相反却日趋连贯。随着年龄的增长始终是个性核心的那些特征，似乎变得更明显，个人一向坚持的价值观念益发显著。在保持完整的个性中，在环境许可下，公开行为的形式很可能与个性的潜在需要和个人的欲望更为和谐。

美国学者赖卡德（Reichard）、利呋森（Livson）和彼德森（Peterson）曾对87位年龄在55岁至84岁之间的老年人的调适情况进行分析，列出了五种主要的性格结构。调适正常的人可以归类为成熟型、摇椅型和装甲型，而调适不顺利的老年人则可归类为愤怒型或自我怨恨型。成熟型的老年人能正确认识自己和社会，既看到年龄增长的强处和弱处，又看到退休的不可避免性，坦然面对各种问题。摇椅型的老年人消极依赖，满足于既成事实，不为工作烦恼，也不为退休烦恼，对于社会活动漠然置之。装甲型的老年人性格刚毅，有独立见解，一般依赖于活动以显示自己仍具有的独立性。愤怒型的老年人时常感到年龄的极度威胁，始终处于一种不稳定的状态，对人对己对社会都是满腹怨言。自我怨恨型的老年人认为自己是个凄凉的失败者，生活于一种自我怨恨、压抑不舒展的心境中。

（2）对连续性理论的评价。

① 连续性理论注重老年人的个体差异。连续性理论看到了个体、社会老龄化的差异性，并用个性特征予以解释，弥补了撤离理论和活动理论的欠缺，这是一个进步。

② 连续性理论有明显的弱点。其一，将能否遵循早期阶段个性特征视为老年期结果良好与否的标准，忽视了个性特征的具体内涵。调节不顺利的愤怒型和自我怨恨型，无论是在中年期还是在老年期，均不会带来结果良好的生活方式。

其二，个性是发展的。健康状态不佳或经济水平下降以及事业不顺利，都有可能造成从中年期到老年期个性的变化，个性的稳定和发展，差别在于发展的程度。连续性理论未能充分考察连续性中的个性发展问题，不能不说是一个遗憾。

其三，个性的变化与社会变化有着密切的关系。存在决定意识。好的社会环境会塑造出好的个性，不好的环境会塑造出不好的个性。因此，脱离社会环境的因素，孤立地用个性阐释个体老龄化的差异性是不全面的。

4. 生死观理论

生死观是人们看待生死和对待生死的观点。对于老年人来说，生死观就是如何认识和对待余生和死亡的问题。

（1）生死观的主要观点。

生死观的一般观点基本上可以分成两大类型：积极型和消极型。

① 积极型。积极型生死观认为：生死是人的生命周期中的必然阶段，有生就有死，有死才有生，生死是个人无法选择的生命过程。但是，生死又不是纯粹的生理过程，它也是一个社会过程。只要认真地对待生命，科学地对待生命，生命过程可以延长，生命质量也可以提高。

② 消极型。消极型生死观认为：生死是不可避免的。何时生、何时死、如何生、如何死都不是个人所能左右的。因此，放弃个体的主观努力，一切采取消极态度，听之任之。

（2）对生死观理论的评价。

生死观的形成具有鲜明的时代特征和个体特征。

① 从时代特征看，社会发展程度直接影响到人们的生死观。在前工业社会，社会发展处于较低水平，科学技术落后，科学知识贫乏，人们不能认识和解释大量的自然现象和

生命现象，将生命的诸多现象归结于超自然的力量，"生死由命，富贵在天"，因而形成了消极的宿命论的生死观。进入工业社会后，随着社会迅速发展、科学技术水平的提高和科学知识的丰富，人们对自然现象和生命过程也有了较为深入的认识，不断揭示出生命的本质，因而逐渐形成了积极的唯物的生死观。

② 从个体特征看，文化程度、职业类型、性格特征以及生活环境都可能对生死观的形成有所影响。一般来说，高文化、脑力劳动、性格开朗等均有助于形成积极的生死观；相反，则可能促成消极的生死观。

（3）当代老年人的生死观特点。

生死观的形成与确立是一个复杂的问题。其复杂性不仅在于成因的多样性，而且在于成因过程的多变性。正是由于这些原因，在科学高度发达的现代，仍然有相当数量的人信奉宗教，用"回归上帝"安抚临终的生命，其中不乏从事科学研究的科学家，当代老年人的生死观有两个显著特点。

① 坦然面对生死问题。历经千载的努力，绝大多数人已不再怀有"永生"的幻想，而是坦然地接受了死亡不可避免的现实。面对这个现实，有些老年人算计着死亡时间和死亡方式，但更多的老年人将思绪集中于一些实际事务上，如提高身体素质、实现夙愿、帮助儿女、安排后事，立遗嘱等。据美国学者的调查，考虑实际事务的老年人大致占老年人总数的四分之三以上。一般来说，男性老年人考虑自身和家庭大事的较多，女性老年人考虑老伴和子女生活的事情较多。从这个意义上说，女性老年人面对生死问题表现得更加坦然从容。

② 死亡日益成为一种权利。长期以来，人们将死亡视为一个生命过程，一个不得不接受的客观安排。但随着社会经济的发展，人们开始意识到死亡也是一种人生的权利，一种虽不能拒绝但可以选择的权利，其表现就是"安乐死"。安乐死的主要形式之一是指当事人在生命熄灭的过程中，可以在没有任何外力强迫的情况下主动要求结束生命。这种死亡方式尽管还有待于法律上的认可，但实际上已为相当数量的人们所接受。安乐死的出现是生死观的一次飞跃，这次飞跃说明，人们不仅接受了死的客观规律，而且认为死并非完全是一件坏事，在某些条件下还是一件幸事，成为人们主动选择的行为。

5. 相互作用理论

相互作用理论又被称为符号互动理论，主要探讨环境、个体及其相互作用对老龄化的影响。这个理论包括象征性相互作用理论、标志理论和社会损害理论等部分。

象征性相互作用理论认为，在老龄化过程中，环境、个体以及个体与环境等因素的相互作用具有重要意义。尊老敬老的社会环境与积极参与的态度所构成的社会氛围，有利于提高晚年生活质量，延缓肌体老龄化。否则，将不利于改善老年人对社会的适应能力。据此，有的学者设计了社会环境模式，并提出了该模式的三个关键要素。其一，对起源于特定环境的规范期望的重视；其二，对个人交往作用能力的重视；其三，对特定环境下的能力与期望之间主观评价的一致性的重视。这三个要素的和谐程度将决定老年人的幸福感和老龄化水平。有的学者主张建立一种强调在社会体系内的角色选择和个人调节之间的相互作用的生态学说。依据这个学说，社会环境应提供尽可能多的选择机会，从而减少年龄标志在社会运转中的消极含义。同样，当老年人拥有较大的社会调节空间时，也就有了真正参与社会的可能。象征性相互作用理论的意义在于，它从社会系统角度出发，指出了随着衰老而产生的情绪低落和脱离社会环境并不是不可避免的，而是个人相互作用可能出现的一种可以改变的结果。面对老龄化过程，无论是社会还是个人，都不是束手无策的，而是有较大的选择空间的。制定适宜的政策与鼓励老年人积极参与是减弱老龄化消极影响的具体措施。

标志理论产生于象征性相互作用理论。该理论认为，人们在其社会环境中通过与其他人的交往来认识自我。也就是说，自我认识源于交往模式。交往模式的基本原则是，以最小的代价从相互联系中得到最大的报酬。只有当交往收益大于支出时，交往活动才会继续。如果与支出相比，物质或非物质的报酬发生贬值，社会接触就会中断。交往模式实质上是以个体拥有的资源量为基础的。中年人占有较多的"资源"，构成交往过程中的施主角色，因而社会联系较广；老年人"资源"减少，成为交往过程中的受主角色，社会联系也就相应减弱。交往模式的变化会直接影响到自我概念的形成，一旦社会把老年人归入不同的范围，老年人便依据这些划分做出相应的反应。在崇尚年轻和技术的社会中，老迈与无用是对老年人的基本评价，老年人则将自己置于顺从的角色，因为"温和的姿态"是取得社会容纳和支持的唯一交换物。

社会损害理论（又称社会分化理论）和社会重建理论都是从标志理论派生而来的。社会损害综合征是指已有心理问题的个人所产生的消极反馈。循环一旦开始，便会强化无能意识，从而引起更多的问题。生活在充满对老龄化偏见的环境中，老年人也会出现类似情况。老年人的依赖被视为年老而渴望受到关注。为了进行交往，老年人常常不知不觉地屈从社会暗示而接受社会赋予的消极特性，从而更深地陷于依赖状态，使独立自主的能力逐渐衰退。在盛行高生产率价值观念的社会中，老年期的社会损害综合征是一种普遍现象。

针对社会损害综合征，社会重建理论认为，通过向老年人提供机会，让他们生活在不受社会总价值观念影响和结构适当的环境中，以增加其自信心和独立意识，可以干预这个循环，中断这种进行性的损害。虽然重建环境并非易事，但相互作用理论毕竟为我们指出了一个方向，使我们能够从更广阔的角度审视老年人问题。

6. 年龄分层理论

年龄分层理论是由美国学者赖利（M. W. Riley）和福纳（A. Foner）提出的。这个理论以社会学创立的角色、地位、规范和社会化为基础，分析了年龄群体的地位以及年龄在一个特定社会背景下的含义，试图形成一个理解老年人社会地位的框架和包括整个人生的老龄化概念。

年龄分层理论认为，年龄不是一种个人特征，而是一个带有普遍性的标准，也就是说年龄是现代社会各方面的一个动态成分。我们经常将社会标以年龄层次，如"青年"、"中年"、"老年"等，当人们的年龄从一个层次转移到另一个层次时，社会赋予人们的角色与责任也会发生相应变化。这种角色与年龄之间的关系，可以称为角色的年龄参数（如劳动角色规定为15岁至59岁），或者年龄的社会参数（如男20岁、女18岁才能结婚）。

角色与年龄之间的关系是一种相关关系，而不是一种函数关系。达到某一年龄层的人，并不意味着必须担任某种社会角色；同样，出任某种社会角色也并不意味着必须达到某一年龄层。然而，就社会一般原则和规律而言，社会角色与年龄层还是有某些联系的。就个体情况而言，其间的差异性是主要的。

（1）年龄分层理论具有四个要素。

第一个要素是有一个由不同人组成的群体。这个群体可以按照年龄或其他发展标准划分为若干个年龄层（子群体），又称"同期群"。处于同期群中的人一方面处于生命过程的同一阶段，如在学、成婚、工作、退休等等；另一方面拥有共同的历史和社会背景，如经历二次大战、经济大萧条、"文化大革命"、改革开放等等。有着共同历史和经历的同期群个体往往具有相同的或近似的价值观或看法，赖利称之为"同期群中心"。这就是说，年龄、经历和观念是构成同期群的三个主要特征。

第二个要素是各个年龄层对社会的贡献或反应能力。不同的年龄层具有不同的能力，也就有不同的社会责任。经济发展、技术水平、文化观念以及健康状况，都会对年龄层的能力及其贡献产生影响。老龄化过程，实际上就是从一个年龄层向另一个年龄层的运动，也就是能力与贡献变化的过程。

第三个要素是年龄层的社会形式，它是通过社会作用表现出来的。年龄可以直接起作用，如妇女受孕的生理限制、成年人必须年满18周岁、60岁退休等等。年龄也可以间接起作用，如担任行政官员的年龄条件等等。年龄层及其应承担的社会作用之间的关系，不是固定的，而是灵活的，具有一定的社会发展的意义，也表现出社会发展对年龄层的需求。

第四个要素是与年龄有关的期望，它包含在人们对所扮演角色的反应方式中。年轻人活泼浪漫，老年人沉稳持重，是社会对相关年龄的正常期望。即使在一些与年龄不相称的行为之中，年龄也仍然会起一定的作用。期望并非见诸文字或语言，它是一种公众共同认可的意识，它"是适当的行为沿着一个滑动的尺度在作用较宽的界限中变动，从而使人的作用持续若干时间而没有严重脱节或不协调的感觉"。

年龄分层理论四要素实际上体现了生理人（年龄、能力）与社会人（角色、期望）之间的关系。作为一般规律，年龄、能力、角色和期望应是一致的，但在实际的运转过程中，差异性与不协调性仍是非常明显的。

（2）年龄分层理论具有两个内在干预因素。

前述四要素之间的衔接与运转会受到两个内在因素的影响，即群体流动和老龄化因素。

群体流动是指促使年龄层次形成的各种因素，其中最主要的是出生率、死亡率和迁移。从人们出生之时起，就犹如踏上了自动扶梯。虽然同期群个体同时登梯，同时上升，但在上升过程中，就会发生变化。有的人因迁移而他往，有的人因死亡而离去，有的人因获得了新的社会属性而无法走完全程。最后，留在扶梯中的人越来越少，直至全部死亡。

个体老龄化是指衰老的过程，"老龄化形式不仅因社会而异，因国度而异，而且即使在同一社会，相继群体的老龄化模式也可以不同。"群体流动和老龄化因素直接作用于同期群的规模与能力水平也会导致同期群中个体变化的众多特殊事例。

（3）年龄分层理论具有两个外在干预因素，即分配因素和社会化因素。

角色分配是给各种年龄的人分配和再分配合适角色的过程。随着社会经济的发展，社会对角色数量的需求和分配角色的标准均会出现变化，这样就会使同期群中的人，有的能够获得角色，有的得不到角色，有的荣任高一级角色，有的俯就低一级角色。社会化是保证个人从一个年龄层次顺利过渡到下一个层次的手段。所以，社会化不仅仅限于年轻人，而且应该贯穿于整个人生过程，社会化是毕生的。但在复杂的工业化社会中，角色分配的标准日渐模糊，社会化过程大为削弱，因而构成了一种角色分配与社会化脱节的倾向，有的学者称之为个人压抑。

年龄分层理论通过对要素及其过程的分析，试图揭示老龄化过程差异产生的秘密。该理论认为，当同期群登上人生扶梯之时，他们面临着与先期群并不完全一样的环境，内外干预因素都会出现变化，因此同期群的老龄化形式和先期群的老龄化形式会有所不同。同样，后续群体的老龄化形式也会有异于现在同期群体。除此之外，在内、外因素的干预下，同期群中能力的差异、角色的差异和期望的差异都是不可避免的，由此构成了处于社会不同层次成员在老龄化过程中的层次差异。

虽然就目前水平而言，年龄分层理论提供了一个较为全面的老龄化理论，但它依然受到了学术界的批评，其存在的不足是：

（1）该理论根据年龄或生命阶段来评价年龄，而不太考虑身体因素、个人处于特定地位的时间长短以及身体、心理和社会功能水平的重要性；

（2）该理论对个体老龄化的特征、因素分析尚嫌薄弱，对影响老龄化过程的一系列外因过程（除已提到的）也未详加论述。

7. 老年亚文化群理论

老年亚文化群理论最初是由美国学者罗斯（Rose）提出的。该理论旨在揭示老年群体的共同特征，并认为老年亚文化群是老年人重新融入社会的最好方式。

按照罗斯的观点，只要同一领域成员之间的交往超出和其他领域成员的交往，就会形成一个亚文化群。老年人群体正是符合这个特征的一种亚文化群体。

老年亚文化群的形成有客观背景和主观背景。在客观背景中，法定的退休制度是进入老年期的最主要标志。老年公寓、老年服务设施和老年活动场所的兴建，加强了老年人之间的接触。老年人数量的迅速增加，也是引起社会关注老年人问题并将老年人作为一个群体认识的重要方面。在主观方面，相同的背景（衰老、孤独、60岁以上等）、问题（物质需求、精神需求、照料需求）和利益（"五个老有"）发展了老年人之间的关系，使他们彼此之间的交往多于与社会其他成员的交往。主观的吸引和客观的推动，共同促进老年亚文化群体的形成。

由于构成老年亚文化群体的客观背景与主观背景在很大程度上是不受意志左右的，所以该群体中重要的是身体健康和活动能力，而职业、教育或经济特征则不如中年期那样重要。大概正是这些原因，在老年亚文化群中，老年人可以找到共同语言，较少感受到年龄歧视，容易认识自我，对社会的沟通和认同感也会增加。

在西方国家，有一种观点，认为老年亚文化群是一种小众群体，与少数民族群体有着相似的问题，如经济地位低、就业机会不平等。随着老年人数量和交往的增加，老年人不再满足现有的社会地位，一些老年组织开始组建，构成了潜在的社会势力。

老年亚文化群理论指出了老年人活动和地位的一般特征，但这一概念不能应用于所有情况和所有老年人。在某些环境下，如论资排辈的环境中，老年人就拥有较高的地位，也能掌握较多资源，如知识、关系网、经济控制权、潜在的权利等。有的老年人生活在几代同堂的家庭中，很少与外人交往，成为老年亚文化群的观望者。

8. 角色理论

角色理论是社会学理论之一，也是社会老年学家解释个体如何适应衰老的最早尝试之一。角色理论认为，每一个人一生中都要扮演多种角色。角色是个人与社会相互接纳的一种形式。个体通过角色形成自我概念，获取相应的社会地位和社会回报；社会通过角色赋予个人相应的权利、义务、责任和社会期望。可以说，角色是个人以自身对社会的贡献满足自身物质需求和精神需求的一种形式，满足程度随角色变更而提高。

老年人的角色变化与中年人不同，它不是角色的变换或连续，而是一种不可逆转的角色丧失或中断，例如因退休而丧失劳动者角色，因丧偶而丧失配偶角色等。虽然并非百分之百的老年人都无法重返原劳动岗位，但至少绝大多数老年人或因知识陈旧、或因体力衰弱、或因单位满员、或因制度限制而没有再次扮演原角色的机会。角色中断或丧失意味着从"一个人物"变成了"什么都不是"，连带着就是回报减少、地位下降、无人睬无人问。这种变化自然会引起老年人心理失衡，郁郁寡欢，从而损害其健康状况。

因此，角色理论认为，从社会学角度来说，老年人适应衰老的途径，一是正确认识角色变换的客观必然性；二是积极参与社会，寻求新的次一级角色。

9. 交换理论

交换理论是由美国社会学家埃默逊（R. Emerson）和布劳（Z. Blau）提出的，用以说明存在于年龄层次中的结构性不平等，从而揭示出老年人地位下降的原因。

交换理论认为，每一个人都有不同于他人的自我需求和资源资本，社会互动就是通过资源交换满足自我需求的行为。资源交换不是随意的，而是个人与个人之间在交换过程中对利润和成本、取与给的计算与运用。在互动过程中，人们总是以最小的成本换取最大的报酬，也就是不做无利润的支出。

从上述观点出发，老年人地位之所以下降，其根本原因是缺少可供交换的资源和价值。因此，如何保持现有的资源资本是提高老年人地位的根本。

10. 现代化理论

美国学者考吉尔（D. Cowgill）和赫尔姆斯（L. Holmes）在讨论人口老龄化问题与现代化的关系时提出了几个命题，我们称之为现代化理论。

该理论认为，现代化社会与老年人的关系具有两重性。现代化社会一方面推进了人口老龄化和老年人数的增加。比如，老年的概念与现代化的程度有关。在工业化以前的社会里，40岁或50岁就已算是老年人了；在现代化社会中，老年人是指60岁或65岁甚至是70岁以上的人。寿命长短也与现代化水平有直接关系。出生率下降和寿命延长增大了老年人数量在总人口中的比例。另一方面，现代化社会又削弱了老年人的社会地位。比如，现代化社会强调变迁移动，这不利于老年人；现代化社会强调个人中心主义，老年人地位会受到损害。因此，如何既保持现代化社会的水平，又有效地保护老年人利益，值得人们继续研究。

（四）老年个案工作

1. 老年个案工作定义

老年个案工作就是老年社会工作者依托老年服务机构对老年人个人或者家庭提供物质与情感支持和服务，旨在改善老年人生活环境与条件，增强其社会功能，提高老年人适应社会和应对困难的能力的活动过程。它是个案工作方法与老年学的结合，是个案工作方法在老年工作中的应用。

2. 老年个案工作的基本原则[①]

正如在世界上找不到两片相同的树叶一样，在世界上也找不到两个相同的人。老年个案工作是为个别老年人提供服务的，因此老年个案工作要遵循它自身独特的原则和要求。这些原则大致如下。

（1）尊敬与信任的原则。

如果我们在观念上就对老人持排斥和歧视的态度，视他们为社会和家庭的负担，觉得他们老朽、昏庸、无能，只能消极地适应生活，那么，就从根本上无法从事老年个案工作。只有从观念上接纳并尊敬老人，并相信他们有能力改变自己的生活而不是冥顽不化，才会有信心通过帮助去改变老人的生存环境，提高他们的生活质量，使他们有一个幸福的晚年。

（2）相互信赖的原则。

能否与老年案主建立起相互信赖的关系，这是老年个案工作能否得以进行下去的保证。只有那些与老人案主接触时，持不批判态度并给予案主积极支持的工作人员，才可能与案主建立信赖关系。工作人员要真心地去关心案主，了解他们的真实感受，并对他们的感受做出积极的反应。老年案主从这种回应中得到安慰，使他们感到自己不再孤单，这样方能营造一个让案主自由倾诉的氛围。当然，也只有那些有意愿改变自身处境的老人才可能在心理上不抵触工作人员的帮助。因此，对那些无此种愿望的老人，我们不能强行建立某种关系。

（3）耐心倾听的原则。

老年人有多种性格类型。有些老人性格内向，寡言少语，对不熟悉的人有较强的防备心理，加之对年轻的工作人员不信任，他们常表现出懒得开口，对问题不以作答的态度。另一类老年人则可能表现出喋喋不休、自顾自地不停说话，压根不去关心对问题的回答。这两种情形，都要求工作人员要有耐心、认真倾听案主的问题，不随意打断案主说话。如果工作人员表现出任何不耐烦和反感的情绪，都会使良好关系的建立受损。对于沉默寡言的老人，在开始交谈时可先不要涉及案主存在的问题，而是聊一些与他有关的日常小事，让案主感到工作人员对他真诚的关心，这样才能使辅导得以继续下去。而对于反复唠叨、说话啰嗦的老人，我们可以在适当的时候告诉他"这事你已经提及过了，我已知道"，但语气要委婉，否则会使老年案主感到自己讨人厌。对于这类案主，有时他是依靠说一些无关紧要的话来掩饰自己的真实问题所在，工作人员要善于从他的叙述中抓住重要的事实，

---

① 刘静林.《老年社会工作》. 中国轻工业出版社. 2005. P177

把会谈引导到辅导的目标上去,避免把会谈变为无目的的交谈。

(4)促进自信的原则。

除了耐心以外,工作人员还需多鼓励案主,对于他们取得的任何一点改变都应及时地给予称赞,以促进他们自信心的建立。但切忌不符合实际的奉承和过分的夸奖,不要让老人感到工作人员在敷衍他,是不真诚的。

(5)自我选择的原则。

提出解决问题的意见后,要让老年案主自我选择、自我决定。尽管在实际的辅导过程中,许多老人都会说"请你帮我拿个主意吧,我真不知该怎么办了",但每个老人对于自己能够做出决定还是十分高兴的,能让他们感到自信和力量。因此,我们不仅要相信老年案主有能力做出决定,而且应积极鼓励老年案主参与计划的制订与策略的选择。让案主参与决定的过程,能使案主在实施决定的过程中更具积极性。

(6)个别化的原则。

许多国家的调查表明,人们总是很容易按照某种固定的类型和范畴去理解老年人,认为老人大多残弱、贫穷、孤寂、固执,而老年人实际的状况要比人们想象的好得多。尽管老年人随年龄的增长会带来生理的变化,但这些变化并不是千篇一律地按同一模式发生在每个老人身上。有些60岁的老人可能比30岁的年轻人更健康,在心理上更愿意接受新事物。一些老人健康、健谈且风趣幽默,欣然接受老之将至;另一些老人则可能唠唠叨抱怨、心灰意冷。有的老人把生活安排得井然有序,有固定的目标,参加各类活动;有的老人则终日无所事事,愁闷着等待天黑。事实上每一个老人都是一个独特的个体,都有他们自身的个性和特点,我们切不可用某一固定的模式去套他们的生活。

3. 老年个案工作的辅导方法[①]

(1)怀旧。

怀旧,即是让老人回顾他们过往生活中最重要、最难忘的事件或时刻,从回顾中让老人重新体验快乐、成就、尊严等各种有利身心健康的情绪,帮助老人找回自尊和荣耀。这一方法被一再证明对调整老人心态十分有效。

例如老年社会工作者在北京临终关怀医院接触到这样一个案主。该老人在20世纪五六十年代曾是北京市和全国劳动模范,曾受到过多位国家领导人的接见。老人因腰肌疾病无法直立行走,只能卧床接受治疗。由于他一生勤劳,乐于助人,对自己需他人服侍的现状无法接受,造成精神压抑,导致精神障碍。对于这样一位功勋卓著的老年人,在没有用怀旧手法治疗以前,老人已被数次转院,多家医院都因老人的怪癖而拒绝继续为他治疗。院方的老年社会工作者通过让老人回顾过去岁月中那些令人骄傲的事件和时刻,使老人重新找回了自尊,有勇气面对自己目前的实际情形,配合医生积极治疗。

另一方面,通过怀旧,老人也可能再次体验过往岁月中不愉快的事件。老人对不愉快事件的追述能在一定程度上缓解了他们的自责和内疚,减轻焦虑不安的感受。辅导者也应从旁疏导老人,让他们认识到,也许这是不得已而为之,过去的就让它过去吧。

[①] 陈杏铁,张正义:《老年社会工作》.中国人民大学出版社.2003

(2) 生命回顾。

生命回顾是指通过生动缅怀过去一生成功和失败的经历，让老人重建完整的自我。鼓励老人将整个人生的经历尽可能详尽地倾诉出来，以达到内省的目的。生命回顾与怀旧不同的是，它是对整个人生的回顾，而不只是回顾生命中最重要的时刻和事件。因此，它更系统详细，也更能让老人面对自己的人生境遇，体味人生的价值和意义。生命回顾的方法已被成功地运用于治疗老年病，特别是那些患有抑郁症的老人。在当今世界上最流行的三种晚年精神病中，抑郁症的发病率最高。抑郁症最典型的症状之一，就是对生活失去兴趣并伴有轻生念头。通过生命回顾，许多老人减轻了自责内疚的焦虑心理，重塑自我，找回了生命的意义。生命回顾和抗抑郁药物的配合治疗，经临床证明对老年抑郁症疗效明显。

4. 老年个案工作的辅导技巧（应该注意的方面）

(1) 与案主建立互相信任的关系。

怀旧和生命回顾这两种方法需要建立于相互信任的工作关系上。因为只有信任，老人家才肯将其一生的经历说出来。与案主建立信任的关系是老年个案辅导工作最基本的要求。

(2) 注意辅导的过程。

开展老年个案辅导要注意过程，鼓励老年案主将往年经历诉说出来，初期时可集中于较为开心的人生经历，然后才到较为消沉的往事。

(3) 注意老人的情绪。

侧重聆听老年案主于诉说经历时的感受，尤其注意他们喜怒哀乐的情绪，对那些被压抑的感受，例如内疚及自责等，则应协助他们抒发出来，例如，对老年案主的自责，工作人员可以这样开导："您说一家人的生活，由大屋搬到现在的天台木屋，都是您一手造成，但是这并非您所愿的，因为您当初拿钱去投资，都是想他们住得好些，是吗？"

(4) 注意老人对子女的感受。

对那些有子女的老年案主，他们作为父母的经历及感受是需要表达出来的，这有利于个案的诊断及治疗。例如：对部分自责不能尽到家庭责任的老人可以这样说："到现在我才明白，您如此闷闷不乐，是因为您觉得以前没有能力供子女读中学，而现在您又要依靠他们养您，您是否觉得自己不是一位好父亲呢？"

(5) 协助老人抒发痛苦的感觉。

对于有丧偶之痛，加上因病或意外而导致身体伤残的老年案主，工作人员要协助他们将痛苦的感觉抒发出来。当案主知道有人肯接受及了解他们的哀伤时，慢慢便会接受这些痛苦的现实。

(6) 协助老人重返现实。

当怀旧情怀抒发出来后，工作人员可采用"时间紧迫"技巧，协助案主从过往生活重回现实中。例如："既然您觉得自己为了这个家已尽了很大努力，但您的情绪长年累月如此低落，又不肯与人沟通，难怪家人为您担忧。刚才您又说自己年纪不小了，不如您给我说说您仍感兴趣或仍想去做的事，看看我可否帮您？"

(7) 防止老人过分自责。

生命回顾是协助老年案主中肯地评价自己一生的经历，而不是让他过分自责。遇到老人有过分自责的情形时，工作人员应帮助案主分析导致自己失败的外在因素，例如经济不景气等，以避免案主将所有责任归咎于自己身上。

5. 老年个案工作的注意事项

（1）对老人要有信心。

老人家不是固执及不肯接受改变的群体，只要工作人员能体察他们的需要，尤其是理解老年人对改变所带来的缺乏安全感的恐惧，他们是愿意接受工作人员的辅导的。切记成功的口诀是："要体谅他们的需要、恐惧及安全感，而不是说教式的指导。""您应该如此"或"应这样做"，这些话只会引起老人家的反感及抗拒。例如在协助老年人处理亲子关系时，较为有效的说法是："我感觉到您似乎是害怕独子结婚后迁出，觉得这样像失去了他，但假若您勉强他留下来同住，大家亦未必相处得来。"

（2）生活应重质不重量。

"夕阳无限好，只是近黄昏。"这种说法对老人不合适，因为它令人错觉老年工作是消极及暗淡的。有些人反对老年人再婚，以免制造新寡，这是不公平的。虽然年老接近死亡，但这并不等于由60岁开始，样样事情都不能做。对老人家来说，生活应该重质不重量，就是生活要有意义，这样才活得开心。所以老年工作的方针应使老年人能寻找生活的满足感，达至老而安怀。

（3）接纳老人的思想与行为。

切记不要批评或谴责案主本人或其行为，此点尤在处理老人与其家人或朋友相处的问题时更要注意。因为批判的态度只会使老年案主运用防卫机制，抗拒与工作人员合作，因而阻碍问题的解决。较有效的工作方法是接纳案主，对他所做的一切给予正面的反应（如理解和关注）。例如，当婆婆不断责骂媳妇万般不好时，工作人员应耐心地说："看来您的媳妇确实令您烦躁不安，但是一直埋怨下去也不能解决您的愤懑，不如讲讲她应如何服侍您。"只有等案主将期望具体说出来，才能找出真正排斥媳妇的原因。很多时候服侍不好只是表面的现象，真正的渊源极可能是老人家对这段婚姻不满，或不满媳妇唆使儿子婚后迁出祖居。

（4）要有耐性，给予案主积极的支持。

这一条尤其适用于辅导情绪低落的老人家，因为他们大多沉默寡言，有时更会十问九不答。这类老人家其实不想向不信任的人倾诉苦恼，如果工作人员明白这点，便会在接触初期，耐心及主动地倾听老人的述说，让案主领会到工作人员对他的关心。当信任的工作关系确立了，案主自然会找工作人员帮忙。较易入手的话题，便是从案主的健康状况及他的喜好开始。

（5）要信任老人。

可从老年案主最关心的需要及问题入手，包括健康、住房及经济方面。先处理较容易处理及可以改变的问题，例如协助他们申请豁免住院费用，有助他们开始信任工作人员。在辅导过程之中，最好采用同感的关心，而不是同情的怜悯。同感是指工作人员很快及敏感地了解案主的感受，并对老年案主的感受做出有目的及适当的关心。例如："您的媳妇如此对您，难怪您如此愤怒，有时您更会反问自己，谁才是婆婆，是吗？"当信任的工作关系确立时，才易于进一步处理较为敏感的情绪问题，例如死亡及丧偶之痛等。

（6）着重有效的沟通。

辅导的初期，工作人员应以"少说话，多聆听"为原则，不要过早中断老年案主的倾诉，但这并不等于任他们随时更换话题。首先，善于倾听是有效沟通的第一步，除了注意表面的问题外，更重要的便是了解背后的内容及老人在当中的感受。例如老人说："我不了解为何我常与媳妇争吵，我们似乎不能住在一起。"工作人员应回答："经常的争吵您觉得很烦，您担心你们不可能住在一起，但您又舍不得与您的独子分开住，如何是好呢？"

其次，将话题集中于核心问题上，追问案主多些有关问题发生的情形，从而有助判断治疗的方法。切记不要问案主为什么要这样做，因为他们通常不知如何回答。亦不可让案主时常更换话题，因为这样会无法集中讨论问题的根源及研究解决方法。

最后，不要忘记与老年案主在主要问题上订立工作契约，即日后面谈辅导的重点及目标，这样便可以避免案主时常更换话题，而将讨论时间集中于工作重点上。

（7）要真诚称赞案主的进步。

在现实生活里，老年人很少有机会被人称赞，所以当老年案主及团体成员有改进时，工作人员应诚恳地称赞他们，这样便可以继续鼓励他们改善问题或开放自己。赞美可以是口头上的，更可在团体进行时说出来以得到更大的支持。但称赞切记要真诚，值得称赞才称赞，而不是夸大式的奉承，只有赞之以诚，老人才会欣然接受。

上述的工作技巧若运用得当，便能很快地与老人家建立信任的工作关系，以及可将讨论有效地集中于问题上，去寻找解决问题的方法。

（8）切记不要犯以下的禁忌。

① 一开始便指出老人不妥的地方。因为这样会引起老人的反感，不利于与老人建立一种良好的关系。

② 过早要求老人做这做那。在老人没有了解清楚情况之前，过早要求老人做这做那，只能使老人反感。

③ 要他们在很短时间内改变很多现实情况。这样会使老人感觉力不从心，产生畏难情绪，从而使老人不愿意与工作人员再继续合作下去。

④ 太积极推销自己的见解。太积极推销自己的见解，一方面会让老人觉得工作人员不尊重他，从而不愿与之合作；另一方面会让老人觉得工作人员在自吹自擂，从而对其产生不信任感。

⑤ 太早处理敏感而又根深蒂固的人际关系问题。对于这类问题，其原因往往比较复杂，在没有充分了解事情的来龙去脉之前，仓促处理往往会不得要领，甚至会把事情搞得更糟糕。

（五）老年小组工作

1. 老年小组工作的定义[①]

所谓老年小组工作是指在社会工作者的协助和指导下，利用老年组员之间的互动和小组凝聚力，帮助老年组员学习他人的经验，改变自己的行为，正确面对困难，恢复自己的社会功能和促进自己成长的专业服务活动。

适合老年人开展小组工作的小组主要有以下几种类型：

① 老人社交康乐小组；

---

① 该文章转载自无忧考网：http://www.51test.net/show/1192341.html

② 老人支援小组；
③ 老人治疗小组；
④ 老人服务小组；
⑤ 护老者小组。

2. 老年小组工作的基本原则

（1）不先入为主的原则。

做老年团体工作，要善于观察，详细分析才得出结论，不要先入为主。不要先行假设有些老人爱参加团体活动，有些老人不爱参加团体活动。事实上绝大多数老人都有被人关注、与人交往的愿望。

（2）照顾特殊的原则。

工作人员一定要有耐心、细致、来周到的工作态度，要尽可能考虑到每个老人的特殊需要。如果一个工作人员总是举着图片来示意大家活动规则而不是传阅图片，则必然挫伤视力不好的老人的自尊心。因为活动开始后很可能就他一人不懂规则，显得十分愚笨。

（3）组团适当的原则。

团体成员的组织与选择要恰当。一个腿脚不便者自然不愿呆在一个爬山或跳舞的活动团体中，正如一个曾是医科教授的老人不愿意呆在"疾病预防扫盲小组"一样。因此，团体成员的合适安排，是使老人能够继续参加活动并对团体活动感兴趣的重要因素。一般来说，宜把教育水平大致相当、身体活动能力无甚差别的老人组成一个团体。有些工作人员诉苦，花很大精力准备的团体活动，老人们不感兴趣，原因就在于工作人员对老人的生活背景缺乏了解。把那些年轻时曾热衷于体育活动的老人组成"体育迷"团体，让他们对体育评古论今，这一定会使他们情绪高昂。

（4）不强求的原则。

工作人员虽然应尽可能调动所有老人参加团体活动的积极性，但对个别不愿意参加活动的老人则应尊重他们的选择。

3. 老年小组工作的技巧

小组工作有不少方法和技巧。一般而言，较为适用于老人的是"直接式小组方法"。它强调工作人员通过小组活动程序，先活跃小组气氛，待成员较为熟悉后，才进一步探索他们对小组程序及日后活动的兴趣。所以，在小组活动开始时，尤其在第一次聚会时，工作人员应该先与成员玩1~2个热身游戏，促进成员之间的认识并带给他们欢乐，这样才能把小组气氛弄好。

这些游戏的选择，以简单、易玩、好笑为主，但不可太幼稚或捉弄人。所采用的游戏，应与成员的背景有关，例如进行"自我介绍"时，鼓励成员说出1~2句地方话，然后看看小组内有没有同乡，然后请他们介绍自己，说出自己的兴趣，当轮到工作人员时，可以学说一种地方话，以换来成员一笑，把小组气氛带入欢乐之境。然后工作人员可以再玩一个与小组主题或成立目标有关的游戏，通过活动让老人体会小组的性质。例如在"快乐之家"的小组内，工作人员事前准备好一批小礼物，或在小组内鼓励成员预备好小礼物，送给同乡的成员，以增进彼此的感情。这些简单而易行的方法，可在很短时间内使成员知道小组的宗旨。

此外，老年小组工作还有下列主要的技巧。

(1) 要有充分的准备。

工作人员在小组活动之前，要做好充分的准备工作。尤其是第一次小组活动，工作人员事先要有周密地考虑，包括语言的运用、游戏类型的选择、让大家互相熟悉的方式等，都应有充分的考虑。第一次活动要使成员感到轻松自然、愉快开心、活泼有趣。可让成员轮流自我介绍以增进成员之间的了解，也可通过寻找相同"属相"来促进成员间的互动。

(2) 组织简单易学的活动。

所组织的活动或游戏一定要简单易学，使老人一听一看就懂，还要使游戏具有趣味性。切记不要选用太抽象或太难的游戏或程序，例如对于年纪老迈的成员来说，应尽量避免拼图游戏或一些过分考验体力及眼力的游戏，否则老人会因做不到而感到自己无能。工作人员应以缓慢、清晰、大声的语言讲解规则，要确保每个成员都明白。

(3) 及时赞赏有能力的成员。

工作人员要不失时机地把握赞赏成员能力的机会。例如当他们成功地完成一个游戏或讨论时，便应立刻真诚地说出他们与众不同之处，透过赞赏去增加成员之自信心，从而使他们积极参与。赞赏应是真诚的鼓励，而不是夸大的奉承。同时，对于个别以自我为中心的成员，工作人员要加以引导、规范，甚至批评，使他们不至于影响团体工作目标的达成。但应注意不要责之过严，使老人感到沮丧。

(4) 要关心老人对活动的感受。

工作人员要关心每个成员对活动的感受，发现一些成员对活动反应冷淡时，要适当调整活动程序，以避免冷场。要防止团体内成员自发形成"小山头"，一经发现，工作人员要巧妙地运用随机抽样的方法组织团体活动，自然令其拆散，以达到所有成员互动的目的。

(5) 要及时调整小组活动。

在团体中期时，工作员要评核小组之发展以及所订立之目标，有哪些达到了，有哪些仍未做到，然后考虑采用何种方法加速小组之发展。例如"快乐之家"的小组，在小组活动中期阶段，应该令成员感觉到"快乐"及"家"的成分。但是当成员时常缺席，或欢乐的气氛较少出现时，工作人员便应尽快找出原因，作出调整，以便使活动能开展下去。例如成员觉得小组早期的游戏不好玩，因为讨论问题多于游戏，后来工作人员通过分组游戏及比赛，去刺激成员的参与，增强成员"家"的观念，在一片欢乐和好玩的气氛下，成员终于体会到他们是在一个欢乐的大家庭内，发展到成员可以相互探访所住的居所的程度。

(6) 要赏罚分明。

当成员讨论切题及符合小组活动程序的目标时，工作人员应鼓励成员继续讨论下去，并且帮助成员领略当中的意义。当讨论偏离主题时，例如某个老人滔滔不绝地说自己的时候，工作人员应技巧地指出所说内容中哪些可以配合小组宗旨的部分，然后通过快速的总结，将说话的机会交给尚未发表意见的成员。通过这样直接式的指导，工作人员便可关注到各成员的表现。

(7) 要有圆满的结局。

小组活动将结束时，工作人员不要到最后一节才宣布活动结束，否则老人有被遗弃的感觉。最好能在活动结束前一段时间告诉大家，巧妙地讲出它结束的原因，使成员有足够的心理准备。另外，亦可将结束变成一个欢快的毕业聚会，并且应及时评价活动的成败及每个成员的表现。

（六）老年社区工作

1. 老年社区工作的定义[①]

所谓老年社区工作就是指通过社会工作者运用各种工作方法，改善老人与社区的关系，提高老人的自助、互助能力，促进老人的社区参与，通过老人的集体参与去改善他们的生活质量的一种服务活动和服务过程。

2. 老年社区工作的开展

根据国外社区工作的定义和发展经历，可以知道社区居民参与社区事务和社区民主建设是社区工作的核心，因此，在海外老年社区工作中，"增权"、"充实力量"、"增加机会"等成为重要的概念。在中国开展老年社区工作，除了强调提升老年人的民主意识、民主权利和参与社区公共事务机会之外，还要积极组织老人自助和互助，积极开展各种为老服务和老人文化娱乐活动，以提高老年人晚年生活质量。

具体而言，在中国，老人的民主参与、能力建设、社区服务、社区康乐、社区教育、社区照顾等，应该都是开展老年社区工作的重要内容，限于篇幅，本节着重介绍老年社区服务和老年社区照顾的有关内容。

（1）老年社区服务。

所谓老年社区服务就是指政府或非政府团体通过社区组织和社区所在的福利机构为解决社区老年人的实际困难与满足各类需求而有针对性地提供设施与服务的福利性项目的活动。

（2）老年社区照顾。

老年社区照顾的概念与老年社区服务的概念有相近的地方，但是严格地说，老年社区照顾有两个基本含义：一是使老年人不脱离他所生活和熟悉的社区，在本社区内接受服务；二是动员社区资源，运用社会人际关系资源开展服务。

二、案例示范

失明是痛苦的，尤其对于已有多年的视觉能力却一朝突然失明的人来说，那种痛苦更是难以言表。在现今的社会中，由糖尿病等疾病导致的这类后天失明者为数不少，他们一般都不大为人所知，总是尽力隐藏自己，回避社会交往，因而带来严重的情绪和适应问题，甚至对未来生活完全失去信心。当上海市开展助残员工作，委派助残员进行挨家挨户调查时，才发现了一些具有这类残疾特点的视障人士，并针对性地开展了相应的工作。由于个

---

① 无忧考网：http://www.51test.net/show/1200831.html

案社会工作是通过一对一的直接方式为案主提供需要的帮助,能协助案主寻找有效的途径来解决问题,因而对这类后天失明者的心理康复较为适用[①]。

（一）案例描述

1. 基本情况

宋某,男,62岁。退休前曾是上海某大学教职员工,工作认真,性格开朗,善于与人交往。59岁那年,因患Ⅱ型糖尿病,且病情严重,最后导致双目失明。失明后,宋某一直待在家里,与收音机为伴,不愿外出,害怕别人知道自己的情况。周围的邻居和不在上海的亲戚都不知道他失明的事。只有需要理发时,他才由爱人领出家门。

失明后的宋某情绪非常低落,原先的开朗性格已了无踪影。随之而来的是自暴自弃,认为自己原先是一个可以照顾家庭和他人的人,现在却变成了需要别人照顾的废人,每天的饮食起居都由妻子代为照料,吃饭时的感觉再也没有失明前的感觉好了。对于他而言,失明后的每餐饭等于是在吃杂烩饭(饭菜不分),没有任何良好的味觉和食欲。双目失明后,即使是在家里,在这个最熟悉的环境里,他都无法迈步,只能整天坐在床边听收音机。有电话来了,他也不能很好地接听,有人来敲门,他更是拒绝开门,因为从床边摸索到房门口的这段距离对于他而言实在是太困难了。

妻子和孩子曾劝宋某能在他们的陪伴下,常出门走走,但遭到他的拒绝。他把自己完全地封闭了起来,使自己越来越远离失明前的生活,整天沉浸于对自己失明的哀叹中。

某年5月,上海在各个街道的居委会设立助残员工作点和助残员岗位,帮助开展残疾人的普查、访问、训练、就业指导等工作,积极向残疾人宣传有关保障残疾人的法律、法规及政策,帮助残疾人争取自己应有的权益。这时,宋某所在的居委会也派了一位助残员小殷挨家挨户地调查现有居民患有残障的情况。

那天,小殷来到了宋某的家,敲门,他不开,问了好几次,屋里才有回应声。当时,小殷不知道宋某是位失明者,宋某隔着房门告诉她自己看不见,问小殷是谁,小殷告诉他自己是居委会的助残员。他问小殷有什么事,小殷告诉他现在在做残疾人调查。宋某还是不放心地问了好长时间,小殷也给他解释了很久,把调查表中他的地址、姓名念给他听,并告知自己也是残疾人,这样宋某才放心地开了门,让小殷进去。那时,小殷看到宋某没有使用盲杖,只是靠手摸索前来开门的。小殷柔声地问宋某失明是怎么造成的,宋某起初不愿讲,经多次询问后才告诉小殷是因为糖尿病造成的。

助残员小殷发现宋某失明已有时日,但他失明后没有任何独自活动的能力。于是,小殷将宋某的情况向街道有关人员做了汇报,决定第二次家访时邀请宋某参加盲人定向行走的培训,但遭到宋某的拒绝。

2. 问题分析与评估

本案例并不是案主或其家人及邻居主动求助被发现的,而是在上海市推广助残员工作,开展门对门、户对户的残疾人调查工作时发现的。因此,对于案主而言,他并不想让人知道自己失明的情况。在调查中,助残员小殷发现了宋某失明这一情况,当时宋某对于

---

① 张福娟:《残疾人社会工作案例》。华东理工大学出版社．2010.3．P125

小殷的调查极不信任,也不愿意配合,在小殷的仔细解说后,他才愿意开门接受调查。所以,小殷上门调查遭到冷遇,说明案主宋某不欢迎陌生人的打扰,同时对于陌生人有着不信任的态度。

在搜集了宋某的相关资料后,助残员小殷发现宋某是后天失明,而且是临近退休时失明的。因此,宋某的心理感受比其他失明者都要来得强烈,并且宋某失明后,很小心地隐藏自己,尽量不让人知晓,还刻意地回避社会,回避以往熟悉的人和事,同时,反过来又觉得自己已被社会所抛弃,情绪比较消沉。

因此,助残员小殷首先应该以真情打开宋某的心结,通过讲述自己残疾的亲身经历,拉近与宋某的距离,进而使宋某对她产生信任和认同;然后,与案主建立良好的工作关系,解决其情绪问题;与案主的家人接触和联系,介绍街道相关的训练内容;鼓励案主走出家门参加有关生活自理能力的培训;与案主就目标问题、服务时间及服务安排达成协议,确定问题解决的办法;最后完成任务,检验完成的情况等。

(二)个案社会工作模式在残疾人社会工作中的应用

根据案例情况分析,此项工作的总体目标是:提高案主宋某的自信心、自尊心、应对压力的承受力以及战胜疾病的能力;在有关残疾人训练服务结束后,让案主对新生活和未来进行规划;帮助案主重树生活的信心,确定新的人生观和价值观。

助残员小殷与街道民政干部和区残联有关工作人员根据宋某的情况,为他设计参加活动的计划,并由小殷与宋某的家人联系,支持和鼓励他参加定向行走的训练。

在第一次家访了解案主宋某的情况后,第二次家访是在两个星期后进行的。助残员小殷带着与街道民政干部制订的计划去找宋某谈话。那天,宋某没有像第一次那样不给小殷开门,但小殷让他走出家门、参与活动的提议遭到拒绝。

【谈话举例1】

社工:宋老师,我是居委会助残员小殷。

宋某:助残员小殷?

社工:对呀,就是两个礼拜前来您家做调查的小殷。

宋某:啊,想起来了,我这就来开门。

社工:谢谢您,宋老师。

宋某:小殷,你今天来有什么事吗?

社工:宋老师,今天外面天气很好,我想陪您出去走走,并与您商量件事。

宋某:出去走走?哎呀,不要了吧,自从59岁那年失明后,我出门的次数屈指可数。只有要理发时,我才让我爱人搀我出门。我眼睛瞎了,出门不方便。

社工:没关系的,宋老师。出去感受一下外面的世界,心情也会好一些的。

宋某:不要了,出去只会丢人现眼,碍手碍脚。

社工:怎么会呢?

宋某:不瞒你说,小殷,我眼睛失明的事邻居还不知道,我没有告诉除我家人以外的人,甚至在外地的亲戚都没有告诉。眼睛瞎掉又不是一件光彩的事,晓得的人越少越好。你陪我出去走不就让大家知道我眼睛瞎掉的事了吗?

社工：宋老师，没关系的，眼睛失明又不是一件见不得人的事。
宋某：算了吧。小殷，你说还有事与我商量。
社工：对，是有件事要与您商量。
宋某：什么事？
社工：街道告诉我，不久后，区里将组织视障人士参加定向行走训练，有盲协的老师来指导和上课，我们想请您去参加。
宋某：咳，小殷，凡有关出门的事你就不要再提了，我是不会去的。

第二次家访在外出和训练的问题上，助残员小殷吃了"闭门羹"，但她没有气馁，而是与街道有关人员商量，决定以真情打动宋某，帮助他走出家门，参与活动。经过小殷多次上门家访，宋某终于答应参加区里组织的定向行走训练。

【谈话举例2】

社工：宋老师，今天想不想出去走走呀？
宋某：小殷，你别再为我出门走走的事操心了。出去和在家都一样的，我已经说过了，眼睛失明后，看不见以往能看见的东西，出去走走也是毫无意义的。
社工：宋老师，出去走走和在家是不一样的。出去走走，虽然不能看到以往的景色，但能感受到车声、人流声，感受到各种事物发出的声音，听了心情也会好些。在家里实在太安静了。
宋某：我反对出去，最主要的是别人不知道我失明的事，这一出去不都知道了，太丢人了！没有面子！不去，不去。
社工：宋老师，我记得第一次家访时我告诉您我也是个残疾人。
宋某：嗯，对，记得。那是怎么一回事？
社工：我小时候得过小儿麻痹症，后来病好了，但落下了严重的后遗症，我的双脚不能直立行走，只能在地上爬。父母不相信我从此以后站不起来，他们背着我去各家医院看病，并严格训练我。在父母的努力下，我的腿渐渐地有能力走路，到最后硬是锻炼出来走路的能力。现在，我的腿能行走，也让我有机会去帮助更多的残疾朋友。
宋某：小殷，这样看来，你的父母很不容易，你也很不容易。但我的眼睛和你的腿不同，它看不见了，再怎么锻炼也是无法复明的。
社工：宋老师，您的话不错，但我们可以通过其他方法让您再"看见"呀。
宋某：小殷，你以为我不想吗？自从失明以后，我唯一可以做的事就是听收音机，我只能通过它来打发漫长的每一天，我的心里憋得难受。原先，在这个家我是当家的，里里外外都由我来照应，现在可好，我什么事都不能做，连吃饭都要爱人夹菜给我。你说我又能有什么办法"看见"呢？
社工：有办法，只要您肯走出家门，参加定向行走训练，就能帮您"看见"事物，帮您独立活动。
宋某：定向行走真有这么大的作用？不过，我还是害怕别人知道，以前我可是大学的教职工，现在这样出去难免会被人笑话。
社工：宋老师，没有关系的。别人不会看不起您，也不会笑话您的。这几年您失明在家，没有向有关部门报告，可能不知道有盲协、残联这样的机构。现在我告诉你，近几年来，国家非常重视残疾人的工作，从方方面面关心残疾人，现在又在居委会设立助残员岗位，就是让我们助残员来帮助社区中的残疾人解决困难。如果我不能解决的问题就请街道来解决。

　　社工：那么，定向行走训练开班时，我来带您去参加。

　　宋某：既然你这样说，我就不再坚持了，我去试试看。但我长期不出门，现在出门走远路看来有一定的问题。

　　社工：只要您肯参加训练，出门的事我来解决。

　　在小殷的耐心劝说下，宋某终于答应走出家门参加训练。到了7月，上海的气温异常地高，小殷为了帮助宋某走出失明的阴影，不顾天气炎热，坚持每次接送宋某参加定向行走训练，在刚开始的时候，还向居委会借来轮椅，推着他去训练。有一天，小殷在送宋某回家的路上碰到了宋某的爱人。当宋某的爱人看到小殷拐着腿推着轮椅时，心里非常感动，也有些内疚，并把这事告诉了宋某，从此宋某不再坐轮椅，坚持自己行走。

【谈话举例3】

　　宋某：小殷，那天听我爱人讲，你的腿走路不灵活，你怎么不跟我讲，还要推着轮椅接送我参加训练？我实在过意不去。

　　社工：宋老师，我的腿虽然走路有些拐，但我还是能独立行走的，推您来去应该没问题的。您看，我不是很好地做到了嘛。

　　宋某：小殷，我谢谢你，谢谢你对我的关心，但今后你不要再推我去参加训练了，我也应该把老师上课教的内容在生活中加以练习，这样以后才能独立行走呀。

　　社工：宋老师，您有这样的想法很好。但现在您刚开始学习，还是由我来接送，您可以自己将学过的方法在来去的路上实践操练一下，我扶着您。

　　宋某：好，那就这样说定了。

　　经过近两个月的训练，宋某学会了内时钟定向法、外时钟定向法、盲杖握法、二点式三点式斜杖行走法及上下楼梯等定向行走的方法。在生活中，他的性格也日渐开朗，开始在家慢慢摸索，能独立做些家务了。

【谈话举例4】

　　社工：宋老师，最近感觉好吗？

　　宋某：嗯，很好！谢谢你，小殷。多亏你叫我去训练，现在我能做的事可多啦。比如说吃饭，以前要我爱人夹菜给我，现在只要告诉我菜碗的方位，我就能顺利地夹到菜，吃饭的味道也恢复到以前没有失明的时候了。还有，只要家里的东西固定摆放，我也就能帮着做些诸如洗衣服、使用微波炉、烧水等事，我又能为这个家分担一些了。

　　社工：好呀，宋老师，很高兴看见您又恢复原有的快乐。训练课程还有一个月，您要坚持下去。

　　宋某：我会的，因为现在的这些方法让我尝到了甜头，我还想做得更好些。你放心，我会坚持的，不然的话，太对不起你，也对不起我的家人及街道的有关工作人员了。

又经过一个月的训练，宋某学会了独立行走技巧、上下公交车、公交车入座后的姿态、在地铁内走盲道、持杖上下滚梯等方法，他的活动区域逐渐扩大，同时也结交了不少新朋友，也不在意邻居和其他人知道自己失明了，开朗的性格又恢复了。助残员小殷结合宋某的学习，带他乘坐公交车和地铁，让他感受到生活的快乐。

【谈话举例5】

社工：宋老师，现在您独立行走的能力很强，我看您走得蛮好。

宋某：是呀，现在我自己能上下楼梯，能走出家门去外面"看看"，还能自己打电话了。邻居们也都知道了我失明的事，他们都很关心我，有时会来带我出去逛一圈。

社工：宋老师，您看，邻居并没有因为您失明而嫌弃您吧。

宋某：是呀，他们对我很好，有时带我去对面的小花园，在那儿，我结识了不少朋友，和他们谈得很投机，有时碰头时间到了，我如果还没到，他们就会派个人到家里来接我。

社工：宋老师，看到您开朗、健谈的样子，我很高兴。

宋某：恢复原有的我，这还是你小殷的功劳。如果你不坚持与我谈心，不坚持让我去参加定向行走训练，恐怕就没有今天的我，我可能还在自卑自怜的情绪中生活，现在可好了。小殷，最近我还结识了一位朋友。

社工：是吗？那位朋友怎么样？

宋某：那位朋友与我有相似的经历，他现在看东西模糊，也面临着失明的危险，心情很糟糕，就像当初的我一样。我把自己的事讲给他听，帮他调整心态，积极面对生活。想想刚失明时，我觉得自己是个累赘，不如死掉算了。但现在，我要好好地活着，还要去帮助更多需要帮助的残疾朋友。

社工：宋老师，听您说这番话我很感动，谢谢您！你现在还有什么需要我帮忙的吗？

宋某：有件事需要您帮忙，就是能否帮我找一个钟点工，每天定时来接送我去小花园，并帮我打扫一下房间，我想为我爱人减轻一点负担。

社工：好的，宋老师，这件事我会帮您办妥的。

宋某：谢谢你，小殷！

没过几天，助残员小殷就帮宋某找来了一名可靠的钟点工。宋某的生活非常有规律，自从有了钟点工后，他再也不愿一直待在家里，而是喜欢去外面结交朋友，喜欢与人交流。小殷基本保持每周与他联系一次，宋某的干预过程到此基本结束。

（三）案例评析

1. 理论分析

在社会生活中，个人常常会面临一些社会适应问题，如贫困、失业、疾病、人际关系紧张等。当问题超出了个人本身力量所能解决的极限时，就需要专业人员协助解决。个案社会工作正是协助个人寻找有效途径来解决问题的方法。

（1）个案社会工作界定。

美国社会工作学者鲍尔斯（S. Bowers）认为："个案社会工作（Social Casework）是一门艺术，这种艺术以人际关系的科学知识与改善人际关系的专业技术为依据，启发与运用个人的潜能和社区的资源，促使案主与其所处环境（全体或部分）之间有较佳的调适关系。"这是个案社会工作中最具代表性的一个定义。

美国社会工作者协会出版的《社会工作百科全书》认为："个案社会工作所注重的不是社会问题本身，而是'个案'，尤其是注重为社会问题所困或无法与社会环境或关系圆满适应的个人或家庭。个案社会工作的目的是对于人与人或人与环境的适应遭遇困难的个人及家庭，恢复、加强或改造其社会功能。"

由此可知，个案社会工作的性质是一种助人的方法与事业。其特点是通过工作者与案主面对面交流的方式直接提供帮助。个案社会工作是以个人或家庭为服务对象的，它是一种科学的方法，是以现代社会科学中关于个人与社会的关系、个人发展以及人际关系调整的专门知识为基础的。这一工作途径一方面直接作用于个人，通过心理调整，激发案主的潜能，改变其行为方式及对环境的态度。另一方面，个案社会工作认为，人的问题的产生除了本身的原因外，还有环境的因素，两者往往是共同起作用的，所以除了心理方面的治疗外，还需要改善其生活的环境，通过直接向案主提供社会资源，或改变案主生活中其他人对案主的态度与行为，来改善其生活境遇和社会生活。个案社会工作的目标是协助社会功能失调的个人，改善其生活、增进其幸福。但是个案社会工作并不是替案主直接解决问题，而是助其自助，致力于案主健全人格的成长、积极态度的建立与正确行为模式的形成，从而增强其适应社会生活的能力。

个案社会工作主要处理个人及其家庭的社会适应问题，即家庭成员之间的冲突与紧张、与家庭外其他成员之间的冲突与紧张、社会适应功能方面的问题（如贫穷、疾病、失业等）。本案案主需要解决的问题是因疾病而造成的社会适应功能问题。因此，对于本案而言，助残员工作的目的就是协助案主改善生活环境，改变生活态度、行为方式、心理动机，强化生活适应能力，发展潜在能力。

（2）个案社会工作的实施理论。

个案社会工作在许多学者的研究下发展出了多种学派，提出了不同理论取向的社会工作实施模式，如功能学派、心理与社会学派、问题解决学派、行为矫正学派等。本案所采用的实施理论是心理与社会学派的观点。

心理与社会学派个案社会工作（The Psychosocial Casework）把人的行为以及人的行为障碍放在社会中考察，它认为人与环境是一种互动的体系，人是在特定的环境中生活和成长的，人所遭遇的问题也是在人与环境的互动中产生的，所以只有结合人与环境的互动，考察"人在情境中的状态"，才能真正理解人的行为。心理与社会学派认为，影响人的行动的因素包括三个方面：人、环境以及两者的交互影响。"人"是指个人内在的稳定的心理结构与特征，以人格特征、自我意识为主体；"环境"是指个人生活的社会网络和物质环境。在人与环境交互影响的体系中，任何部分的改变将引起其他部分的改变，如此不断地交互影响，最后达到平衡状态。

该学派个案社会工作的实施特点是：强调专业关系在个案治疗中的作用，认为良好的专业关系不仅是个案社会工作进行的基础，而且本身就具有治疗的作用；重视心理社会调查，有一个了解案主在情境中情况的基本认识框架，这有助于个案社会工作者找到导致案主目前存在问题的原因；重视诊断，并为案主提供直接或间接的治疗。本案主要采用直接治疗，即通过会谈方式直接对案主进行辅导治疗。

心理与社会学派认为个案社会工作的首要任务在于调整人的人格体系，增加人格的成长与适应。调整案主人格的重要手段是在工作者的协助下，使案主领悟到自身的心理机制与行为以及问题的原因。在本案中，案主宋某由于突然失明而导致心理失调，对自己的现状不认可，在人格上出现消极倾向，产生严重的社会适应不良。

（3）干预方法——当事人中心治疗法。

当事人中心治疗法（Client-centered Psychotherapy）认为，人的问题产生于人不能接受自我，不愿接纳自己的情绪、行为和需要，所以整个治疗的方向应该是让案主接纳自我，为此必须解除案主的自我防卫机制。因此，当事人中心治疗法的目标是协助案主更加独立，能依照自己的意愿去处理事情，从而使其人格更为统合。

在专业关系中，当事人中心治疗法要求工作者表现出真挚、无条件的关怀和同感，这样便能协助当事人成长，使其能面对自己的问题，成为一个能够接受自己并能够和谐地适应环境的人。

首先，工作者要具有真挚或表里一致的工作特质。工作者必须是一个自我概念良好的人，这样他能表现出与内心情绪一致的行为和态度，也可以很开放地披露自己内心的思想和感情。当事人的自我封闭是因为惧怕受到伤害，而现实生活中人与人之间的关系经常要运用交往策略，这就使当事人觉得自己的防卫机制和自我掩饰是正常的行为。因此，工作者提供的真挚关系不仅解除了当事人的戒心，而且工作者的行为为当事人提供了一个表里如一的学习榜样。

其次，工作者必须无条件地关怀当事人。当事人在日常生活中，之所以使用防卫和自我掩饰，是因为当事人怕失去他人的爱与尊敬。如果工作者能对当事人表现出无条件的关怀，即无论当事人的问题及行为如何，工作者都尊重他、关心他并愿意帮助他，那么，当事人就可以放下面具，袒露自我。这有助于当事人自我了解，明白自己真正的需要。

最后，工作者必须具有同感。真正的理解必须达到同感，就是工作者尝试设身处地地站在当事人的立场，体会当事人对某事、某种处境的主观经历、感受或对该事、该处境的独特看法。由于各人有不同的经历、性格和自我概念，所以对同样的遭遇都可能有不同的感受和意见。这些主观的感受和意见可能是错误的、扭曲的或夸张的，但对当事人来说，却是实实在在的，会对其行为产生重大影响。所以体会不到当事人的主观感受，也就无法对其行为有真正的理解。

当事人中心治疗法的关键在于通过工作者真挚、无条件的关怀和同感，解除案主的防卫，使他能重新体验、面对和处理自己以往不能接受却又是发自内心的感受和意念。在这里，案主的情绪理解和宣泄是最重要的。案主如何感受其处境及这些感受如何影响其各方面的行为是工作的重心。工作者集中协助案主去表达他对自己、他人及周围事物的感受。

（4）案主特点的理论分析。

本案案主宋某虽然是一名视障人士，但他的失明发生在退休前，助残员发现他时，他已进入老年，与先天失明或失明时间在幼儿期的视障人士不同，因而他的一些表现也与那些视障人士不同。因此，宋某的表现既有老年人的心理特点，又兼有后天失明者的心理特点。

老年人的心理特点主要表现如下。

① 焦虑。抑郁随着衰老、精神及情感变化日益明显，表现为内心空虚，易出现焦虑

抑郁的情绪反应，常伴有自责；往往杞人忧天，时有大难临头的紧张感，或是抑郁苦闷，遇到问题时缺乏进取心。

② 情绪多变。当身体健康状况处于非正常状态，常有明显的情绪变化，往往失去自我控制，容易激动，难以平静下来。

③ 疑病。老年人有半数以上会出现疑病症状，这是由于老年人的心理特点已从对外界事物的关心转向自己的躯体所致。这些关心可能因为某些主观感觉而加强，加上顽固、执拗的个性，更易出现疑病症状。

④ 猜疑和妒忌。一般认为，人进入老年期后，对周围人的不信任感和自尊心增强，常计较别人的言谈举止，严重者甚至认为别人居心叵测，常为之而猜疑重重。

后天失明者的心理特点主要表现如下。

① 感知觉。后天失明的人，在感知物体时，从前遗留下的视觉形象发挥着很大作用。因为他们目睹过客观世界的千姿百态，具有较丰富的视觉经验。这种视觉表象使他们能比较充分地感知物体的属性和确定物体之间的相互关系。此外，形状、距离、位置、方向的视觉表象还能帮助他们认识物体。但是从主要靠视觉感知变为主要靠听和触摸感知是一个非常困难的转变过程。特别是失明时的年龄越大，听觉、嗅觉和触觉能力都要比视障儿童、青少年差，他们的知觉范围终归受到了巨大的限制，不但使感知觉的速度减慢，而且所能感知的外界事物特征减少，准确性也降低了。

② 学习记忆。视障人士的学习记忆存在着与常人不同的特征。主要表现在他们只能依靠听觉和触摸觉、运动觉等来进行学习，他们的大部分知识是通过言语传授而获得的。在这里，听觉、肌肉运动乃至嗅觉都发挥了很大的作用。对于那些后天失明者，在学习凹线图画时的观察和仪器记录表明，他们的眼睛总是在运动着，他们身上表现出视觉正常的人所特有的姿势、头的位置、眼睛的"调节"等，也就是手的运动感觉和眼肌的运动感觉在个体生活中所形成的联系定型复活了。同时，视力障碍者在记忆上的发展比视觉正常的人优越得多。他们在记忆和再现词或数字、背诵诗句时，比视觉正常人强得多，并且能长久地记住所获得的知识。

③ 思维。后天失明者的思维特点与正常人并无明显区别，他们既可以借助视觉表象进行形象思维，又可以借助词和概念进行抽象思维。有研究表明，在没有视觉的条件下，他们空间表象的形成和技术思维的发展均可能达到高度完善的程度。

④ 个性。后天失明者失明发生的年龄越大，调整适应就越差，特别是适应社会生活的能力方面。首先，在对待失明的态度上，他们基本上采取畏缩回避的态度，不愿与社会接触，性格孤僻，爱听收音机，沉溺于幻想和自怜；或感到委屈，经常表现出愤懑不平，不能作出良好的心理调整。其次，后天失明者情绪不稳定，独自在街上行走时心情处于紧张状态，并常感觉自己在公共场所受到别人的注意。最后，后天失明者有孤僻倾向，他们不太愿意与明眼人交往，反映出与健全者的心理隔阂。

从本案案主宋某的情况来看，要使他克服自卑，走出自我，融入社会，必须根据其心理和行为特点采取一对一的直接方式提供其需要的帮助，即使用个案社会工作方法。

2. 效果评价

在对宋某进行个案辅导的过程中，助残员小殷意识到后天失明人的心理特点与其他失明者不同。她首先采用同感的方式与案主拉近距离,积极倾听案主的宣泄(因为案主长久没有与外人交流),无论案主的态度多么无理,小殷都表现出真挚、无条件的关怀。同时,小殷为案主积极寻找走出不良自我的方法,利用盲人的定向行走训练,为案主提供最有力的支持,帮助案主宋某掌握独立行走的技巧,帮助他能在家中重新开始生活自理,重新点燃生活的自信,重新建立与他人良好的人际交往,恢复失明前开朗健谈的性格。

通过助残员小殷及街道干部的帮助,特别是在助残员小殷的帮助下,案主宋某从最初的消极态度转变为对自己有较实际的看法,较有自信和自主能力,能够对自己及其感受有较大的接纳,对自己持较积极的看法和评价;在行为上表现得较成熟、较社会化,适应力也较强;心理上显得较为健康,对他人有较大的接纳。案主宋某最终摆脱失明后消极悲观的心理,勇敢地走出家门,参加社会活动,并恢复原有的开朗性格,积极帮助他人,这不得不归功于助残员小殷开展的个案社会工作。

综合本案的工作过程,主要的成功之处表现在以下几点。

(1) 在整个辅导过程中,工作者营造了一个祥和、无威胁性的气氛,使案主能清晰地感受到工作者对他的真挚、无条件的关怀和同感。

(2) 工作者接受案主对自己经历的独特看法和感受。工作者不能否定或斥责他的这些看法和感受,因为这些看法和感受对他而言是实在且真实的。

(3) 工作者没有刻意去探讨案主的过去,而主要是留意案主与工作者会谈时的表现,留意案主当时的感受和双方的交往。

(4) 在适当的时候,工作者也尝试与案主分享一些个人的感受和见解,使他感到他是与一个真诚而不戴面具的人相处。这种分享包括了工作者对案主的个人观察和印象,也包括了辅导过程中建立互动关系时的感受。

(5) 案主的感受是工作者极为重视的一环,工作者积极引导他抒发压抑已久的情绪,而不是刻意与他分析其问题或找出解决办法。

3. 应用建议

在残疾人社会工作中,针对不同的案例可以有不同的工作方式,如果采用了本案例的个案社会工作方法,在辅导中必须注意两方面。

(1) 个案社会工作者的专业态度。

个案社会工作者的专业态度包括同感、尊重、真诚和言谈简洁具体。

首先是同感。其出发点是案主的感受,是案主看事物的眼光。同感要求工作者能够从案主的语言与非语言沟通中推断出他内心的感受、信念和态度,同时工作者要懂得将自己所领悟的东西正确地传达给案主。

其次是尊重。工作者只有相信案主作为人的价值与自我实现的潜能,才可能在与案主接触的过程中始终尊重案主,而不管案主的具体表现如何。

再次是真诚。真诚是个案社会工作成功的关键因素。真诚不能强求,是在工作过程中自然地表现,是工作者对案主有真心的关怀,对人有乐观的看法和基本的信任。

最后是言谈简洁具体。这是指在辅导过程中,用字措辞不但要恰当,还一定要简单和具体,要避免含糊不清、模棱两可的用语。

(2) 个案社会工作的原则。

个案社会工作者要真正达成助人的目标，就必须顾及案主在求助过程中的基本心理需求。工作者只有深入理解互动过程中案主的基本心理需求，才能适当行为，达成良性的互动关系。因此，针对案主可能会产生的基本心理需求，个案社会工作者必须遵循以下原则。

① 个别化原则：即将案主看成独特的个人，要求工作者认同和了解每个案主的独特性，并运用不同的方法来帮助案主达成较好的适应。

② 接纳原则：即要求承认案主有自由表达情感（包括负面情感）的权利，工作者应投入地聆听，既不阻止，也不责备。

③ 承认原则：即承认案主作为一个人的价值、他的发展潜能以及自我改变的能力。工作者对案主持尊重的态度，帮助案主从防卫中解脱出来，以更切实际的方法面对自己和处理自己的问题。

④ 理解关怀原则：即工作者需要适度的情感介入。案主常常希望自身感受到或表达出来的情感，能得到工作者的支持和共鸣。工作者真诚的关心与期望给予案主心理上的支持，增强其安全感与信任感，并促使案主改变现状。

⑤ 保密性原则：即保守案主在专业关系中所吐露的秘密，包括不向他人透露案主的姓名、资料，不向他人提及会谈的过程及内容，除非案主同意公开这些内容。

三、任务实训

1. 实训案例

假如你是一名社区社会工作者，在你所工作的社区里有许多独居高龄老人，请针对这些独居高龄老人的需求，拟订一份社区服务方案。

2. 案例分析

本案例操作流程如下：
问题的陈述及分析→方案设计→方案执行→方案评估。

3. 实训作业

（1）问题的陈述及分析：独居高龄老人在生活上会面临饮食、居住、生活照顾和经济等方面的问题。

（2）方案设计：根据上述社区老人的需求，设计出社区服务方案，其中包括以下内容。

① 方案目标：协助老人改善个人生活质量，使其享有健康、安全、温馨的社区生活环境。

② 方案实施策略：
A．为老人提供居家服务；
B．充分利用老年之家、日间服务中心等社区照顾机构为老人提供相关服务；
C．成立社区志愿者队伍，定期为社区老年人提供生活照料和精神慰藉服务；
D．利用社区其他资源为老人提供服务，如帮助生活困难的老人申请最低生活保障或医疗救助、为老人提供送餐服务等。

③ 方案执行：主要包括整合社区资源、提供服务、监督执行进度、处理危机等。

④ 方案评估：包括老人对服务的满意度、方案执行情况及效果评估等。

四、巩固提高

1. 知识回顾

（1）积极老龄化的含义。
（2）老年社会工作的主要内容。
（3）老年社会工作的价值观。
（4）老年社会工作的基本理论。

2. 案例实训

幸福小区居委会近几日经常有居民来反映说，楼房前走道上每天清晨有一队老人放着音乐跳健身舞，把他们从睡梦中吵醒。受扰居民认为老人不能在居民窗下跳舞健身，噪声扰民，应另找地方晨练。老人们认为全民健身活动是国家倡导的，他们有权在自家门口锻炼身体，旁人管不着。双方都认为自己理由充分，争执不下。已出现居民往窗下扔西红柿、水袋的情况，老年人的录音机也越开越响，矛盾有激化的迹象。

（1）老年社会工作包括哪些工作内容？你认为上述案例中反映的问题是否属于老年社会工作的范畴？
（2）请运用老年社会工作的专业理念和技能设法解决这起纠纷。

3. 问题思考

独居老人刘老伯今年77岁，幼年丧母，十多岁时父亲也因积劳成疾而去世。刘老伯成家后育有一男二女，后来他和妻子因性格不合而离婚。三十多岁时，刘老伯曾与一名李姓女子同居生活，并育有一子。他原以为这下可以与之白头偕老了，不料几年后偶然发现该女子原籍农村已有丈夫和孩子，于是愤而分手。可能是由于自小缺乏母爱的缘故，刘老伯一直想寻找一位可靠的女性一起生活，五十多岁时又与一个比他小15岁的张姓女子结了婚。不料两年之后，张姓女子卷走了刘老伯的10万元积蓄不辞而别。经历了上述曲折之后，刘老伯万念俱灰，大病了一场，从此身体状况每况愈下。现在，刘老伯依靠自己一点微薄的养老金孤苦伶仃地独自生活，经常饥一顿饱一顿，身体严重营养不良，他的儿女也很少来探望他。刘老伯时常觉得这样活着真是活受罪，还不如早点死了的好。

问题：

（1）在上述案例中，刘老伯目前面临的主要困境有哪些？
（2）针对刘老伯目前的困境，社会工作者应采取什么样的介入策略？

项目二　多角度的老年社会工作评估

项目简介

本项目将会就多角度的老年社会工作评估作深入的探讨，通过学习，了解影响老人心理健康的因素，能够评估老人的生理、心理、经济及社会状况，了解老人在各方面是否失衡，并在有需要时介入，使老人能自己改变状况，在一个有利且获得支持的环境下生活。

学习目标

知识目标：通过本项目的学习，使学生掌握多角度评估的目的、评估的依据、评估的程序、评估的领域、评估的重点，能够根据要求撰写综合评估报告。

技能目标：通过本项目相关理论知识的运用，使学生可以根据服务对象的具体情况进行综合评估，为社会工作的具体介入奠定基础。

一、基础知识

（一）关于老年社会工作评估的认知

1. 什么是评估

老年社会工作专业介入的基础是准确而全面评估老人的知识。社会工作者必须研究老年人的优势和面临的挑战，因为他们既有力量影响社会环境因素，又会受这些因素的影响，面临考验。社会工作者需要掌握专业评估的知识和技巧，并懂得如何正确使用一些评估的工具来了解受助人多方面的需要。评估过程中会收集范围广泛的各种资料，不仅是从实施评估的社会工作者的角度，而且也从老年人的视角去看老人在自己生活的环境中生理、心理和社会适应方面的状况。建设性的老人生理、心理和社会生活状况评估是一个动态的互动过程。它会涉及两方面的知识：一是身为人类行为求知者的社会工作者的专门知识，二是老人在自身环境中生存和幸福生活的能力方面的知识。评估收集的资料会用于精确确定，如果可以提供服务的话，哪些服务可以改善老人的生活质量。

评估的范围应包括受助人的生理、心理、家庭状况、受助人的独立生活能力、社会功能、情绪状态及所处的经济和社会环境，从而找出最适当及有效的介入方法。

2. 多角度评估的目的是什么

社会工作者对老人的评估，与俗称的"老年医学评估"不同。老年医学评估通常由一组评估人员进行，当中包括各科医生、专业人士及辅助人员。专家会根据各自的专长去评估老人，然后一起设计介入及治疗计划。社会工作者对老人的评估是老年医学评估中一个重要的组成部分。通常，在老人生活出现改变，如病重、丧偶、失去至亲挚友、改变居住安排，或者家人、照顾者察觉到老人出现生活不便的征兆后，老人便应接受评估。评估的结果会成为判断的准则，决定怎样运用支援或复康服务，协助老人保持独立，维持合理的活动能力和称心的生活方式。若评估做得够彻底，而且老人坦诚相对，便能找出他在哪一方面机能健全，哪一方面受到挑战。当评估人员找到限制老人的因素时，便可提出能维持、恢复或代替原有机能的服务。评估更是老人和有关人士的学习过程，使他们留意到影响老人生活质量的常见问题[1]。

3. 评估的特性[2]

评估源于人们理性地认识与自身相关事物的欲望，其目的是更有效地实现自己的目标。因此，没有评估就提出的干预计划是不切实际或不符合需要的。

（1）评估具有持续性。

评估虽然是社会工作实施初期的重点工作，但是在整个助人过程中一直都在进行着。即使在评估后，解决的计划被提出，干预的行动准备开始，评估仍然随时在持续着。只要案主与工作者在一起工作，新的信息就会随时涌现出来，接着会产生新的了解。持续的评估过程有助于人与情境被充分地了解，进而协助工作进展。

（2）评估具有搜集资料与规划行动的双重目的。

评估一方面了解案主的情境，另一方面提供规划与行动的基础。关于案主的信息来源应包括案主本身、环境及两者间的互动关系。信息的内容包括需求、满足需求的障碍、问题，以及与需求或问题相关的人或系统。同时，信息也包括力量、限制、改变的动机、抗拒变迁的人与系统。如果是针对大的体系，如社区或社会，就应该包括涉及这些情境的人口特性，以及被关切的问题。资源信息也是重要的评估内容，如机构间的关系、协调、合作、财源、其他资源，以及态度、价值、文化等影响问题解决的因素，评估这些资源不只为了了解案主，也为了拟订行动计划。

（3）评估是一个互惠过程。

评估绝非是工作者单方面针对案主收集信息，而是案主也要全程涉入的过程。所谓全程涉入是指评估的信息来源主要是工作者与案主的互动过程，如会谈、小组讨论、访问、生活情境观察等。工作者应将其所观察、了解、体会、收集到的信息与案主讨论，以获取案主的回应，才能使评估的过程有意义且有效果。有意义的评估是了解"案主在情境中"，而不是将案主抽离出情境外。

（4）评估过程是动态的。

评估通常是从观察服务情境的片断开始，接着再界定待搜集的信息和收集到的服务情境的片断事实。整理这些片断事实并赋予意义，以便了解整体情境。观察起初借由案主的眼睛，案主将观察所得描述给社会工作者听，而后双方共同来认定这部分的情境（情境的

---

[1] 梅陈玉婵：《老年社会工作》．上海人民出版社．2009. P44
[2] 方青：《社会工作概论》．合肥工业大学出版社．2006. P201

认定包括影响情境的显著因素）。之后，工作者与案主确认哪些信息是了解情况所必需的。片断了解的总和并不等于全盘的了解，还得加上对片断情境问题互动关系的了解。所谓片断的情境是指案主在情境中可被切割或分别加以评估的部分，如夫妻关系、人际关系、亲子关系等。

（5）评估以横向与纵向探索并重。

横向探索是指片断情境间的关系，例如：人际关系、工作成就等，它是要使情境的片断被广泛地检验。纵向探索是指深入地探讨每一个片断情境的意义，如老师何时开始体罚学生，在什么情境下，在场的学生对老师的举动有何反应，对被体罚的学生造成什么影响等。横向与纵向的评估可以综合运用，选用何种方式工作者可以自定。

（6）评估以知识作为了解的基础。

对比活在一定情境中的人的了解不可能单纯依靠常识或经验。很多案主的情境片断，甚至整体，是在工作者的经验常识之外的，例如乱伦、外遇、吸毒失业、未婚先孕、无业游民、贫穷等。因此，知识的运用尤为重要。任何一个社会工作者都需要依靠人类行为与社会环境的知识以及其他社会科学知识作为评估的依据。

（7）强调生活情境的评估。

生活情境是指案主在自然环境或机构环境与他人互动或与环境互动的真实经验。通过这种经验最能观察到案主解决问题、满足需要以及困扰其满足需求的障碍是什么，所以社会工作者应尽可能将片断情境放回案主生活情境中去检验。

（8）评估具有个别化。

人类情境通常是独一无二的、复杂的，情境复制的可能性不大，至多是模拟。因此，每一个评估过程都可能是新鲜的，不同于以往的案例。工作者不可将案主情境过早类型化，例如接到一位独居老人个案，就马上想到一定是老伴早死、子女不孝等。这样就会影响到评估的精确性与持续性，往往因为过于主观和武断，而导致信息搜集不全，误导协助的计划方案的实施。

（9）判断是重要的。

工作者的负担，机构的工作指派，案主的配合度、时间、财政、民意的压力会使评估的空间缩减，工作者不可能对每一处细节都仔细调查了解。因此，判断力就成为评估过程中的关键所在。工作者应随时利用敏锐的观察力、系统的思考力，以及积累的知识进行决策，确定应该先搜集哪些材料，哪部分比较重要，真正的关键问题在哪里，谁牵扯最深，谁是真正的能力的来源，走哪一条路线最为合适等。

（10）了解是有限度的。

没有一个人敢说"我完全了解你的一切"，或许有些片断情境是可以全然了解的，例如一句话、一种经验，但是伯乐与千里马的故事毕竟是少数，何况案主与工作者是在非自然且短暂的情形下相识而互动的，故而工作者更难完全了解案主情境中的每一细节。因此，工作者不可能要求完整的评估，能提出作为有效满足案主需求的行动方案依据的评估就是好评估。不必要的信息不必搜集，影响较小的信息也可以稍后搜集。社会工作者必须容忍暂时的信息不足与不确定，因为评估到结案时才终止。

4. 评估的依据[1]

评估依据主要体现在以下七个方面。

(1) 案主的口头叙述。

案主的口头叙述经常是最直接且可靠的信息来源。通常可以从案主口中得到：其一，对问题的描述；其二，对问题的感受；其三，个人解决问题的资源；其四，解决问题的动机；其五，问题的发展过程；其六，问题的成因；其七，解决问题做过的努力等信息。

不过，因为案主是当事人，可能会因为害羞、恐惧、偏见、情绪、误解等因素而误报、隐瞒、歪曲信息；也可能因为语言、文化因素而造成沟通障碍。例如：虐待老人的子女通常不会马上承认对父母的不孝，离婚妇女很难一下子找到婚姻破裂的原因，少年犯的家长通常认为别人影响了自己的小孩等。社会工作者一定要查明问题所在，向邻居、学校、受害者的朋友、同事及其他机构求证是十分必要的。

(2) 测量表。

许多机构在会谈前后都会填写基本资料，它包括案主姓名、地址、电话、学历、婚姻状况、工作情况、家庭成员、问题描述等，有助于工作者进一步搜集资料；也有些机构要求案主填写量表，如自我概念量表、人际关系量表、婚姻满意度量表、个人问题清单等，社会工作者在使用量表时应选择效度、信度较高的量表。

(3) 间接来源。

间接来源指信息从亲戚、朋友、同事、同学、教师、医生等其他机构工作人员那里所获得。间接信息是通过他人之口所得的信息，因此会比较零散，语言有褒有贬，社会工作者应以自己的判断力来分辨这些信息的正确与否。同时，工作者要保守秘密，才有可能取得较真实的间接信息。

(4) 心理测验。

有些机构如精神病医院、学校心理辅导中心、心理咨询室等会要求案主做心理测验。大体来说，心理测验是心理学家或心理咨询师的专长，没有受过心理测验专业训练是不可以轻易为案主施测的。通常工作者会请专业人士来协助心理测验。

(5) 非语言行为观察。

非语言行为观察，意即除语言之外的如姿势、眼神、动作、化妆、打扮、脸色、呼吸、音调等都是工作者观察案主行为、思考、感受的线索。除非案主是演戏高手，否则其行为一定破绽百出。从非语言行为也可以判断案主问题的严重性、压力的大小以及受害的深度等。

(6) 家庭访视或外访。

案主的重要关系人最能提供案主信息的来源。重要关系人通常指家人、亲戚、朋友、邻居、同事等，这些人不一定会出现在机构的会谈室或社区活动场所，可是他们的信息又很重要。因此，家庭访视是最有效的方法，它便于工作者观察案主的家庭生活情境与重要关系人的互动情形。工作者探访案主家庭观察其居家生活，房内用具摆设与社区环境等，有助于了解案主的问题来源与成因。

---

[1] 方青：《社会工作概论》. 合肥工业大学出版社. 2006. P203

除了家庭访视外办公室访视、社区街角外访都是十分可行的访视途径，以了解案主在情境中的真实生活经历。例如：青少年在足球场和篮球场的表现绝对比在机构的会谈室或小组辅导室的行为来得更自然而真实，即使在小组中工作者会努力复制或模拟人在情境中的行为，但是，还有很多行为必须在特定情况下才可能经由互动而产生，例如见到受害者、作案工具或被害场景而触景生情。

（7）工作者的经验直觉。

有经验的工作者对案情都会有某种程度的直觉，如观其眼睛就可以感受到案主的内在冲突，或案主某种不自觉的互动模式，可以看出案主对抗压力的姿态、或者案主一进会谈室所散发出的气息、品味会引发工作者某种感触，并且可能会导出某种特定的思考方向，不过这不一定是十足有把握的一种判断。所以，这些信息有时会误导搜集资料的方向。使用经验直觉时，工作者应有相当程度的自我了解与觉悟，否则会造成不利影响。

5. 评估的领域

在进行评估前，社会工作者应首先决定评估的范畴。评估的范畴通常取决于评估的目的和评估报告的用途。对于身体没有残障，健康没有问题，但却有严重忧郁症状的老人，社工可能只需评估他的精神健康状况。而情绪及意识没有问题，可是应付日常生活活动有困难的老人，其评估的焦点便可能是出现问题的身体机能。综合评估的主要范畴包括[①]：

（1）身体和生理健康；
（2）生理机能（日常自理活动及日常生活活动）；
（3）心理机能（对失去与焦虑的反应）；
（4）社会功能（社会支援是否足够）；
（5）财政状况与其他因素。

以上各范畴的评估工具，社会工作者既可全面评估，亦可只选取部分，专心评估所关注的某几个事项。由于评估的目的和用途不同，评估表格也各有不同，每项社会服务都应因不同的需求而各自设计特定的表格。社会工作者要善用观察力，尽量找出有助评估老人的资料是非常重要的。同时，在评估的过程中，应对老人保持积极关心和尊重的态度。在开始评估时与老人要有沟通技巧，表达尊重可以客气地先从个人背景资料谈起。这样做不仅有助社会工作者与老人沟通，而且能准确记录老人的姓名、地址、出生日期、婚姻状况、工作、学历等，对将来跟进非常有用。再者，在查询这些资料时，老人会渐渐对社会工作者感到熟识。想要更清楚老人的个人状况，若老人不是独居一人，了解其家庭成员（也包括兄弟姊妹、儿孙等）亦会有助于认识老人，而且更能确认可支援老人的人际网络。和老人对话时，社会工作者不应只聆听涉及评估的内容，亦要留心其他的细节，多用一些时间能帮助老人放松并适应与评估人员的关系。因此和老人倾谈他的嗜好及其他兴趣等话题时，有利于建立关系和全面了解老人。

6. 实施评估的条件[②]

（1）物理环境。

理想的评估场所是老人的家里。让老人待在自己熟悉的地盘，会减少在陌生环境中出

---

① 梅陈玉婵：《老年社会工作》. 上海人民出版社. 2009. P51
② 隋玉杰译：《老年社会工作》. 中国人民大学出版社. 2008. P80

现的注意力分散和焦虑。家庭场所还能给社会工作者提供非常宝贵的信息，验证或质疑老人对自身功能状况的描述。当在医院或其他机构中做评估时，社会工作者可能对评估场所没有多少掌控。然而，让老人待在自己已经习惯的房间或空间里仍会比让老人去不熟悉的地方更有益处。

不管是在家中还是在老人护理机构中，都有某些基本的物理环境条件是可以控制的。工作者要确定老人能得到辅助性的器具，诸如助听器、眼镜、假牙等，或者是步行器、拐杖之类的行走器械。还有一点也非常重要，那就是评估场所要有充足的光线，这样老人就能看见评估所使用的书面材料，清楚地看到做评估的社会工作者。要尽量减少由开门、背景噪声或者是令人恼火的强光造成的注意力分散。收音机和电视机应该关掉，确保老人能不受干扰地听到做评估面谈的人的问话并能看清评估者。

如果评估时要向老人索取具体的药物治疗、医疗记录或经济状况方面的资料，那么应该在评估前就给他充裕的时间以便找到相关的记录，这样在面谈的时候就能及时拿到相应材料。老人如果对评估的内容有基本的了解，在面谈的时候就会更加自信。

尽管家人、邻居和医护人员对获得额外的评估资料最终可能会有帮助，但是在第一次评估时要尽量单独跟老人进行。有配偶或家人在身边不仅会影响老人回答问题，而且会增加他人试图代老人回答问题的可能性。

（2）选择最佳时机做评估。

工作者要选一个老人不疲倦或感觉尚好的时候做评估。对于健康状况非常差的老人来说，疲倦会让他应付不了评估过程中冗长的问答。如果评估所需的时间较长，又有许多细节问题，就应该把它分成几次进行，并且控制每次的时间。早晨和傍晚可能是有某种器质性脑损伤的老人一天中比较迷糊的时候，如果要准确了解老人的功能状况，那么这两个时间段就不适宜做评估。

（3）解释评估的目的。

家庭成员先是要求对老人做评估，然后又要求社会工作者向老人隐瞒评估结果，这种情况并不罕见。参与这种带有欺骗性的评估是不道德的，也是不明智的。老人需要非常清楚地知道评估的目的，谁要求做评估（如果不是老人自己的话），以及最终的评估结果会用来做什么。老人必须有行为能力同意做评估，才能投入到与工作者的双向互动中，识别自身的优势和面临的挑战。评估必须获得老人在知情情况下的授权，这是社会工作专业的一个最基本的伦理原则。

当老人不能在知情的情况下给予授权时，或者显得没有能力理解评估的目的时，工作者应当尽一切可能保护老人的权利和尊严。即使老人看起来并不是完全理解不了评估，社会工作者无论如何也应该花时间向老人解释评估的目的。解释工作对工作者而言是个防范措施，能确保自己清楚评估的目的，同时也用行动表明身为专业人员对老人的尊重。家庭成员或指定的照顾人要完全了解评估过程中会做些什么，在老人认知能力有限的情况下，他们会拿到评估的结果。

（4）保密问题。

对社会工作者来说，向服务对象担保他所说的一切都会绝对保密是有诱惑力的。在做老年人评估的时候，绝对保密根本做不到，不应该用它来鼓励老人说出自己的情况。应向老人说明其他相关人员会知晓评估的结果。社会服务组织会看需求评估的资料，以此决定被评估人是否有资格获得提供给老人的许多支持性和康复性服务。流动护士会看老人医疗情况方面的资料。如果老人申请补充保障收入，社会保障部门还要看他的私人经济收入方面的情况。心理医生要看抑郁症或痴呆症方面的资料，以筹划干预服务。社会工作者有责任告知老人都采取了哪些保密措施，让老人知道只有在绝对必要的情况下才会把资料披露给有权过问老人的服务提供者和家人。工作者要向老人保证，其个人资料会得到尊重和保护，只在相关方这一限定的特定圈子里使用。社会工作者也有义务据实向老人解释保密的相关事宜。

7. 实施综合评估需要特别考虑的问题

评估是各个年龄群体社会工作的常规性的、重要的组成部分，但做老年人工作又有一些特别要考虑的东西。

（1）平衡自立与依赖他人。

我们一直在强调建设性的评估要把社会工作者的印象和观察与老年人自己对自身功能水平的看法结合到一起。只有老人认识到自己受到限制并接受增强日常功能的服务，获得的东西才最多。然而，害怕由于失去自立而被迫离家，常常会使老人认识不到或不承认功能发挥方面的限制。这些方面的恐惧和担心是如此强烈，老人可能会在很长一段时间里都否认或掩饰已有的问题。尽管让老人有更方便的居住安排看似容易，但是唯恐被强迫安排进养老院会使老人不惜任何代价保持自己的自立，这会成为一个强有力的决定性因素，使老人否认功能发挥上有问题。当情况要求社会工作者或者是医护人员为老人做评估时，老人常常担心，如果发现了功能方面的损伤，后果会怎样。对于实施评估的人来说，有必要认识到老人会表现出这一恐惧，而且它还会有强大的影响力。对于老人来说，别人介入他的生活可能是种威胁，有可能会让他无法尽力维持岌岌可危的自立与依赖他人间的平衡。

（2）最初提议评估的人。

在正常情况下，当一个人或一个家庭自愿请求得到社会服务时，社会工作者会假定服务对象至少勉强有些动机，愿意获得支持性服务以改善自己的生活质量。他们自己一定会从积极参与改变现状中受益（或者没有受益）。如果一位老人请求在某个特定方面给予协助，如管家、做家务或者是送餐到家，评估可能会被视为较为全面的综合性服务传输系统的一部分，不仅帮助老人获得所请求的服务，而且还会争取其他的被认为适合老人的服务。在这种情况下，请求评估和干预是以服务对象为中心的。老年社会工作者可以期望服务对象能更直接地积极参与到评估过程中。当老人主动与提供服务的人接触，并持续不断地积极参与制订服务方案时，评估会是一个更为直截了当的过程，工作者可以与老人一起识别所需要的服务，老人也可以控制干预的程度。

然而，在老年社会工作中，最早提议做评估和干预的人往往不是老人自己。当提出评估请求的是老人的家人、其他照顾者、邻居，甚至是公务人员，如警察时，情况就会特别复杂。在这些情况下，评估的目的和目标就不是很清楚。对社会工作者来说，重要的是做评估时要搞明白究竟以谁的目标为重。老人同意争取社会服务吗？提出的社会服务干预措施违背了老人的意愿吗？老人有行为能力决定拒绝干预吗？家人或照顾人期望的评估结果是什么？这些期望与社会工作专业承诺的自决原则一致吗？在正式开始评估前，这些都是要考虑的重要问题，这样社会工作者和老人就都清楚评估的目的是什么了。

为一个极力反对干预的老人做评估和测评同与非自愿性质的服务对象工作有类似之处，社会工作者可以预料会有相对多一些的抵触。儿童和青少年在接受处置方面可能没有多少选择的余地，因为身为未成年人他们的法定权力有限。然而，老年人不同，除非经过严格的法律程序确定需要监护，否则他们就有充分的法定自决权。老人家人或照顾者的权力和意愿不能逾越老人的权力。

（3）老年人群体的异质。

老年人群体的异质性非常强，所以社会工作者在做评估的时候应当把每个老人都当成独特的个体来对待。大多数老人都能非常积极地参与评估，对于自己的能力和需要有坦诚的、前瞻性的洞察力。但是有些老人在做评估的时候或许不大能掂量出或认识到自己的功能限制。严重的视力或听力问题可能会使运用标准化评估工具或口头沟通极为困难。对一些老人来说，只是想到要测验自己的基本能力就会感到非常焦虑，以致不能或不愿参加评估。还有些老人由于痴呆症或抑郁症带来的破坏性后果，甚至无法配合评估者做情感或认知方面的检测。

这些情况要求社会工作者调整传统的评估方法，以适应评估中遇到的老人身体或认知方面的障碍。工作者要确定老人可以得到辅助性器具，如助听器、眼镜、假牙、活动辅助设备等。评估中允许老人使用放大镜或增加亮度让老人能阅读印刷品或书面材料。在跟老人交流时采用聊天的语气，尽量减少测试气氛和老人对自己表现的焦虑。给老人一些时间，让他觉得跟社会工作者在一起没有不自在的感觉。按老人的节奏而不是工作者的节奏做评估。避免使用让老人困惑或害怕的术语，准备好解释为什么要问某个评估问题。老人有权利知道社会工作者想了解什么，为什么要把它放到评估里。

（4）尊重个人的隐私权。

尊重个人的尊严是社会工作专业最重要的价值观之一。在大多数社会服务场所中，评估要求服务对象透露一些自己生活中最为个人化的信息。社会工作专业的做法常常是有问题的，因为它基于服务对象谈论个人资料意愿的强弱来判定他对干预的接纳程度。如果服务对象愿意分享这方面的信息，就被视为乐于合作。如果抵制同刚遇到的社会工作者讨论非常个人化的问题，就常常会被贴上抗拒的标签。这两种标签都不准确。非常个人化的东西会是大多数服务对象坚决维护的东西。对于从未接触过社会服务传输系统的老人来说，社会工作者试图了解非常个人化的资料会被看成是粗鲁、不合适、擅自闯入他人领地的行为。

评估要求社会工作者询问非常个人化的健康、社会关系和经济状况方面的问题，这可能会让老人在回答的时候感觉特别不舒服。尽管社会工作者可能了解失禁带来的健康风险，知道这一情况常常都能得到成功处置，但是期望老人愿意告诉自己如厕习惯的细节是不现实的。对一位老人来说，向一个差不多是陌生人的人承认自己小便失禁可能会非常尴尬，无法说出口。类似地，社会工作者或许意识到一位老人间或失去记忆可能表明他患有可以治疗的早期痴呆症，但是可以理解的是，老人对于患阿尔茨海默病的恐惧可能会导致他否认此类问题。不知道今天是什么日子或者一些重大事件会是件尴尬的事，可能会导致老人变得有抵触情绪，或者是好斗，这是正当的防卫机制。此外老人最为敏感的事情可能就是经济收入和财产。如果一个人在一生当中得到的教育都是不问别人的经济状况，别人也不会问自己的经济状况，那么他同社会工作者谈论钱财方面的情况可能就会特别困难。不管是没钱的老人还是相当有钱的老人，情况都是如此。

8. 评估老人的能力及面对的挑战

人们容易认为评估是测评老人做不到的事，这种看法是有欺骗性的。评估老人不应只着重于找出老人日常面对的挑战，也应找出他们的能力和以往生活中的适应力和性格强项。

（1）评估优势与不足。

运用优势视角做评估和干预意味着社会工作者一方做出的任何努力都基于协助服务对象实现其目标，帮助他们发现和整理，探索和利用自己的力量和资源。从评估中衍生出的干预目标建立在老人已有的优势和财力上，这些东西能够动员起来，帮助老人克服遇到的困难。比如，上下楼梯有困难的老人可能会把楼下的房间变成卧室，规避在楼梯上摔倒的风险。这样的改变表明的是老人试图把自己的环境"小型化"，即把自己的活动空间缩小到更能够掌控的区域内。对社会工作者来说，尽管这可能表明老人不能再住在待了一辈子的房间里，但实际上这一变动表明老人已经考虑了如何继续掌控一个较小的环境，而不是考虑搬离熟悉的居住环境。它表明的是老人的力量而不是虚弱。同样地，老人可能大部分时间都待在一个舒服的单人椅上，周围环绕着电话、电视和重要的报纸，这样就可以尽可能少地起身和走动。这是应对移动和步行困难的一个良好的调适方法。

（2）识别支持和维护现有功能的方法。

评估过程有助于识别老人能充分发挥功能但有额外的支持可能会对维持自立更有好处的地方。老年社会工作最重要的一个原则是鼓励老人最大限度地发挥自立能力，促进老人维护个人的尊严。头脑中装着这一原则，评估就应该把一部分重点放到老人保持了自立能力的地方，或者是只要有一些支持就能做到这一点的地方。比如，一位丧偶的男士可能会因为视力在逐渐下降而决定不再外出。尽管从对自己和他人安全的角度看这是个明智的决定，但是，这一决定也有其他的后果。这可能会造成他不能每天去本地的老年中心，而他原本每天在那里吃午饭并跟朋友打牌。为了保持他走出家门寻求社会活动的积极性并给予支持，评估可以恰当地指出老人需要交通服务，而不一定是送餐到家。尽管送餐上门可能会满足营养方面的需要，但是却剥夺了老人保持至关重要的社会接触的积极性。评估可以正确地识别一些方法，鼓励老人持续做出努力，最大限度地发挥自理能力，满足个人需求。

（3）识别恢复丧失功能的干预措施。

许多治疗性干预措施的着眼点都是致力于改善老人已丧失的功能。运用音乐或艺术治疗帮助一位老人度过重度抑郁期，最终的目标是减轻抑郁症，而不是期望老人简单地学会适应这一疾病。物理治疗和作业治疗尤其强调帮助老人在生病或遇到事故后康复，最大限度地发挥自己的能力。评估有助于识别哪些功能打了折扣，可以提供什么服务来帮助老人重新拥有这些能力。比如，一位老年妇女过去一直依赖丈夫陪伴去买东西和看医生，新近丧偶后，她可能需要学习怎么搭乘公共交通工具，独立应付这些事。一位糖尿病老人由于血液循环问题导致一只脚截肢，他或她必须学习如何使用假肢以便重新活动，或者是在房间里做些物理环境方面的调整，以便可以使用轮椅。

（4）识别替代丧失功能的支持性措施。

评估可能会用来识别老人需要哪些协助以便替代丧失了的功能。比如，一位老年妇女刚刚有一次小中风，可能需要做评估以决定让她回到自己家里是否现实。评估可能会确定她能应付基本的日常活动，诸如起身在家中走动，自己上厕所和吃饭，但是她可能需要人协助一周洗几次澡，或者有人把饭菜送到家中。评估可以识别出哪些功能受损，哪些自理能力保留了下来。赞许现存的功能并给予支持性服务以替代丧失的功能，有助于增强老人保持自理、自立的能力。

有时评估对于帮助家人和支持系统不再否认老人可以保持生活自理的能力至关重要。看到自己所爱的人变得孱弱是痛苦的，家人容易躲避起来，不愿为老人寻求更专业的协助，特别是在老人拒绝更多照顾的时候。尽管困难重重，但评估中收集到的数据能提供重要的参数，使老人和家人坦诚地讨论问题。

（二）基本的社会人口特征资料评估

先拿到基本的社会人口特征方面的资料对社会工作者开展工作有好处。之所以这样说，有几个原因：首先，把老人的姓名、地址、出生日期和婚姻状况正确地记录下来以备将来使用至关重要；其次，收集这些资料的过程给了老人一个机会，让他跟社会工作者在一起的时候感到舒服自在，避免老人马上感觉在接受"检查"；再有，要掌握老人更为个人化的信息，先了解其家人的情况会有帮助。如果老人有家人的话，问问他的兄弟姐妹和孙子女的情况，这样就可以开始了解老人可能会有的支持系统。工作者还应该询问老人就业方面的情况、是否服过兵役以及受教育的情况。

工作者要准备好倾听老人诉说评估所需的资料之外的东西。老人可能会用这个机会来试探社会工作者是否愿意听他们说话，或者是向工作者显示他引以为荣的自己或家人取得的成就。有时间帮老人放松，让他感觉与社会工作者相处一点也不拘谨是值得的。讨论个人爱好和其他兴趣也能帮助工作者更完整地了解这个受评估的老人。询问老人的民族也有助于工作人员了解这些因素在老人生活中起到的作用。

（三）生理健康及生理机能评估

运用所学到的有关生理衰老过程中正常变化方面的知识，仔细观察有哪些身体上的变化正在影响老人。对老人身体健康的第一印象是什么？老人行走困难吗？坐着起身时艰难吗？身体协调有困难吗？老人有震颤或瘫痪迹象吗？有什么中风的前兆吗，诸如语言含混不清或半边身体虚弱无力？曾经有过小中风（短暂缺血性发作）的老人表现出的意识水平会有所不同，可能会有短暂的注意力不集中的"跳闸"现象，也可能会有身体不适。

老人是否感到心脏方面有问题？是否有迹象表明老人呼吸困难，或者在简单的活动后便上气不接下气？当询问老人是否有高血压的时候，老人可能会用"血压高"一词描述自己的情况。同样地，老人可能会用尿糖来指代糖尿病。如果工作人员不明白老人说自己的健康问题时所用的词，就要向老人澄清。

1. 听力问题

老人的听力是否有损伤？听力减退的老人可能会用点头来表示能听到工作人员的话，但是却不能恰当地回答工作人员的问题，或者不理会工作人员的问题。电视的声音可能开得非常高，或者当电话铃、门铃响的时候他却没有反应。听力丧失使沟通变得不可靠。如果工作人员非常担心老人是否听到其问话，那么就难以确定所评估的问题是否得到了准确的答案。此外，老人可能完全意识到自己有听力丧失问题却矢口否认，这会使沟通非常艰难。

以下建议会帮助工作人员更有效地与有听力丧失问题的老人沟通：
(1) 面向老人，发音清晰；
(2) 站在光线好、背景噪声低的地方讲话；
(3) 慢慢地讲，一字一句地讲清楚；
(4) 别把手放嘴上，别吃东西或嚼口香糖；
(5) 运用面部表情或手势给老人提供有用的线索；
(6) 如果有必要的话，重新组织自己的表述；
(7) 有耐心，保持正面的、放松的态度；
(8) 询问老人怎样才能帮他更好地理解自己；
(9) 如果是在公众场合讲话，使用麦克风。

2. 视力问题

评估中同样重要的是确定老人是否有视力损伤。视力减退的人可能会在说话的时候眯着眼或头向着说话的人倾斜，这是试图寻找声源。他也可能在拿取东西的时候有困难。视力减退的老人在够东西的时候可能会显得迟疑不决，这表明他是在凭感觉摸东西，而不是眼睛先看到再伸手去拿。有些老人辨色有困难或者是衣服的颜色搭配不当。原本喜欢读书的人可能放弃看书，因为看不清字小的读物。只是观察老人穿过房间就能让社会工作者得到一些老人视力减退的蛛丝马迹。老人可能会撞到一眼就能看到的墙或物品上，或者地毯表面是平坦的，但他走时却跌跌撞撞。吃饭的时候，有视力问题的老人可能难以用筷子取食物，或者从食品盘中取东西。打翻杯子或者难以确定杯子是否满了是视力有损伤的老人常见的问题。

3. 其他需要

注意是否在家中闻到危险的气味，如煤气味或烟味，而老人却没发觉。留意家中的温度，过热或过冷可能是一个警示信号，它表明老人有可能会体温过高或过低。工作人员所观察到的东西能成为询问身体健康方面的问题的重要补充。

尽管只有医生或护士才能对老人的健康做出专业评估，但是社会工作者在评估中得到老人医疗方面的一些基本资料也十分重要。老人确认自己过去或现在都有些什么身体疾病？他是否要定期看医生？谁是老人的医生或其他健康护理提供者？老人还接受别的健康治疗吗，比如按摩治疗、中草药治疗或针灸治疗？

询问老人医疗保险方面的情况有助于确定他是否有经济能力以及身体条件是否允许接受治疗护理。老人正在服用的处方药是什么？它们都治疗什么？非常重要的一点是询问老人是否自己买药吃，因为老人可能并不觉得这是在进行药物治疗。工作者应当要求看一下老人的药瓶，确定老人说的药没错，并查看药物是否过期。老人是否需要什么辅助器具？诸如眼镜、助听器或者移动器具。

跟老人谈论吃饭习惯有助于了解他的营养是否充足，是否能自己做饭。请求老人让自己看一下食品柜和冰箱。这不仅会表明屋子里是否有可吃的东西，而且让工作者有机会查看是否有放坏的食物。询问老人是否喝酒或抽烟也同样重要，但要注意所用的方法不应让老人感觉受到威胁或者鼓励老人不据实相告。

另一个需要探求的至为重要的方面是老人是否能及时如厕。卫生间的位置是否离老人在家中的主要活动区域较近？是否有其他的迹象表明老人有失禁问题，比如难闻的气味或弄脏的衣服？家具是否潮湿或有污秽的痕迹，表明有间或的失禁？这是一个敏感的问题，如果老人深感羞愧，他可能会否认这一问题。运用环境中的线索可能会帮助工作者用一种比较直接但却不那么有威胁的方式接近这一话题。

询问老人他怎么看待自己的健康也十分重要。老人认为自己身体健康吗？他确认的自己的重大健康问题是什么？健康问题是否让他做不成自己想做的事？其他家庭成员是否对他的健康表示过担心？一生都患有慢性病的老人可能已对病症有了良好的调整适应，因此会认为自己相对来说身体健康，而工作者可能不这么看。也有些老人因为最近出现了小的健康问题，会认为自己不健康。当自身疾病影响了正常生活时，老人最可能说自己身体不好或一般。

4. 虐待老人问题

每年都有许多老人受到不同形式的虐待，其中包括身体、精神，以及其他形式的虐待。身体检查的程序之一，便是察看老人身上有没有受虐的痕迹。老人有没有不愿意谈论的身体损伤或可疑的淤伤？老人是否在评估过程中改口，对身体受创的原因作另一番解释？社工需要留意的是，老人的皮肤较年轻人容易受损。对于年轻人是轻微的损伤，在老人身上则会看来是严重的淤伤。如果老人有家人照料，社会工作者应尽可能在护理者不在场的情况下，向老人问及这些可疑的淤伤和伤痕。当社会工作者怀疑这是一宗虐待老人的个案时，应立即联络有关政府部门。虐老问题生死攸关，置之不理会导致老人生命受到威胁。

5. 评估生理机能

（1）日常自理活动能力。

通过日常自理活动评估，便可判断老人处理基本生活琐事和照顾自己的能力。老人应付日常生活时的身体及精神状态，会影响这些机能状态。若老人独居又没有全天 24 小时的照顾，并且在日常自理活动中，有一项或一项以上表现很差，便表示老人极需要支援。因此，社会工作者须注意以下事情：在饮食方面，老人能否不用协助，自行进食？抑或需要别人协助，把食物切成小片？他能否盛饭和拿菜？在大小便方面，老人能否控制便溺，及时如厕？在行动方面，能否在起居范围内自行走动？在转动方面，是否不需协助，能从卧床或椅子自行站起来？老人又能否独立沐浴、淋浴或擦身？老人是否能自己选择衣服和更衣？能否自理梳头、洗脸？能否进行基本牙齿护理？这些日常自理活动能力是老人健康状态的指标。

（2）日常生活活动能力。

日常生活活动较日常自理活动复杂，却仍属于维持独立生活所需的基本技能，其中包括：使用电话，如查看电话号码、打出电话和接听来电；做饭，包括自己安排一顿膳食；管理药物，包括在适当时间服用准确剂量的药物，而不需他人协助或提醒；购物，包括在不需顾虑交通安排下，计划并按计划购物；管理金钱，包括提取存款、缴交开支；处理家务，包括洗刷地板一类的粗重家务和洗衣服、整理床铺等琐碎家务；使用交通工具，如自己驾车、独自乘搭公共汽车、出租车等交通工具。若日常生活活动能力减弱或丧失，可能代表老人的认知能力或体力开始衰退，甚至出现健康的问题。这一点社会工作者要注意。

在这种评估下，老人的活动能力通常会以三个等级来评定：第一，有独自进行这些活动的能力；第二，部分活动需由他人协助；第三，完全不能自己进行这些活动。在日常生活活动之任何一项表现有问题，并不代表老人不能独立生活，而是说明老人可能需要支持和帮助，使他能尽量保持独立。

可靠的评估必须考虑老人对问题的回答态度才知道真实性，并且加上社工个人的直接观察。有什么证据支持或反驳老人对自己各方面机能的评估？这并不代表老人不会诚实回答问题，有些老人害怕不能独立和想逃避的心情，令他对自己的基本活动能力有所高估，而使回答与现实有偏差。原来可妥当完成的日常生活活动，如今进行起来却遇到困难，对老人而言，向他人承认这个事实是一件痛苦的事。社工在评估过程中要有高度的敏锐观察力，鼓励老人诚实地面对挑战，赞扬他们鼓起勇气，并应强调如果选择逃避，代价太多，后果严重。

（四）心理机能评估

评估老人的心理机能和心理健康时，要从接触老人的第一刻便开始观察其表现，从老人的判断力了解到他如何思考问题和做出回答，如何回忆事实资料和怎么进行理性、连贯的对话。心理机能评估的范畴包括：智力、记忆、痴呆（失智）、精神失调、抑郁、焦虑以及忧虑。在评估其他心理机能范畴之前，社会工作者能从性格了解老人的心理机能，也能借此了解老人的世界观和他如何处理压力。社会工作者可问老人，现在的他与年轻时有何改变？在他生命中，什么范畴是最大的压力来源？若老人提及某件事令他特别感到有压力，例如疾病、家人或友人的逝世，社会工作者应探究老人如何面对压力，从而评估他应付压力的能力。老人的回答会让工作者了解他解决问题的能力和方法。老人是否感到人生受他人控制？抑或他只是觉得被动地生活，他是否能够随遇而安，处之泰然？这些态度是老人心理机能最明显的指标，社会工作者能由此预计老人的情绪健康状况。

1. 智力与痴呆症

教育程度并非反映老人思考能力的最准确指标，反而老人如何利用"思维资源"解决问题或令自己与时俱进，愿意不断学习，对老化有正面和积极的态度才是较佳的指标。教育程度不高的老人，为了保持对环境的适应，可能创意惊人，机敏无比。老人对自己的记忆力评估是非常重要的。老人回忆很久以前或近期的事，有没有困难？老人是否觉得过去数天、数星期或数个月内记忆力不断衰退？记忆力出现问题，可能是抑郁症、失智症的征兆，甚至是所患疾病的服药反应。若老人的记忆力有了问题，社会工作者便需要确定背后的原因。有没有发现老人需要用心竭力才能记起某事？又或者通常以"记不起"回答问题？在评估过程中，老人是否不自觉地重复说出某些事情？社会工作者应尝试判断老人是否察觉不到记忆力衰退，还是对此忧心？甚或接受这是老化过程的一部分而不去面对？

随着人的年龄增长，很多人包括老人和其家人会将记忆力衰退这一现象视为老化过程的一个标志。事实上，这并不是正常老化过程的一部分。记忆力衰退可能跟老人失智症有关。这些人会忘记事情，迷失方向，失去时间观念，没办法找到恰当的字词，又或者无法记得如何完成简单的工作。这些都是心理机能中认知能力改变的一些征兆，而老人失智症有可能是导致改变的成因之一。老人失智症很容易会被误会为其他的病症。因此，医生要进行一系列的测试来找出病因，或要排除其他疾病的可能性，因为有很多病况也可以引起认知能力上的改变，产生跟老人失智症类似的记忆力衰退的问题。这些病况包括缺乏维生素、甲状腺问题、化学及新陈代谢方面的不均衡、抑郁症、缺水、便秘、不均衡饮食、酗酒、服药过量以及错误使用药物。以上所描述的情况皆可以医治。但老人失智症到目前为止还是没有治愈的方法。因此，除了为老人进行一个全面性的身体检查来排除其他可治愈状况的可能性外，也要用其他评估工具，以下所用的简易精神状态问卷是一个常用测试老人是否出现记忆问题的客观方法。

简易精神状态问卷

对 错	问 题	注意事项
	1. 今天是几号？	年月日都对才算正确
	2. 今天是星期几？	星期对才算正确
	3. 这是什么地方？	对所在地有任何准确的描述都算正确；如"我的家"或正确说出城镇、医院、机构的名称都可接受
	4-1. 您的电话号码是多少？	确认电话号码无误就算正确。或在会谈时，能在两次间隔较长时间内重复相同的号码都可以接受
	4-2. 您住在什么地方？	如长辈没有电话才问此问题
	5. 您几岁？	年龄与出生年月日符合才算正确
	6. 您的出生年月日？	年月日都对才算正确
	7. 现任的总统是谁？	姓氏正确即可
	8. 前任的总统是谁？	姓氏正确即可
	9. 您妈妈叫什么名字？	不需要特别证实，只需要长辈说出一个与他不同的女性姓名即可
	10. 从20减3开始，一直减3下去	期间如出现任何错误或无法继续进行运算即为错误

答对题目得0分，每错1题得1分，量表分数由10个问题的分数相加而得，表示在10题中受测试者答错的题目数，分数范围由0到10分。0分表示全对，10分表示全错。对于得分的解释，视乎受测试者的受教育程度分成三类：（1）小学或以下；（2）中学；（3）中学以上。

对于中学教育程度的受测试者，建议的分类标准为：

错0~2题，认知功能完整；

错3~4题，认知功能轻微受损；

错5~7题，认知功能中度受损；

错8~10题，认知功能严重受损。

如果受测试者的教育程度是小学或以下，在每一个类别中允许错多1题，例如错0~3题为认知功能完整，以此类推。如果受测试者受过中学以上教育，在每一个类别中允许错误的数目会减少1题，例如错0~1题为认知功能完整，以此类推。

简易精神状态问卷（Short Portable Mental State Questionnaire）是既简单又通用的工具。问卷旨在帮助评估老人有没有认知和失忆的问题。测验首先测量的是认知功能，包括短期记忆、长期记忆、对周围环境的辨识、当前事件的见闻以及数字顺序排列的能力。问卷是非常简短的10个问题，而且记分方法简单，对象范围包括从完整的认知能力到认知能力的严重受损,可以用于居住在社区的老人和住院的老人。测验只需 10 分钟,社会工作者可从结果获得基本资料,了解老人是否有认知障碍,是否显示可能患上失智症。然而,本测验并非断定失智症的指标,只能帮助社会工作者初步了解老人认知机能的状况。若测验的评分很低,社会工作者应建议老人到相应机构接受更深入的精神状态检查。

2. 抑郁病

评估老人的情绪状态时,我们需判断其情绪状态是否稳定,老人是否表现出抑郁状态,在言语中表示自己很多时候都觉得难过或低沉?虽然每一个人都有情绪低落或者难过的时候,但长期感到难过并不是老化的一个正常现象。抑郁状态通常与近期遭受重大打击有关,如配偶、亲人或挚友的病重和离世。在这种情况下,老人多少会有点抑郁,除非延续一段极长的时间,否则不应视之为问题。老人严重抑郁的两大主要症状是情绪低落及对人和事明显失去兴趣;次要的症状包括极度悲哀、不时哭泣以及睡眠规律失常,当中又包括失眠或嗜眠。抑郁病患者通常会表示感到长期疲乏和精力不振,没有能力做任何事情。抑郁的老人,连作最简单的决定也有困难,例如决定该吃什么,或如何处理熟悉的事情。抑郁的老人对人生不再存有什么期望,提不起劲参加任何社交活动。老年抑郁量表是初步诊断抑郁症状的常用工具。

老年抑郁量表(GDS)在美国或亚洲获广泛应用,通过 30 条的简单是非题,判断老人抑郁状态的程度。老年抑郁量表易于使用,对于各种教育程度的老人也颇为适合。此量表专为老人设计,由量表所得的答案,可协助社会工作者确认老人是否需要支援辅导,找出老人在哪一方面需要特别协助。仅仅为老人进行一次抑郁量表测验,并不能绝对确定他是否患上抑郁症,如有需要,社会工作者可再为老人进行评估。测验结果很多时候是因为有生活压力的影响,例如健康欠佳、家人亲朋的去世、生命或生活有重大变故等,因此,可能不是长期抑郁的有效指标。为了老人的安全起见,如果老人得到的评分在 11~20 分之间,应给他们多加照顾;如果老人得到评分在 21 分以上,应鼓励他们见医生和接受辅导。对他们的照顾越早越好,因为抑郁的人可能有自杀倾向,情况非常危险,要防患于未然。

老年抑郁量表(GDS)

您的姓名(　　　)性别(　　　)出生日期(　　　)职业(　　　)文化程度(　　　)

选择最切合您最近一周感受的答案:

题 号	问 题	是	否
1	您对生活基本上满意吗?(否)		
2	您是否已放弃了许多活动和兴趣?		
3	您是否觉得生活空虚?		
4	您是否常感到厌倦?		
5	您觉得未来有希望吗?(否)		
6	您是否因为脑子里有一些想法摆脱不掉而烦恼?		
7	您是否大部分时间精力充沛?(否)		
8	您是否害怕会有不幸的事落在您的头上?		
9	您是否大部分时间感到幸福?(否)		
10	您是否常感到孤立无援?		

续表

题　号	问　题	是	否
11	您是否经常坐立不安，心烦意乱？		
12	您是否希望呆在家里而不愿去做些新鲜的事？		
13	您是否常常担心将来？		
14	您是否觉得记忆力比以前差？		
15	您觉得现在活得很惬意吗？（否）		
16	您是否常感到心情沉重？		
17	您是否觉得像现在这样活着毫无意义？		
18	您是否总为过去的事烦恼？		
19	您觉得生活很令人兴奋吗？（否）		
20	您开始一件新的工作很困难吗？		
21	您觉得生活充满活力吗？（否）		
22	您是否觉得您的处境已毫无希望？		
23	您是否觉得大多数人比您强得多？		
24	您是否常为些小事伤心？		
25	您是否常觉得想哭？		
26	您集中精力有困难吗？		
27	您早晨起来很快活吗？（否）		
28	您希望避开聚会吗？		
29	您做决定很容易吗？（否）		
30	您的头脑像往常一样清晰吗？（否）		

计分方法：每个答案计1分。

1. 否　　6. 是　　11. 是　　16. 是　　21. 否　　26. 是
2. 是　　7. 否　　12. 是　　17. 是　　22. 是　　27. 否
3. 是　　8. 是　　13. 是　　18. 是　　23. 是　　28. 是
4. 是　　9. 否　　14. 是　　19. 是　　24. 是　　29. 是
5. 否　　10. 是　　15. 否　　20. 是　　25. 是　　30. 否

30个条目中的10条用反序计分（回答"否"表示存在抑郁），20条用正序计（回答"是"表示抑郁存在）。每项表示抑郁的回答得1分。

一般而言，在最高分30分中，得：

0～10分可视为正常范围，即无抑郁症；

11～20分显示轻度抑郁；

21～30分为中重度抑郁。

3. 自杀倾向

65岁以上的人的主要死亡原因中，自杀排第十位。其中以刚刚经历了生活境况变故的老人，如丧偶、迁出长年居所的，有更大自杀的可能。老人如果健康欠佳、独自居住、社会经济地位低，而且没有足够社会支援，寻死的机会尤甚。面对这么多的失去和失落，老人需要很多支援。评估老人情绪时，必须确实考虑到可能引致自杀的因素。在评估过程中，可以询问有关问题，清楚界定老人是否有很大的自杀倾向。如果老人自杀的倾向很高，便须立即转介有关方面作精神支援。自杀的念头绝对不容轻视或忽略。若老人自杀的可能性很高，社会工作者必须立即行动，作出支援。自杀是生死攸关的，所以社会工作者对抑郁及自杀必须有充分的认识。

下面是社会工作者可以询问的简单问题：

（1）您曾经觉得生命不值得留恋吗？如果有的话是在什么时候？
（2）您曾经考虑过结束自己的生命吗？如果有的话是在什么时候？
（3）您现在还这样想吗？
（4）您曾想过用什么方式结束生命吗？
（5）您计划好了吗？
（6）什么阻止您没按自己的计划做？

（五）社会资源系统评估

评估老人社会功能及他们的社会支援系统的目的，在于了解老人有没有正在参与或希望参与的社交活动，以及他们的社会支援是否足够。社工可询问老人如何决定每天做些什么，以此来认识老人自己的世界观。想了解老人的社会关系和活动，可以询问老人是否仍参与社交活动？是否感到孤独，有没有与他人交往？是否想多些人际交往及与他人接触的机会？是否会探望亲友或参与老人中心聚会、购物甚至看电影等？若想多些外出活动，会有什么障碍？并非所有老人都想社交，不论他有没有家人，若他希望花点时间独处，我们也应尊重他的意愿。若老人对现状不满，真心希望多与人交往接触，社工就要协助他们。有些老人非常安于独处，并不认为自己孤独。不少鳏夫，以及无儿无女的老寡妇，尤其在丧偶前，社交圈子已经很狭窄，他们是最有可能受到非自愿隔离的一群。社会工作者有必要认定及认识到这些打击（生理、情绪、财政、社交）会严重影响老人的生活质量。

1. 评估老人实质支援

评估社会支援系统协助老人找出在其生命中担任重要角色的家人或朋友。我们以老人为中心，画出多层同心圈，在最近中心的同心圈，请老人写下生命中最重要的人的名字，如至亲的家人和至密的朋友；在第二、第三层同心圈，则请老人写下关系较为疏远的人物。然后请老人指出多久才会与上述每位人士见面或倾谈。老人重要的人际关系，如亲戚好友等，以图像显示其"良劣疏密"，能补充老人关于人际交往接触程度口述答案的不足，以及找出谁正在或能够为老人提供实质的和情绪的支援，什么人可以为老人提供经济、家务和杂务上的帮助。虽然这个方面通常会由家人帮忙，但我们仍要向老人证实。以上关于实质支援的安排，老人和支援者是否也感到满意？老人有没有一些事，因为没人帮助而未能处理（找出未满足的需要）？他们的回答，能帮助社工了解现存哪些支援服务可供老人使用，又需要拓展哪些服务？若家人或朋友不能帮忙，这些未满足的需要通常可透过家务助理等家居服务解决。

2. 评估老人情绪支援

与实质支援相比，情绪支援较为重要，家人和挚友的联系和支援是极为重要的。老人是独居还是与配偶或子女同住，彼此关系是否良好都会影响老人的情绪健康和社会支援。

家庭关系恶劣是老人抑郁及焦虑的源头,原因是老人害怕在需要之时不能从家人处得到支援。当有问题出现或需要向人倾诉时,老人找的是谁?有没有可以倾诉烦恼和困扰的知己?女性往往较为善于处理这种状况,主要原因是女性较会开拓和维系自身的社交网络。就算只有一位感情亲密的好朋友,也能帮助老人消除孤单的痛苦,继续感到与外界有所联系。若老人的家庭关系令人担忧,社会工作者便需要考虑介入,例如通过家庭治疗,辅导老人或家属;又或者以支援小组和其他家庭为本的介入方式,帮助老人及家属处理关系问题。

陆斌社会网络量表是既简单又常用的工具。陆斌社会网络量表共包含11个问题,包括3个不同的子量表,即家庭网络、朋友网络和互相依靠的社会支援。根据陆斌的研究,家庭网络和朋友网络各包括3个条目,互相依靠的社会支援包括4个条目。陆斌社会网络量表是一个自我报告的测评工具,由施测者逐条向受测试者询问。当然,如果受测试者有足够的教育水平和良好的合作态度,该量表也可以由受测试者自己填写。

陆斌社会网络量表

	0个	1个	2个	3到4个	5到8个	9个或更多
有多少亲戚你最少一周见面或交谈一次?	0分	1分	2分	3分	4分	5分
有多少个亲戚与你较为亲近,可以倾诉心事,或请他们为你提供帮助?	0分	1分	2分	3分	4分	5分
你有没有亲近的朋友可以倾诉心事?	0分	1分	2分	3分	4分	5分
有多少亲近的朋友你最少一个月见面或者交谈一次?	0分	1分	2分	3分	4分	5分

	少于每月一次	每月一次	每月数次	每星期一次	每星期数次	每天都有
你与最长接触的亲戚交谈次数有多少?	0分	1分	2分	3分	4分	5分
你与最长接触的朋友交谈次数有多少?	0分	1分	2分	3分	4分	5分

	从来没有	很少	间中	好多次	几乎每一次	每次都有
当有重要的事情要决定时,你有人可以商量吗?	0分	1分	2分	3分	4分	5分
当你认识的人有重要的事情要决定时,他们会和你商量吗?	0分	1分	2分	3分	4分	5分

					没有	有
有没有人每天依赖你去替他们办事,如买东西、修理物件、打扫房子、照顾孩子?					0分	5分

	从未	很少	有时	经常	几乎每天
你有没有帮助别人买东西、修理物件、打扫房子、照顾孩子?	0分	1分	2分	3分	4分

	独居	与其他没有关系的人同住	与亲戚朋友同住	与配偶同住
你是独居还是与家人同住?	0分	1分	4分	5分

如果老人的得分小于或者等于19分,则可能面临与人隔离的危险,且得分越低,危险越大。

（六）经济评估

如果评估需要的话，问一下老人的经济状况。尽管对老人来说个人的经济状况是个非常敏感的话题，但可以通过一些间接问题引出这一话题。老人是否担心自己的钱不够日常开销？他是否由于手头没钱而推迟拿处方药或买食品？他有钱应急吗？了解一下老人的经济状况可能有助于识别他是否有资格享受其他来源的经济或物质方面的帮助，如补充保障收入、医疗援助或紧急援助。如果老人相信社会工作者问这些问题是为了他们好，是要帮他们改善生活质量，那么对于涉及钱的问题回答起来可能就会更配合。在这方面很重要的一点是要尊重老人个人的隐私权。

（七）其他环境评估

随着正常老化，老人的视力、听觉和肢体协调都会出现转变，这些身体转变令老人较易跌倒。在家居安全评估时，社会工作者要看看家居的通道是否有家具、电线、杂物及其他容易导致老人跌倒的物件。房间和走廊是否照明充足？通道和出口是否畅通无阻？浴缸及淋浴间有否设置防滑地垫？楼梯是否已设置扶手？楼梯间照明是否充足令行人不易跌倒？老人的门窗是否有足够的防盗措施？锁是否太少？太多？过多的锁表示老人曾遭人闯入居所，或觉得有被人闯入的可能。杂志、书籍及纸张是否堆积如山，容易引起火灾？

评估老人的环境包括观察房屋总体修缮情况、住宅有无安全隐患和基本的安全防护措施，确保老人在其居住的邻里环境里身体安全有保障。老人家中可能会有的安全问题查验单如下。

运用本查验单查看老人家中可能存在的安全隐患。每个问题用"是"或"否"来回答。完成以后核对单子，对需要注意的项目采取行动，消除隐患。

（1）灯具、外接物品以及电话线是否放置在无人走动的地方？
（2）电源插座是否状态良好，有没有磨损坏或有爆裂声？
（3）延长线是否超负荷？
（4）所有大小地毯是否防滑？
（5）紧急呼叫号码是否张贴在电话上或贴在电话附近？
（6）是否恰当安装了烟雾探测器？
（7）烟雾探测器是否运行良好？
（8）电热器是否放置在不会被撞翻的地方？
（9）煤气炉或煤油炉是否恰当地放在空气流通的地方？
（10）老人是否有紧急情况下逃离房屋的方案？万一失火是否有备用的出口？
（11）各房间之间的所有门厅、过道和其他人来人往的地方是否有充足的照明？
（12）房屋的出口和通道是否通畅？
（13）浴缸和淋浴的地方是否安放了防滑垫？
（14）药物是否放在原来装它的容器里并有清楚的标识？
（15）楼梯是否安装了扶手？
（16）楼梯间的照明是否充足以防跌落？

二、案例示范

(一) 案例描述

李奶奶今年68岁,跟丈夫潘爷爷共同生活了45年。2年前,李奶奶因中风住进了人民医院,轻度中风的后果是她的右半边身体虚弱,并且说话有些困难。尽管目前她的丈夫在护理她,为她准备所有餐饭,但是这不是长久之计。潘爷爷自己也有病,照顾妻子让他不堪重负。

李奶奶有3个子女,均已长大成人。儿子在外地工作,是个公务员,平时工作很忙,只有逢年过节才能够回家;小女儿一家在英国,从8年前出国至今只回来过3次;大女儿在本市的一家大型国企工作,女婿在银行工作,工作都很忙,但是他们和李奶奶住在同一小区。李奶奶有2个孙子,2个孙女,只有大女儿的女儿在本市。过去她几乎每个星期都会见一下大女儿一家,那时他们会来家里吃晚饭。李奶奶退休前在本市的一家大型国企工作,是位工程师,潘爷爷退休前在公安系统工作。4个孙子孙女,除了小女儿出国后生的孙子没有带,其余的3个都是李奶奶带大的。最小的孩子也上了学之后,她和老伴一起上了老年大学,直到生病前她每周都在一所本地老年大学上三次课。

(二) 案例评析

可从以下几方面来对以上案例进行分析。

1. 身体健康

李奶奶是一个身材娇小的老年女性,她看起来要比实际年龄年轻不少。坐着的时候难以看出身体受到中风的损害。尽管步态不稳,拖着右腿,但是她能自己行走。她的右半边脸由于中风而下垂,但是她有一双生动的眼睛和轻松的微笑。她讲话含混不清,但是如果慢慢讲,有条理地表达,别人很容易明白她的意思。尽管李奶奶一直高血压,但是她认为自己的健康相当不错,直到最近发生的"插曲"——她是这样说自己中风的。她每年参加单位为退休职工安排的体检。她的手和肩膀有关节炎,但是她声称这从未影响她照看孙子孙女、做家务或是生活。李奶奶有轻微的听力丧失,但她没有(也不想要)助听器。她在读书和做需要贴近看的事情时会戴眼镜,但是她没有青光眼或白内障。她没有注意力不集中的问题,如果给她多点时间把话讲出来,她能回答所有问题。考虑到她说话不便,她讲得已经非常清楚了。她衣着得体,但是尽管家里挺暖和她却穿着毛衣。

在中风前李奶奶服用阿替洛尔控制高血压,但现在服用立普妥降低胆固醇和低剂量的帕罗西汀治疗她所说的"她的神经"。她拿到"用薄膜包装的药物包",里面注明了每种药物每天服用的时间。她清楚知道每个药是做什么用的以及该什么时候服药。潘爷爷为夫妇俩准备早饭和午饭。他们的女儿每天晚上给他们送晚饭。潘爷爷看起来营养没问题。没有明显的迹象表明李奶奶有受虐待或被疏于照管的情况。

2. 心理健康

尽管因中风身体受到损伤,但李奶奶是个爽快的女人,有投入地做事的个性和很好的幽默感。她对中风的反应主要是迷茫。她感觉不错，每天和丈夫一起走大约半小时并按时服药。她难以理解为什么她会遇到这样的事，急切地想要让事情尽快"回到正轨"。即使是在接受面谈的时候，李奶奶也还按医院物理治疗师的建议握着一个橡皮球活动右手，改善手部力量。

李奶奶曾是个热衷读书的人，但现在阅读有困难，因为手难以拿住书本，眼睛也有点受中风的影响。医生认为在中风引起的肿胀完全消退后，她的视力会恢复正常。所以她有望恢复阅读能力。只看电视她觉得非常厌烦。李奶奶承认有些抑郁（老年抑郁量表的得分是10），但她认为自己"情绪低落"是由于身体不便和讲话有困难。她更关心丈夫对她生病的反应。他非常紧张、警惕，绝不允许她一个人待着。他缩减了所有跟朋友和家人的活动，全天候地照顾她。当问到是否想过要结束自己的生命时，李奶奶笑了，说："没那么糟！"她没有任何自杀意念。

李奶奶简易精神状态检查量表的得分是29，只是画五角图的时候有困难，因为右半边身体虚弱。她的长期记忆出色，短期记忆也不错。她的时间感、空间感和对人的辨识能力都没问题。

3. 社会功能

从面谈看，显而易见这对夫妇习惯了与家人和朋友有非常多的交往活动，而中风使之人为减少。自从李奶奶生病后，尽管大女儿一家回来的次数增多了，其他子女们常常打电话问候，但是外出的机会减少了。李奶奶想念老年大学的朋友，尽管医生准许她外出，做她感觉可以做的事，但是由于中风后身体虚弱，她只能在家前面的街上走路，而且也只是一小段距离。她又一次表示担心自己病了后丈夫变得太与外界隔离。过去他会拜访工作时的朋友，一个月跟他们一起聚会几次，和朋友一起聊聊天。她没法让他相信自己单独呆一小段时间没问题。

李奶奶的子女和孙子孙女是夫妇俩获得实际支持的最佳来源。他们的大女儿除了给他们送晚饭还帮助他们洗衣服、做清洁工作，也不定期开车带他们出去走走。儿子和小女儿也经常寄钱回来。尽管子女在需要的时候能供差遣，但是他们能帮忙的时间都有限，因为他们有全职工作，家务事也很忙。李奶奶认为把自己对丈夫的担心说给孩子们听不合适。她认为这只是夫妇俩的事。对工作者的质询，她的回答是："他们没有问，我也没有说。"当问她怎么处理这些忧虑时，她叹了口气，说："我做了许多祷告。我们曾经走过了比这还要艰难的时候。"

4. 日常生活能力

李奶奶日常生活功能方面受到的最大限制是显而易见的，因为她需要协助才能洗澡、穿衣服和移动。她恨自己不得不依赖丈夫，但身体的右半边就是没有力气，没人协助做不了这些事。她能打电话，独自服药，但不能做饭，做不了什么家务，也不能自己从一个地方挪到另一个地方。李奶奶对自己生活能力的评估与工作者的观察似乎一致。这方面似乎是她最需要大量协助之处。

5. 经济资源

这对夫妇有足够的退休金，因为两人以前的工作单位都不错，潘爷爷退休前也是个公务员，两人都有政府医疗保险，儿女收入也很好，他们有足够的资源可以维持舒适但不奢侈的生活方式。因此，老两口考虑为减轻大女儿负担雇佣个钟点工。

6. 环境安全问题

房子是潘爷爷退休前购买的单位经济适用房，房子在一层，三室一厅。家里的房屋看起来维护得不错，居住区域没有明显的安全隐患。家里各处都是家人的照片，李奶奶很热心地说明照片里的人都是谁。

7. 工作者的印象

即使中风带来的损伤使得李奶奶要一次次地克服沟通上的困难，但她还是积极参与了评估过程。她有很强的动机参与物理治疗、服药并且在康复训练方面也十分积极。她眼下的主要目标是尽可能重新获得更多的力气，把潘爷爷从目前的一些家务事中解放出来，这样他就能更经常地外出活动。总体上说，是尽可能长地留在自己家中生活。如果她能再有一些力气，做到自己穿衣洗澡，如果潘爷爷的身体健康状态没有恶化，那么尽管会有多一些的限制，但这对夫妇恢复正常的生活方式的前景是非常好的。如果身体恢复进展有限，或者夫妇当中有人有了其他的健康问题，那么可能就需要考虑安排他们住进有支持性服务的设施中。

8. 能够支持李奶奶目标的服务

（1）给李奶奶安排居家物理治疗，这需要她的医生同意。

（2）提供家务服务和流动送餐服务，缓解潘爷爷做饭的压力。

（3）为李奶奶安排适当的交通工具，让她每周能够出去走走。

（4）给李奶奶把书的内容制作成有声材料或者提供替代性的阅读设备，这样她就能恢复自己读书。

（5）监控李奶奶轻度的抑郁症。

三、任务实训

1. 实训案例

按照所学的评估知识，寻找自己熟悉的一位老人（可以是自己的父母、亲戚、朋友），进行综合评估。

2. 案例分析

本案例操作流程如下：

明确评估目的→拟定评估提纲→寻找评估对象→实施评估任务→确定评估场所→选择最佳评估时机→向评估对象解释评估的目的→基本的社会人口特征资料评估→生理健康及生理机能评估→心理机能评估→经济评估→其他环境评估→汇总并分析评估资料→撰写评估报告。

3. 实训作业

（1）明确评估的依据：案主的口头叙述、测量表、间接来源、心理测验、非语言行为观察、家庭访视或外访、工作者的经验直觉。

（2）记录评估的主要内容：包括如何寻找评估对象、如何实施评估任务、在评估过程中出现的意外状况。

（3）撰写评估报告：报告应该包括案例背景、基本的社会人口特征资料评估、生理健康及生理机能评估、心理机能评估、经济评估、其他环境评估、能够支持服务对象的服务。

（4）和同学分享成功与不足。

四、巩固提高

1. 知识回顾

（1）评估的依据是什么？
（2）评估的程序是什么？
（3）评估的领域有哪些？
（4）评估的重点是什么？

2. 案例实训

某日，一40岁男子来到社区社会工作站咨询，要求帮助他70岁的父亲。他说他的母亲是幼儿园阿姨，文化不高却很贤惠。父亲是电子所技术员，在所里只管工作，下班就回家，没有让母亲操心的不良嗜好，老两口的婚姻安静平淡。父亲是急脾气，母亲是慢脾气，父亲没少给母亲发脾气，母亲却从不和父亲顶嘴。事后总是父亲给母亲道歉，母亲抿嘴一笑，从来不会得理不让人。母亲是去年夏天去世的，癌症晚期，发现时已经扩散了，几个月就去世了。临走前说的唯一的一句话就是："你爸心重，好好照顾他，让他好好活着。"以前看父亲急脾气，以为父亲感情粗，凡事不往心里去，哪知道母亲这一走，父亲变了一个人，蔫了，哑了，整天把自己关在屋子里，跟谁都不说话，也不走动，每天对着母亲的照片发呆。儿女劝他，他就说，你们走吧，爸的心，你们不懂。看着父亲衰老的面容和整天郁闷的样子，儿女说不出的难受，生怕父亲得了抑郁症。

如果你是接案社工，请对这位老人的状况进行一次综合评估，并提出可行的介入方案。

项目三　老年社区照顾

项目简介

老年社区工作的一个层面是全面发展老人的社区支持网络，以照顾老年人的社区生活。本项目对老年人的社区照顾体系进行了详细的探讨，介绍了社会支援对老人照顾的重要性以及社区照顾体系的内涵。

学习目标

知识目标：通过本项目的学习，使学生掌握我国家庭养老的新变化和新问题、老年人社区照顾的类型，并对我国的社区居家养老服务体系的建设有一个总体认识。

技能目标：通过本项目相关理论知识的运用，使学生可以掌握扩大老年人社区支援网络的一般技巧，利用社会工作项目工作方法介入社区照顾实际工作中去。

一、基础知识

（一）社会支援与老人照顾[①]

随着老化过程和年纪增长，老年人面对社会角色和人际关系的改变要重新适应和调整。这是生命成长和成熟的过程，这些生命学习就如年轻人就业、结婚、生儿育女等社会角色和人际关系的改变要适应和调整一样，老年人的适应和调整可能包括他们身体健康、心理需要、家庭关系、工作或退休生活各方面。举例说，成年已婚子女离开家庭，老人退休后减少了经常性的社会接触，老人可能会因此失去往日天天共事的朋友关系。活跃潇洒的退休老人可能会继续参与不同的活动，重新建立新的朋友关系，或重拾在忙碌工作时与未能见面的旧朋友的友情，这些朋友和其他和谐的人际关系是老人的重要支援系统。老人退休之后，若成年子女已另组家庭，老人在家中可能只有自己的老伴相随，这对老夫老妻的关系是一个极大的考验。退休之后，两人相处时间可能是每天 24 小时，这个夫妻关系要用心去适应和调整。若是他们需要并且愿意接受社会工作者的专业辅导，社会工作者可以增强老人的社会支援系统，并鼓励增进老人婚姻和家庭关系。

理论上，社会支援包括非正规社会支援系统和正规社会支援系统。家庭或朋友是老人的非正规社会支援系统，他们对老人生活有极重要的支持作用。正规社会支援系统是指正式服务的使用。社会工作者评估老人的社会支援系统是评估它的质量和对老人的影响。评

---

① 梅陈玉婵：《老年社会工作》．格致出版社．2009.9. P75

估还包括心理或实质的支援、支援频密程度，以及老人对支援是否感到满意。老人与家人和朋友间的双向关系，对老人的身心健康和生活质量有极重要和决定性的影响。老人和他的家人、朋友有良好关系，可以为成功的老化过程带来一定的贡献。反之，极度的与社会隔离和不和谐的人际关系可引致老人死亡率的提高。

（二）家庭养老的内涵

1. 家庭养老：我国养老的主要形式

尽管老年人口在老年家庭中仍然发挥着重要的作用，但衰老是不可回避的现实。人口老龄化给我国带来的社会问题中，养老问题是其中重要的方面。在我国历史发展中，家庭一直是养老的主要形式，养儿防老有着深厚社会经济、文化背景。尽管随着我国经济发展和改革开放，社会保障、社会服务等制度逐渐在完善，但家庭养老仍然是养老的重要形式。由于我国的社会保障制度尚不健全，家庭养老是老年家庭中的主要功能，也是一个十分现实的问题。但在当代，与传统的家庭养老所不同的是伴随着人口老龄化，出现了家庭结构的小型化，老年独居家庭、空巢家庭的增加，这些新的问题以及老年人在家庭中的地位、作用和职能，是我们研究家庭问题应该十分关注并应该认真研究的问题。

我国传统的家庭养老，实际上是家庭内部成员之间抚养与赡养关系构成的网络，即"反哺模式"。中华民族有着悠久的敬老养老的道德规范和文化传统，甲骨文中已有"孝"字的具象形字，上为老字，下为子字，其意是儿子肩负老子。侍奉养老，继承父道，"孝"字的含义比较朴实。"孝"作为一种特殊的文化现象，是我们民族的传统美德，新的孝敬观是对封建孝道观的扬弃，而体现"孝"文化精华的代际亲情得以延续。

传统家庭养老有三个社会基石：自给自足的经济形态、相对封闭的社会结构和小生产式的家庭伦理价值观念和节制。个人一生的劳动成果几乎全部集中在家庭里，到了晚年之后，自然地只能指望家庭作为他（她）的生活保障。传统家庭养老的实质是把父母与子女之间的相互依赖性局限于家庭的范围之内。整个社会的养老问题，就这样化整为零，变成每个家庭的养老问题。这是传统家庭养老的真正社会含义。新中国肯定了家庭养老的法律地位，《中华人民共和国老年人权益保障法》中明确规定："老年人的养老主要依靠家庭，家庭成员应当关心和照料老年人。赡养人应当履行对老年人经济上供养、生活上照料和精神上慰藉的义务，照顾老年人的特殊需要。"

我国的养老模式，引起了国际社会的关注，1982年召开的联合国老龄问题世界大会上，大会秘书长指出："以中国为代表的亚洲方式，是全世界解决老年人问题的榜样。"所谓亚洲方式，就是专指家庭养老方式。这也是我们为解决世界老龄化问题所做的一个了不起的贡献。家庭养老体现了代与代之间经济上的互惠互助，也体现了供养双方精神上的相互慰藉。无论商品经济发展到何种程度，无论人们的思想观念、价值取向及家庭结构发生怎样的变化，家庭中融洽的亲情关系，仍然是任何其他社会关系所无法替代的。

2. 我国家庭养老的新变化和新问题

从总体上看，在我国70%的农村和城镇老年人得到比较好的赡养。但大约有三分之一的老年人对养老状况不满意。这是因为家庭养老功能出现了弱化的趋势。农村和城镇在家庭养老方面都出现了新的问题。

(1) 家庭养老的观念和养老意识淡化。

近年来,两代人由于经济上相对独立,由血缘维系的亲情养老观念正在弱化、在市场经济中,老年价值观在蜕化。有些人认为老年人是包袱、拖累。虐待、残害、歧视老年人的案件在有的地区比较突出,出现了远离老年人、疏远老年人、淡漠老年人的情况。有些经济富裕的地区,主要提高了劳动年龄人口的生活质量,而老年人的生活质量仍然低下。

(2) 高龄老年人越来越多,空巢现象日益严重。

计划生育的负面影响开始显现,老年家庭越来越多,空巢现象越来越严重,家庭日益核心化使家庭养老资源严重不足,负担加重。由于子女少,要赡养的老人多,加之工作压力重,赡养老人已力不从心。在农村老年人口的家庭养老问题尤其严重,由于没有固定收入又没有养老保障,家庭养老面临着危机。

(3) 农村养老保障还没有完全建立起来。

农村集体经济基础薄弱,拿不出较多的资金来解决老年人的生活保障问题。在农村推行的养老保险制度,受保对象只是年满20~59周岁的中青年农民;商品养老保险的对象也不包括60周岁以上的老年人。

(4) 老年人的家长地位发生了根本变化。

随着集体经济收入多样化、智能化,成年子女对长辈的依附关系逐渐消失,老年人在家庭经济中的支配地位已大大削弱,从根本上动摇了老年人在家庭中的支配地位,老年父母逐渐从主角变成了配角,处于被动、服从和受支配的地位。

(三) 老年人的社区照顾

老年社区工作中的一个方面是发展老年人社区支持网络,建立老年人的社区照顾体系。长期以来,老年人的日常生活主要依靠家人、朋友和邻居组成的非正式照顾体系,而老年人的家庭成员在其中起着重要作用。但是,随着老年人家庭照顾能力的弱化,以及老年人寿命的延长带来的护理照料的长期化,产生了由社会为老人提供的社区照顾服务。

1. 老年社区照顾的产生与发展[①]

在社区照顾出现之前,西方国家普遍奉行社会民主主义及凯恩斯的国家积极干预思想,通过社会福利政策的介入,一改工业化初期侧重对贫困人口进行救济的"补缺型"福利制度,开始向追求普遍性、多项目、高标准的"制度型"、"福利型"转变,由此纷纷走上了福利国家的道路。表现在老年福利服务方面,就是为老年人提供的照顾服务主要由正规照顾机构承担,他们将原有日常生活照顾需求的独居老年人、家庭不能提供照顾的老年人送入养老机构。但是,随着社会经济的发展和人们生活质量的提高,老年人对养老的需求也相应发生了变化,对日常生活的照顾有了更高层次的需求。在这种情况下,早期正规机构照顾的弊端日渐显现。特别是在进入20世纪70年代后,一方面,经济发展势头的由

---

① 仝利民:《老年社会工作》. 华东理工大学出版社. 2008.12. P242

强转弱和较长时期的滞胀，使得支撑福利国家的经济基础变得日益薄弱；而另一方面，福利制度的刚性特征和人口老龄化的加剧，使西方福利国家的社会福利开支日益膨胀，财政赤字进一步加大，致使"福利国家"的政策蒙受责难。

正是在这样的背景下，产生了社区照顾的概念。一方面，它最初来源于20世纪60年代早期英国的"反院舍化"、"去机构化"潮流。这种潮流认为，大型照顾机构程序化的专业正规照顾和科层制的管理带来的是与社会隔绝的、缺乏正常的和人性化的社会生活环境，既不能实现帮助被照顾者度过有意义的生活和达成适应其环境的目的，又容易造成老年人的社会脱离，并加重政府的财政负担。另一方面，在强烈地受到新自由主义福利意识形态的影响下，以撒切尔夫人为代表的英国保守党开始大力倡导和推行以自助、互助为主的社区照顾。

社区照顾通常是指通过非制度性的方式对老年人进行照料和安置，它产生的初衷是由政府及非政府组织在社区里建立小型化、专业化的服务机构，发展以社区为基础的服务设施，以提供更贴近人们正常生活的养老服务。但是在其发展的过程中，社区照顾服务的本质变化却经历了三个发展阶段：第一阶段的由专业服务人员提供的社区照顾服务；第二阶段的以非正规人员为主体的社区照顾服务；第三阶段的专业服务人员与非正规人员相结合、协调发展的社区照顾服务。

在社区照顾发展的最初阶段，政府希望通过制度性的安排，促使专业服务人员为居家的老年人提供服务。但由于经济危机、政府减轻财政支出的意愿，以及受到新自由主义福利意识形态的影响，社区照顾为了降低经济成本，开始强调由社区内的非正规人员照顾代替正规专业人员的照顾服务，并最终演变为家庭照顾，从而加重了以家庭照顾为中心的非正规照顾体系的负担，使得社区照顾在某种程度上又回归到机构照顾之前的状态之中。

此后学术界、服务界及政界在对社区照顾进行反思，重新肯定了以家庭照顾为中心的非正规照顾体系的功能与作用后，开始关注家庭在对老年人长期护理照料中的困境问题，并着手发展新的方案以帮助解决家庭照顾者的各种问题，形成对家庭照顾的补充与支持网络，以减轻家庭照顾者的负担。最终社区照顾以其"人性化"、"人本化"的服务理念以及鼓励社区居民积极参与的意识，得到了人们的普遍赞同，进一步为世界其他各国所推行，并逐步使得社区照顾模式趋于成熟化和完善化。而且，为了满足有多重需求老年人的长期护理照料，为了充分地整合资源、加强福利服务的输送，在有效率及合乎成本效益的原则下，以社区照顾为依托，在原有社会个案工作的基础上，发展出了"个案管理"的专业社会工作模式，进一步强化了社区照顾的功能和作用。

2. 老年人社区照顾的类型

社区照顾的核心是"正常化"以及独立自主的自由选择，其内涵包括长期护理照料、去机构化、减少公共依赖、非正规照顾、选择与参与、需求导向的服务，以及成本效益等7个方面。它倡导的是老年人不脱离家庭与熟悉的社区环境接受照顾服务，使其尽可能地过着正常的社会生活。"非正规照顾"资源和"正规照顾"资源共同构成老年人社区照顾的支持网络，通过充分发挥社区照顾的决定性因素——家庭成员、亲朋好友、邻居及志愿者等"非正规照顾"资源的积极性，再由"正规照顾"资源中的专业人员通过多样化的服务方案形成对"非正规照顾"的必要补充和支援，在一定程度上既满足了老年人的照顾需求，增加了老年人对服务计划的参与和选择机会，又可以减少其公共依赖，降低长期护理照料的成本，从而最终达到老年人社区照顾的目的——"正常化"和"积极化"的老年生活。

社区照顾服务是一个有多种服务项目的、能够进行持续照顾的服务体系，可以给不同需求的老年人提供选择服务的机会，其目的在于通过整合、协调社会服务资源，确保有一个整体性的服务方案对老年人提供专业化的、持续性的和个别化的照顾，以保证对老年人的服务质量，从而在满足老年人照顾需求的同时，增强其自立生活的能力，并达到成本控制的目的。对照料服务进行分类通常参照4个参数：

① 提供何种服务；
② 服务在何处进行；
③ 谁提供服务；
④ 服务的费用支出由谁支付。

按照巴利的分类，根据被照顾老年人的身体、心理、社会等状况，社区照顾被分为"由社区照顾"（care by the community）和"社区内照顾"（care in the community）两种模式。

"由社区照顾"主要是非机构、非住宿、非隔离式的照顾方式，是受助人在家接受政府、社会、家人等社区内专业、非专业的服务人员所组成的综合性照顾，是一系列的支援性服务。而"社区内照顾"主要是指机构形式的照顾，是指受助人需要依赖社区内的专业机构获得受过训练的专业工作人员的照顾。

在"由社区照顾"模式中，根据老年人的健康状况、家庭护理条件等条件的不同，可以分别采取家庭照顾、居家照顾和日托照顾相结合的照顾方式。在"社区内照顾"模式中，根据老年人日常生活照料和身体护理等级的不同，可以分别采用老人院、老人福利院和老人护理院等机构照顾方式。虽然这两种照顾模式的服务对象、服务方式、服务地点、服务人员等不尽相同，但是，它们都能够满足老年人从低龄到高龄，直至生命的最后阶段的不同层面的需求，某种程度上可以在充分利用社会福利资源的同时，达成老年照顾的目标。需要注意的是，"由社区照顾"模式是从发展性和预防性的角度为老年人提供照顾服务，而"社区内照顾"模式则是从补救性的角度为老年人提供照顾服务，它们体现了两种不同模式的服务功能。由于社区照顾主要推行的是"由社区照顾"，因此，这一部分我们主要探讨的也是"由社区照顾"模式。

在"由社区照顾"模式中，有以家庭为中心的家庭照顾（非正规照顾）、居家照顾与日托照顾三种形式，其中居家照顾和日托照顾是"由社区照顾"的主要模式[①]（如图 3-1 所示）。

（1）家庭照顾（非正规照顾）。

家庭照顾是以非正式资源为主的照顾方式（参见表 3-1）。接受家庭照顾的老人一般居住在家中，家庭成员是老人的主要照顾者。其中非正式资源包括家人、亲戚、朋友、邻居和志愿者等。在我国，家庭照顾仍然是老人长期护理照料的主要服务形式。家庭照顾一般由亲戚、朋友和邻居为老人提供协助方面的服务，主要包括"情感支持"、"问题的商谈"、"相关信息的提供"等方面；家人及子女除了提供"情感支持"外，老人生活的照顾、经济和实物方面的提供也是很重要的方面，而且对长期卧床不起的老年人还需要有一定的护理

---

① 仝利民：《老年社会工作》．华东理工大学出版社．2008.12．P246-247

照料，如洗澡、穿衣、喂食、饮食的准备、陪同就医、购物等内容。

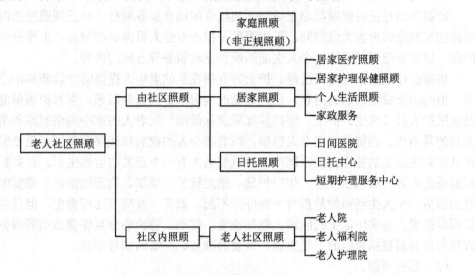

图 3-1 老年社区照顾模式

表 3-1 老年人非正式照顾体系的内涵[①]

支持要素	基　　础	协助项目	限　　制
配偶	婚姻的誓约	个人服务 家务服务 生病照顾 情绪支持	① 配偶本身也年老体弱，较难担任照顾任务 ② 寡妇比鳏夫多，故女性较少有配偶可提供支持 ③ 照顾者承担着过重的负荷和压力
子女	回馈、责任、依附	情感支持 交通接送 财务管理 家务协助	有相互矛盾的角色冲突： ① 照顾年老父母，还要养育子女 ② 照顾者和工作者角色冲突
兄弟姐妹	血缘	情绪支持 交通接送 家庭维修 协助出院后的照顾	① 兄弟姐妹本身也是老年人，较难提供工具性的协助 ② 如不居住在附近，不便就近提供实质上的协助
朋友	共同的生活经验、共同的兴趣	① 情绪上的支持和相互做伴 ② 工具性支持（协助购物、交通接送、杂事办理） ③ 老年人自我价值的再确认	① 老年人的行动能力受阻，会影响友谊的发展，也会影响朋友间的相互支持 ② 老年人朋友年龄相仿，随着年龄的增长，朋友纷纷故世，朋友自然会减少
邻居	居住的邻近性	① 代收信件、代看房屋、代借用品、拜访聊天、情感上的支持 ② 遭遇危机时的即时协助	① 如平时不互相来往，有突发事件或危机时也难以相互支援 ② 邻居的互惠关系是短期的，会因为家居搬迁而结束

---

① 仝利民：《老年社会工作》．华东理工大学出版社．2008.12. P247

（2）居家照顾。

居家照顾是正规照顾与非正规照顾相结合的综合服务项目。非正规照顾的内容与以上所述的家庭照顾内容大致相同。正规照顾是指由专业人员提供的服务，主要分为居家医疗照顾、居家护理保健照顾、个人生活照顾和家政服务等方面的内容。

居家医疗照顾主要是由医师、护士为有病在家的老年人提供医疗诊断和治疗方面的服务。但是由于费用方面的问题，已经逐渐改为居家护理保健照顾。居家护理保健照顾主要是由医护人员（医生、护士、物理师和康复保健师）到老人的家中提供照顾和指导服务，其目的是增进、维持或恢复个人健康，或者将个人的疾病和残疾程度减至最低影响程度，使其达到生活上的独立自主，同时，可以使老人有一个正常的居家生活。居家护理保健照顾服务的内容一般包括注射、伤口护理、抽血检验、导尿、物理性治疗、康复保健等专业性的服务。个人生活照顾是指对一些卧床不起，或者一些病情比较稳定、但日常生活仍需要照顾的老人提供生活上的照顾，包括洗澡、移动、特殊的康复保健运动等服务项目。家政服务内容则包括家庭的卫生整理、饭食的准备、洗衣购物等项目。

（3）日托照顾。

老年人的日托照顾主要是一种开放式的小型机构照顾，属于正规照顾。日托照顾可以分为两类：一类是与社会服务相关的，如日托中心和短期护理服务中心；另一类是日托医院。日托照顾服务的目的在于尽可能使老人生活在社区中，尽可能使老人和家人生活在一起，尽可能使老人能够过独立自主的生活。

日托医院是对需要继续治疗和康复保健、但又不需要住院治疗的老人给予医疗方面的服务，与一般性的医院相类似。日托中心是指为老年人在白天能与其他老人接触并获得照顾，使其子女可以安心工作的社会服务机构。日托中心提供的服务有午餐供应、个人生活照顾、物理治疗和康复保健等内容。短期护理服务中心协助被照顾的老人或老人的照顾者，其目的是让照顾者有机会处理其个人的事务，或获得短时期的休息，使照顾者的身心压力得到一定程度的缓解。

3. 老年人社区照顾类型的比较[①]

一般来说，社区照顾工作主要推行"由社区照顾"，即在合理分配社区养老资源的基础上，发掘非正规照顾的资源，完善社区居家照顾的正规服务体系，通过发挥社区支持网络的作用补充家庭照顾的不足，使受照顾者的权利和尊严得到体现，需求得到满足。这种方式已逐步成为大部分老年人日常生活的依托。

从社会学及心理学的角度分析，"由社区照顾"更加强调了老年人与其他社区成员及组织之间的互动，这种互动对于老年人来说极为重要。在社区中，老年人可以通过与家人、邻里、亲友等的社会交往和谈心，交流其情绪和感受，消除家庭和社会生活中的苦闷与烦恼，得到精神的慰藉和寄托，感受相互的关怀与支持，从而形成愉快、和谐的心理状态，排除老年人心理方面的孤独感和失落感，这对提高老年人的生活质量有着重要的意义。同时，在"由社区照顾"的过程中，从老年人的实际出发，根据他们的实际需求确定照顾方案，既充分发挥非正式照顾的特长，又不排斥正规照顾或机构照顾的必要性；既减少老年

---

① 仝利民：《老年社会工作》. 华东理工大学出版社. 2008.12. P250

人的依赖性，又克服因接受照顾而使机能退化的消极倾向，使照顾计划能有效满足老年人的需求。从经济学的成本效益角度分析，"由社区照顾"的目的在于动员社区内的所有资源，发动在社区内的亲朋好友及其他人员共同帮助、提供照顾。它注重的是以家庭为基础的、更多的非正规服务及私有化服务参与的社区服务，具有公共支出少、社会收益大的优势。老年人在被照顾过程中，可以充分利用原有的物质资源，按照自己的特殊需求安排生活，既可以提高生活质量，又可减少不必要的支出，同时避免了机构照顾造成的资源浪费和受益面小的缺陷，因而具有少投入、多产出的成本效益优势。老年社区照顾的分类及比较参见表3-2。

表3-2 老年社区照顾的分类与比较

社区照顾的分类		优　点	缺　点
由社区照顾	家庭照顾	家庭亲情的温暖；便捷、人性化的服务；自由度较大；一定程度的日常生活独立与社会交往可以减少老年人的依赖性，并延迟其入住机构的时间；成本费用比居家照顾、日托照顾和机构照顾低	有照顾者性别不平等现象；易产生社会、心理的家庭生活压力，造成家庭人员关系的紧张，导致家庭关系的破裂；不能满足老人长期护理照料需求，服务质量难以保证
	居家照顾	随时可以得到生活方面的实际帮助；使更多的老年人得到照顾，并能够预防问题的恶化；可以减轻机构照顾的负担，避免机构照顾产生的负面效应，成本比机构照顾低	在体系的协调运作中，老年人的需求容易被忽视；资源的分散和专业人员的稀少可能会造成服务成本的提高
	日托照顾		
社区内照顾	机构照顾	为极度衰弱的老年人提供高密度技术性的服务；能够提供长期和积极的治疗性服务、为老年人提供居住、膳食和有限度的日常生活照顾和社交活动；降低家属在照顾方面的压力	强调"制度"优先于个人；缺乏人性化管理的"病态性"环境；过度的"保护"容易使老年人产生依赖性而加速老年人的生理机能退化；生活比较单一，缺乏变化；有虐待老人、疏忽照顾现象

（1）家庭照顾的特点。

家庭照顾的优点是老年人在家中可以享受到家庭的温暖与亲情。与机构照顾相比较，家庭照顾的自由度较大，没有"被监视"的感觉；一定的日常劳作与社会交往可以延迟入住机构的时间；成本效益方面，家庭照顾比社区照顾和机构照顾便宜。但家庭照顾也常常被指责有性别不平等问题，即照顾者往往是女性，这会造成性别的差异；老年人的家庭照顾容易产生各种家庭生活的压力，如社会的、心理的压力，造成家庭人缘关系的紧张，导致家庭关系的破裂；家庭中非正式的照顾不能完全满足老年人的护理照料需求，服务参差不齐，质量难以保证等。

（2）居家照顾与日托照顾的特点。

居家照顾与日托照顾的优点是：提供的服务可以使老年人随时得到生活方面的实际帮助；可以使更多的老年人得到照顾，并能预防问题恶化；可以减轻机构照顾的负担，以及避免机构照顾所产生的负面效应；成本费用比机构低廉。

居家照顾与日托照顾的缺点是：在体系的协调运作中，老年人的问题往往容易被忽视；资源的分散和专业人员的稀少可能会造成服务成本的提高。

概括而言，社区照顾的优点表现在：

① 提供的服务可以使老年人随时得到生活方面的实际帮助；
② 可以使更多的老年人得到照顾，并能预防问题恶化；
③ 通过扩展社区照顾的规模及内容可以减轻机构照顾的负担；
④ 可以避免机构照顾所产生的负面效应；
⑤ 可以培养更多的非专业的志愿人员，扩大社区资源；
⑥ 在将社区照顾作为"辅助"、"支持"性服务时，其成本费用较为低廉。

其缺点表现在：

① 在机构中可以得到专业督导下的专业服务，而在社区照顾中，老年人的问题往往容易被忽视；
② 一般认为，良好的社区照顾可能比机构照顾费用昂贵，这是由于社区资源的分散和专业人员的稀少所造成的。

（四）我国的社区居家养老服务体系

根据老年人生理、心理发展变化的特点及其特殊的需求，由社会为老年人提供其在养老过程中所需要的特殊的、照顾性的物质与精神服务，是人类社会的普遍现象。我国自古以来就有尊老爱老的传统，但这种传统主要是与我国的传统家庭关系相关联的"反哺文化"。在人口结构老龄化、家庭规模缩小及养老功能衰弱、人们的价值观和生活方式日益多元化的现代社会中，以传统的"孝文化"为基础的家庭养老方式受到了重大的挑战，但以此为基础的居家养老模式正渐渐成为我国老年人养老的主要方式。

1. 居家养老服务的产生与发展

我国的老年福利模式与我国的经济、社会发展变化紧密相关。在计划经济时代，国有企业处于国家经济的核心地位，"企业办社会福利"构成了中国福利体系的核心内容，养老的经济压力也就责无旁贷地落在国有企业的肩上。随着城市经济体制改革的进行，国有企业终于要甩下"企业办社会福利"的包袱，准备轻装上阵。与此同时，作为配套工程的社会福利制度的改革也拉开了帷幕。在1984、1985年的全国社会福利会议中，提出了将社会化的福利制度作为城市民政工作的重点，并要求在街道建立"社会福利服务网络"。这次会议首次将民政部门的工作纳入到了社会化的服务之中，为社区服务的提出提供了一定的组织与管理基础。

1987年初，民政部第一次提出了"社区服务"的概念来代替"社会福利服务网络"，并提出了建立和完善社区服务体系的发展目标。在此后的1989年杭州会议上，又明确提出要大力发展社区服务，实现社区服务网络化。自此，我国的社区服务事业进入了全面发展的时期。1993年，为进一步推动和规范社区服务的发展，民政部等14个部委联合颁布了《关于加快发展社区服务业的意见》，其中对社区服务的性质、内容、目标、管理等都做出了明确的规定。1994年12月，在上海的全国社区服务经验交流会议中，民政部又进一步针对某些地方片面追求经济效益的倾向做出了修正，强调了社区服务的福利属性及社会效益。此后，1995年民政部颁布的《社区服务示范城区标准》，开创了全国建设示范城市社区活动的新局面，并在1996年的南京会议上推广示范性的样板和做出规范性的指导。

我国的社区养老服务与社区服务是在20世纪80年代末期同步发展的。在发展初期主要开展的是一些老年人活动中心、老年人俱乐部、老年人日常生活照料、家务服务等内容。在全国各城市众多的老年社区服务中，上海为适应人口老龄化的发展趋势，在全国率先开展以家庭为依托、社区为老服务机构为载体的居家养老服务，基本建立了服务网络，为居家的老年人提供专业化的生活照料、医疗康复和精神慰藉服务，营造和谐社会的氛围。

2. 居家养老服务的现状及问题

我国的社区为老服务体系经过十多年的不断发展、完善，已经形成了一个以社区福利服务为依托，以居家养老服务为基础，以机构养老为补充的老年人福利服务体系。而作为基础部分的居家养老服务体系在发展、完善中逐渐形成了五个大类的服务内容体系。

（1）社区老年人的紧急援助服务。

紧急援助服务主要通过经常问候、安全检查、应急救助、热线咨询等措施，从关心服务和紧急援助的角度建立起针对独居、空巢老年人家庭的服务网络。

（2）社区老年人的生活照料服务。

生活照料服务主要是建立老年服务中心、老年护理中心、日间照顾中心、家政服务中心、老人食堂和老人餐桌等形式的服务，通过上门和日托服务等形式，为居家且需要帮助的老年人提供日常生活方面的护理服务、生活照料和精神慰藉。

（3）社区老年人的医疗卫生保健服务。

为方便老年人就诊和康复保健的需要，医疗卫生保健服务依托社区医疗卫生资源，在社区内开设老年门诊、家庭病床、保健中心或兴建老人医院、老年康复保健站等，以建立健康档案的形式为老年人进行定期体检，并提供医疗、保健服务。

（4）社区老年人的文化娱乐服务。

根据老年人群体的不同需求，文化娱乐服务通过提供社区老年活动中心、社区老年学校、老年人才市场等服务方式，增进老年人生活的情趣，扩大社交的范围，使精神生活得到充实，这既满足老年人求知、自尊的需求，还可以使老年人发挥余热，参与社会发展，满足老年人自我价值实现的需求。

（5）社区老年人的权益保护服务。

权益保护服务通过为社区中的老年人提供法律援助、咨询、调解、庇护等服务活动，帮助老年人解决诸如丧偶、离异后的再婚问题，无子女及亲人赡养问题，老年人受虐待问题，家庭财产分割问题等，维护和保障老年人权益，使其安度晚年。

（五）老年人社区支援网络

社区支援网络是指当老年人有事需要求助时，其家人、亲属、朋友和邻居等能够及时地向他们提供援助及照顾，是目前社区照顾的主要支柱，也是目前老年社会工作者经常采用的工作方法。

1. 社区支援网络的功能和策略

社区支援网络是指个人在社会的联系体系，通过这个体系，个人可维持其社会身份，获得情感及物质支持，并能够得到需要的信息及服务。它可以降低老年人在老龄化过程中所面对的压力，对促进老年人的生活有极大的帮助。

社区支援网络可以提供及时、快捷和实质性的日常生活起居援助，包括起居生活的照顾、经济的支持、子女的照顾等；在因孤寂而导致的生理及心理的不协调时可以为老人提供情感的支持；同时，可以将社区服务的资料和信息及时传达给老人，为老人提供更多的便利。

扩大社区支援网络可以有不同的方法，福兰德等人认为其中的五种网络策略应用最为普遍。这五种策略分别是个人网络、志愿者联系网络、互助网络、邻舍协助网络和社区授权网络。这五种策略应该根据服务对象的需求、在社区中的联系情况、社区的资源以及社区特有的文化及规范等进行选择和运用。

（1）个人网络。

个人网络通常包括家庭成员、朋友和邻居等成员。扩大个人网络的策略主要是集中老年人个人网络中现存的、有联系的、有支持作用的成员，工作者通过与老年人相关的重要人员或网络中的重要成员接触和商议，尽量动员这些重要人员提供相应的服务及帮助老年人解决问题。其中，工作者需要给这些重要人员提供咨询及协助，以维持和扩大老年人的社交关系与联系。

（2）志愿者联系网络。

志愿者联系网络主要运用于那些个人支持系统较弱的老年服务对象，其主要目的是为这些服务对象寻找及分配可提供帮助的志愿者。工作方法一般是通过让志愿者与老年人发展一对一的支援及同伴关系，开展诸如定期探访、情绪及心理支持、护送或购物工作等服务。其中，工作者可以为志愿者提供训练，并给予其所需要的督导及支持。

（3）互助网络。

建立互助网络的重点是将面对共同问题或有共同背景及兴趣的老年人组织在一起，为他们建立同辈的支持系统或支持团体。这个策略可加强网络成员的支持系统，增加同伴关系、信息及经验交流，并依靠集体力量加强共同解决问题的能力。

（4）邻舍协助网络。

邻舍协助网络主要协助老年服务对象与邻居建立支持性关系，召集及推动邻居为老年人提供帮助，特别是一些即时性、危机或非长期性的援助服务。工作方法一般是通过鉴别社区内的自然协助者或核心人物及社区管理者等，如邻居、物业人员、清洁队员、保安人员、居委会人员、业主委员会人员等，强化他们与老年服务对象的联系。这个策略的优点是可达成性高，即时快捷，发挥相互性的帮助及极少的烙印效果。

（5）社区授权网络。

社区授权网络主要是工作者为老年人建立起一个行动网络或团体，为网络中的成员反映其需求，争取资源去解决自身的问题，并提倡老年人的权益。另外，工作者还需要协助他们与社区有关的代表或重要人员建立联系。

由于非正规照顾资源一方面存在有限性，另一方面与正规照顾比较而言又存在各种缺陷，因此，完全依靠非正规照顾就会造成老年人社区照顾服务质量的下降。所以，要能够真正达到有效的老年社区照顾，正规资源的介入也是十分重要的。在老年社区照顾中，应当是正规资源与非正规资源有效结合，而不是一个方面取代另一个方面。

2. 扩大老年人社区支援网络的工作技巧

在中国目前家庭养老依然是养老的主要模式，传统的"男主外、女主内"家庭观念下，照顾老人的责任就会落在女性的身上，从而成为女性群体的压力。另一方面，对于居住在社区中的那些高龄老年人、空巢老人、独居老人来讲，随着其年龄的进一步增长，他们的支持网络会越来越小，因此，扩大他们的社区支援网络就成为社会工作者的一项非常重要的内容。一般而言，扩大、增强老年人社区支援网络的工作技巧表现在以下几个方面。

（1）推行老年人社区支援网络的理念。

工作者应该将老年人支援网络从个人网络照顾层面扩大到整体的社区网络照顾层面，除了包括老年人的家属、亲属、朋友及邻居外，也可包括社区中的其他老年人、青少年和妇女志愿者，以及其他团体、老年人互助团体，邻舍照顾组织等，扩大社区照顾的生力军。

（2）推行网络照顾的评估方法[①]。

工作者在扩大老年人照顾网络的同时，也需要同时评估老年人现有的照顾网络的功能，包括能够照顾到老年人哪些方面的需求？还有哪些其他需求没有能够得到满意的照顾？是否需要向其他社会福利机构求助？家庭中的成员对照顾者的支援是否足够？照顾者的感受及压力如何？老人对照顾者的要求是怎样的？照顾老人的责任是否集中在照顾者一人的身上？这些问题都需要详细地评估。

网络照顾功能的评估有助于把照顾的责任及工作不过分集中于某一位家庭人员的身上，同时，也有利于方便工作者了解目前网络照顾的困难以及照顾者的压力，从而有助于彼此之间工作关系的建立。

（3）疏解照顾者所承担的压力。

对于护理照料老年人的照顾者来讲，她们在长期护理照料中会承受来自生理、心理和社会等方面的极大压力。工作者一般可以通过以下几个方面来减轻照顾者所承受的压力，以便能够使得这些护理照料人员心情舒畅地为老年人提供服务。

① 及时介入。社会工作者在辅导中与照顾者共同探讨其在照顾工作中最难应付的工作，提供建设性的意见，同时可以通过提供居家护理照顾服务及训练、提供上门的支援性服务、协助照顾者改善部分家中的设施等内容的服务，为照顾者提供辅助性服务，以减轻照顾者的压力。

② 同理心的运用。照顾者长期地照料体弱及要求较多的老年人，而且在很多时候是独自一人孤单地提供照顾，其所受到的长期压抑是可想而知的。同时，大部分照顾者受教

[①] 仝利民：《老年社会工作》．华东理工大学出版社．2008.12．P255

育程度不高，很难将压抑在心中的身心、情绪和社交方面的苦恼抒发出来，所以工作者需要运用同理心体悟照顾者的感受及压力，与他们及时沟通。当情绪、精神方面的压力减轻时，再让照顾着继续提供居家照顾，并辅助以社区或居家照顾的支援性服务作为支持。

③ 扩大居家照顾者的支援网络。居家照顾者在工作过程中需要他人（尤其是家庭成员）的谅解、支持及体会她们所付出的照顾压力。因此，工作者除了鼓励其他家庭成员称赞及鼓励照顾者的工作外，较为直接的方法是将照顾者组织起来，成立照顾者的支援性团体，使她们得到有着相同经验团体成员的经验分享及支持。其中，工作者的责任则是为这些照顾者提供相互介绍的服务，方便她们之间的彼此联络以及为较复杂的成员提供情绪方面的辅导。

④ 教导及重整照顾者与其老年家人的沟通。随着被照顾老年人生理的继续老化，照顾者与被照顾者之间便会出现一个较为敏感和忌讳的话题，那就是有关死亡的话题。由于在这方面沟通的障碍，大部分的照顾者都只是侧重于关注被照顾老年人的日常生活起居及个人生理方面的护理，而较少关注老年人情绪方面的问题，从而导致在这方面的沟通障碍越来越大，造成一旦死亡来临时照顾者的情绪难以控制。因此，工作者首先需要教导照顾者留意被照顾老人的面部表情、说话时的语调等，体会其心情；其次就是要教导照顾者明白老人的疾病状况，这样就可克服自己的内心恐惧，而且也能更好地安慰被照顾老人。

⑤ 鼓励家庭照顾者培养其个人兴趣。在很多的时候照顾者会将自己的全部精力放在被照顾老人的身上，她们自己的世界就是老人的世界。但是，这种做法很有可能只会加重照顾者的心理负担。因此，工作者较为积极的方法就是鼓励照顾者在其照顾之余，培养自己的个人兴趣，一则可以使时间容易度过，二则可以有助于抒发压力及个人的烦恼，更为重要的是可以保持一个轻松愉快的心情，让被照顾者也能够体会到这种心情，而不会感觉到自己是家人的累赘和包袱。同时，工作者应尽可能地鼓励照顾者继续与他们的朋友保持经常性的联系，使其也能得到朋友的关怀。

（4）积极维持老年人的社区志愿网络。

工作者除了要扩大老年人的个人照顾网络到社区网络的整体层面之外，还要注意的是提供网络照顾工作的结合，也就是将照顾者的工作分散到老人的社区志愿网络之中。在这个工作过程中，较为困难的是如何能够维持社区志愿者继续不断地照顾老年人，这需要工作者不断地注意培养、鼓励和称赞志愿者，并进行有效的组织。在这个过程中，工作者一般是作为社区工作的照顾者，来策划网络照顾并且将它扩大和维持。

（5）评估正规和非正规照顾模式的最佳结合。

在评估正规和非正规照顾模式的整合工作层面上，工作者应该做到以下几个方面。

① 探讨照顾者或者老人所需要的支援性的社区服务，并提供适当的联系，使得居家照顾有实际服务上的支持。

② 开办居家照顾及训练服务，提供上门的居家照顾辅导及训练，由义务的医疗专业人员指导家庭人员如何更有效地提供居家照顾。

③ 进行社区教育，把老年人的个人照顾网络扩大到社区志愿网络层面，将社区环境营造为相互关怀的社区，并发展、培育志愿者组织，推广社区照顾。

④ 组织互助团体，将伤残程度相当的老人组织起来，并使他们寻求彼此的支持，使他们的世界不只是自己和照顾者。对于一些行动不便而长期卧床的老人，也可以通过电话将其联合起来，扩大其支援网络，并以此为基础协助他们结交新朋友。

⑤ 倡导老年人社区照顾的需求。对于以上一些社区照顾或者服务项目的内容，可能会因为各种原因而缺乏。所以，工作者需要组织照顾者，把他们所承受的压力及所缺乏的服务加以宣传，以争取所需要的服务。

（6）辅导被照顾老人的身心健康。

在关注照顾者所承受的压力及需求时，工作者也不要忘记了被照顾老年人的需求及心理健康，这是工作者应该关注的主体。工作者应该帮助照顾者明白被照顾老人因为身体的衰弱而产生的"缺乏安全感"的心情，同时，更重要的是帮助老年人抒发其忧虑的心情，并改善照顾者和被照顾者之间的沟通关系及方法。工作者还可以寻找他们较为熟悉的朋友定期地进行访问和探望，以舒缓他们心中的烦恼。

虽然扩大老年人的社区支援网络只是社区照顾工作中的一个环节，但需要工作者明了的是，社区照顾是建立在一个具有人文关怀氛围的社会或社区之中的，因此，工作者也应同时大力推动整体的支援性服务的整合与完善，并积极倡导建立一个守望相助的社区环境。

二、案例示范

（一）"金色夕阳"案例示范

金色夕阳：面向老年群体的服务

1. 项目背景

随着人口老龄化进程的加快，我国老年人的养老问题变得日益现实和急迫。与之而来的家庭养老方式功能的弱化、社会养老方式的不适应以及社会经济的发展，使得养老方式的新探索——居家养老逐渐得到老年人的认可。居家养老的发展是依托家庭和社区服务，伴随着家庭规模的小型化趋向，使得社区服务尤其是社区老年服务的发展逐渐成为居家养老方式的重点。社区老年服务在经过几十年的发展后，积累了不少经验，已经形成了政府主导、民间组织和社会力量参与、志愿者服务的供给格局，在满足城市老年人需求方面发挥了很大的作用。

2008年3月，JY街道采用政社合作的方式，引进了社工服务社的专业社工服务，根据老年人的福利需求和特点，提供发展性、预防性和补救性的综合服务。通过开发和建立社区老年人居家养老的社会支持网络，打造专业化服务队伍，发挥老年协会在助老服务方面的示范和带动作用，使服务更贴近需求，更能满足老年人的基本福利需要。

2. 项目架构

"金色夕阳"项目以老年协会与居家养老服务社两家组织为依托开展专业社工服务，并设计策划了子项目，进行具体的服务融入与开发，具体架构如图3-2所示。

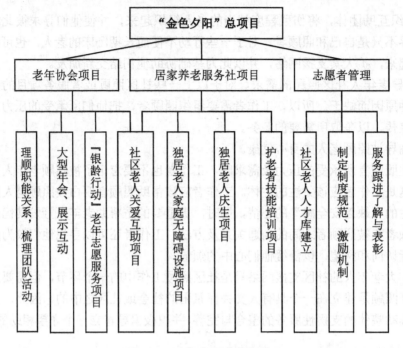

图 3-2 "金色夕阳"项目架构

3. 项目计划

根据社区助老服务对象的数量、特点和需求以及项目服务形式,制定了具体的项目实施内容,有计划、有步骤地实施,加大项目整体推进的力度。

(1) 初期(2008 年 1 月底—2008 年 3 月中旬)。

① 开展专题调研,形成工作报告。设计调查问卷和访谈提纲,做好问卷和访谈资料的整理,及时撰写调研报告,以了解社区老年人和为老服务的基本情况和实际需求,确定服务方向,突出以人为本的专业服务理念。

② 进行科学分类,确定服务对象。在专题调研基础上,根据所了解和掌握的情况,对社区内的服务对象进行分类,并根据服务对象的实际需求拟订服务计划,有目的地开展专业服务。

③ 汇总基本信息,建立服务档案。根据调研和排摸所掌握的信息,为社区老年人建立服务档案,掌握其基本情况,并建立初步工作关系。

④ 建立工作关系,奠定服务基础。以老年协会为载体,通过上门、访谈和焦点小组等方式,会同相关职能部门、社区老年自助组织、居委会以及社区骨干等组织和个人,了解为老服务的情况以及对工作的意见和建议,并建立良好的工作关系,为以后开展专业服务奠定基础。

⑤ 公布办公信息,及时获悉情况。公布由社区(街道)提供的服务电话及服务时间,不定期深入社区访谈交流,及时了解老年人的实际需求。

(2) 中期(2008 年 4 月—2008 年 12 月)。

① 多种形式宣传。充分发挥社区学校、社区黑板报等宣传渠道的作用,并制作宣传

海报，利用老年协会的宣传刊物宣传有关老年人的法律法规、老年风采和"尊老、敬老、爱老、护老"的中华美德，推广先进助老服务理念和专业工作方法。

② 开展专业服务。根据服务对象的需求和问题，运用个案、小组、社区社会工作专业知识和技巧，开展专项活动、系列培训，修改和完善已有的居家养老服务项目，开发新的服务项目，维护和保障老年人的合法权益，充实和完善社区老年福利服务体系。充分发挥老年协会示范作用，构建与其他社区助老组织的互动机制，形成政府与老年人双向的沟通体系和强有力的组织网络。

③ 组织开展志愿服务。通过一定的形式和渠道为整个项目招募志愿者，并根据志愿者的需求和特点，设计相应的服务方案和培训计划，以提升志愿者的服务能力和技巧。

(3) 后期（2009年1月—2009年2月）。

根据项目进展的情况，项目组将采用上门走访、问卷调查以及焦点访谈等形式了解和掌握老年人或家庭、社区（街道）、老年人群众组织以及居委会对项目实施情况的意见和建议，为项目的总结评估提供翔实资料。

(4) 具体实施内容（参见表6-3）。

表6-3 "金色夕阳"项目实施内容

时间	内容	目的	参与对象
第一阶段	1. 社区基本情况调研，完成全年实施计划 2. 服务对象探访工作	确定服务目标，初步建立关系	1. 老年协会工作人员 2. 关爱员、护理员 3. 社区老人
第二阶段	1. "金色夕阳，欢乐共享"迎奥运主题游园会 2. "迎奥运，猜猜看"老年看球评球活动 3. "寿星宝贝大家爱"独居老人庆生项目 4. 独居老人家庭无障碍设施 5. "青年风采映重阳"大型社区互动 6. "守护天使"护老者小组培训计划 7. "银龄行动"社区老年志愿者活动	1. 以节日为契机，为社区独居老人提供人际交往机会，发展良好的互动关系，提升老人的成就感和自我认同感。 2. 扩大居民的社区参与，共同关爱身边的老人，体现社区责任，提升居民的归属感。 3. 提升护老者服务的理念和技巧。 4. 扩大老年协会在社区的公信力和影响力，协助其增进与居委会的互动关系。	1. 社区老人 2. 护老者 3. 社区志愿者 4. 其他居民
第三阶段	1. "爱心互动大行动" 2. 志愿者总结评估 3. 全年工作总结评估	1. 促进社区融合 2. 对一年的工作进行总评、整理资料等，形成经验	社区老人

4. 项目实施

(1) 需求调研，掌握信息。

项目组进驻社区后，以问卷调查和实地走访相结合的形式深入开展了社区老人需求调研，调研人数累计达2 003人，完成调研报告5份，对社区老年人的总体情况有了清晰的认识和掌握，为策划、开展一系列老年服务活动获得了第一手翔实的资料。调研工作统计表参见表 6-4。

表 6-4　调研工作统计表

调研时间	调研报告名称	调研对象	累计调研人数
3月	《JY 社区老年需求调研》	居委会、老年协会会员、社区老人等	100
	《JY 街道独居老人需求调查报告》	社区独居老人	119
	《社区居家养老服务人员调研报告》	关爱员	17
		护理员	52
	《助餐需求调研报告》	社区独居老人	119
6月	《JY 街道独居老人家庭无障碍设施需求调查报告》	社区独居老人	142
7月	《JY 街道独居老人家庭无障碍设施需求统计》	社区独居老人	1 454

（2）日常访谈，建立关系。

为进一步加强与社区不同人群、组织的沟通交流，项目组秉着以人为本的工作理念，多次不定期开展访谈交流，与服务对象建立了良好的合作关系。一年来，访谈社区老人 4 935 人次，其中独居老人 2 915 人次；与关爱员交流访谈 261 人次，其中电话访谈 88 人次；与护理员访谈 84 人次，其中电话访谈 31 人次；走访居委会 112 次，访谈人数 121 人次；每月 1 次定期组织开展老年协会理事会；参与街道工作会议 10 次，项目督导会议六十余次，并多次与街道、老年协会、助老社等部门沟通、交流工作，通过各种渠道推广社会工作理念和方法，加强社区的认可度，同时也挖掘到了社区中的有效资源，并建立了较好的互信关系。

（3）依托活动，凝聚力量。

以社区大型活动为载体，积极倡导关爱互助、多方参与的社区照顾理念，通过发动有热心、有才艺、有特长的老年骨干融入为老服务，带动社区更多老年人，尤其是独居老人参与社区活动，提高社区归属感，丰富晚年精神文化生活。

为了提高为老服务队伍的整体素质和专业水平，项目组运用了小组工作方法，开展了三期五节的"守护天使"关爱员沟通技巧训练，每期主题分别为"自我认识"、"职业归属"和"沟通技巧大课堂"。在互动游戏、职业生涯探讨和沟通技能传授等环节中，关爱员积极参与，主动分享，参与人数达 78 人次。不少组员表示，"小组活动拉近了彼此的距离"、"活动中感受到了尊重和平等"、"学到了一些新知识"、"轻松的气氛很舒适"，种种的感慨为小组的成功开展和友好关系的建立奠定了基础。

同时，结合护理员工作实际，社会工作者策划组织了首届护理技能大比拼活动，以初赛晋级、决赛胜出的形式，进一步巩固和提高了护理员的业务知识和服务质量，参与人数共计 126 人次，通过采用激励机制的形式进一步激发护理员的工作热情。

（二）案例评析

社区老年服务的发展，有助于社会的稳定和经济的发展，加强了社区内老年人之间的互动，使其子女减少请假时间，有更多的时间投入到工作和学习中，提高了工作效率，在一定意义上也增加了社会财富的积累,促进经济的发展。同时,社区老年服务也有助于建立社会保障体系和服务网络,既减轻了国家的养老负担,有效应对了人口老龄化所出现的问题,又促进了居家养老方式的完善。

社区老年服务工作的开展,对老年人群体来说也具有现实意义:首先居住在自己熟悉的社区内养老,符合老年人的生活习惯和心理特征。其次也调动了老年人实现其人生价值的积极性。最后社区通过充分整合老年人力资源,发挥了社区的组织功能,促进了社区的长远发展。

1. 当前老年人口存在的主要问题

(1) 生理问题。疾病的困扰,体力的下降,使得有些老年人不但不能像以往那样工作,甚至连生活都难以自理,需要更多的照顾和护理。

(2) 心理问题。生理的变化使得老年人的社会地位和社会角色发生改变,也威胁到老年人的独立和尊严。工作能力的失去,会使得他们觉得自己不再是家庭的主导,从而会压抑自己的欲望和需求,而过度的压抑又常常会导致心理问题的出现。

(3) 经济问题。劳动能力的丧失及退休制度的存在使老年人失去了工作的机会,如果他们在年轻时没有存储到足够的养老积蓄,也没有可以依赖的子女,或者有子女但没有尽到赡养义务,那么老年人就会出现严重的经济问题。

(4) 社会生活问题。当一个人逐渐退出劳动领域时,他与社会的联系也会随之减少,对各方面的信息的吸纳也会有所减少。尤其是处于这样一个不管是知识、经济还是科技的更新发展都异常迅猛的信息时代,老年人往往很难跟上社会发展的步伐,很容易与年轻一代发生价值冲突,这会使老年人产生失落感。最终导致老年人的社会参与和社会融合出现障碍。

2. 社区老年服务存在的问题

自从 20 世纪 80 年代我国社区服务发展以来,各个社区都根据本社区情况开展社区服务。随着老年人问题出现,社区老年服务也逐渐发展起来。我国社区服务开展以来取得了一些成果,但也存在着一些问题。

(1) 服务理念不是很明确。做老年服务必须有理念支撑,理念是整个社区老年服务的一个精神导向。目前我国的社区老年服务基本上以国家的法规和政策为知道,缺乏明确的服务理念。有时候回提到以人为本的理念,但也没有得到充分体现。社区老年服务工作者少有坚持对社区老年人定期做调查研究,有的甚至对本社区有哪些老年人都不清楚,更谈不上了解和熟悉社区的老年人。不是根据老年人的真正需要来展开服务,而多是按照"上级"的意思来开展老年工作。于是出现了服务项目针对性不太强的情况。

(2) 服务对象不完全。目前许多社区的老年服务对象主要是健康的或者生活能够自理的老年人以及本社区常住老年人,有病的老年人和生活不能自理的老年人基本上是推想家庭和专业性的养老机构。有的老年人尽管身体有病,但仍然希望生活在本社区,希望在本社区得到良好的照顾,并不愿意离开自己熟悉的社区到养老机构去生活,再就是对于那些从外地来本社区的暂居老年人,社区基本上不提供服务。这没有完全体现社区老年服务的公众化理念。

（3）服务内容不全面。老年工作的目标是"老有所养、老有所医、老有所教、老有所学、老有所乐、老有所为。"六个方面想比较，老有所养和老有所乐做得比较好些，老有所医、老有所教、老有所学、老有所为方面就表现得比较弱。这与人们心里普遍认为老年人就是体弱多病、老年人不需要学习、老年人淡出职业领域的观念有关系。老年人生病不等于并不等于疾病，老年人生病一样是不正常的，一样需要精心照顾和康复。老年人仍然需要学习，只是学习更加具有自主性。社区在老有所为这个方面主要是为老年人提供做志愿服务的机会，很少为老年人提供继续工作的机会。

（4）重硬件轻软件。在全国启动了星光工程之后，各社区都程度不同地建设了一批老年人服务设施，可以说老年服务的硬件建设上还是大有进步。但社区老年服务是一项涉及多个方面的工作，要想保证服务的质量和效果，就需要讲究规范。但事实上绝大多数社区老年人服务的规范性并不强，主要表现在：一是服务的制度不健全；二是服务整个过程并不是有调查、计划、实施、评估、总结组成，而经常只是做其中的一部分工作，于是一到上面检查就造假；三是有些应该重视的工作环节不重视比如对社区支援服务的人员很少培训。

（5）服务方法不够专业。社区老年人服务面对老年人群，老年人群是一个典型的弱势人群，要满足老年人的各种需求就必须引入社会工作的三个专业方法：个案工作、小组工作、社区工作。这些科学的社会工作方法除伤害等发达城市外基本上还没有引入各社区的老年服务中。老年人服务的方式和方法基本上还流于经验层面的做法。

（6）服务队伍不理想。老年人服务队伍的建设是老年人服务工作的根本保障。老年人服务队伍的不足主要体现在四个方面：一是在社区管理人员中基本上没有专职的老年服务工作人员，经常是有一名社区工作者兼管；二是服务人员基本没有受过专业训练；三是不少社区考虑到是做老年人的工作，也配备一位年纪比较大的工作人员，理念上的错误导致人员安排的偏见和不足；四是对在职老年服务人员的培训也很少。

3. "金色夕阳"项目实施的成功之处

随着本土社会工作的发展与推进，项目化的运作方式日益成为社会组织的首选。"金色夕阳"项目采用政府购买服务的方式，引导社会工作者深入社区，运用专业理念和方法开展各类为老服务项目，致力于提供人性化、个性化、多样化的服务，提升社区精神文化生活，促进社区和谐共融[①]。

（1）以需求为导向，奠定扎实的服务基础。为了实现服务贴近生活、切实满足老人实际需要的目标，项目组积极、主动地开展实地调研，以问卷调查、跟随走访、实地观察等不同形式，掌握了金杨社区老年人需求的总体情况，并根据摸底情况分类，设计策划了一系列服务方案，为服务的有序开展奠定了扎实的基础。

（2）重视以人为本，开展有针对性的服务。项目组在开展专业服务过程中，重视"以人为本"的服务理念，积极营造相互尊重、相互关怀的社区生活氛围，通过社会工作三大专业方法的介入，为有需要的人提供针对性服务，以帮助老人感受大家庭的温暖和关怀，在社区中幸福生活。

---

① 王瑞鸿：《社会工作项目精选》．华东理工大学出版社．2010．P62

（3）注重关系建立，上下联动多方协调。社工不定期地与社区老人、为老服务者以及居委会、社区组织等沟通交流，以及时获得反馈信息，改善、调整工作方案，同时也注意调动社区资源，整合并优化社区资源配置，建立互助互爱的社区关系和多元化的社会支持网络，共同参与社区为老服务，完善社区养老服务体系。

（4）运用试点探索，形成推广覆盖模式。由于金杨社区老年群体总量较大，具有地域、年龄层次和经济状况等差异，为了确保服务开展的可行性和有效性，故采用试点方式进行模式探索，以此作为推广和扩大覆盖面的重要基石。

（5）人力资源丰富，体现专业工作方法。专业社工的介入，相比之前的老年协会、居家养老服务社，在需求信息的及时性、深入基层的认可度以及服务形式的创新性等方面有较为明显的改善，减缓了传统政府工作人员稀缺的问题，提高了事务处理的效率；同时，在综合把握需求的过程中创建服务，使机构的现实问题得到有效解决。可以说，政社合作的模式既减少了政府的人力压力，也给社会组织以发展空间，呈现多层次、多方位的服务体系；新鲜血液的注入更增添了活力和动力，发挥了社工的专业咨询提供者、老人关系协调者、团体活动组织者、社区资源整合者、政策福利倡导者等多种角色作用。

4. 专业反思

社区照顾是整合社会资源，运用正规照顾和非正规照顾网络，为需要照顾人士在家庭或社区中提供全面照顾，涉及行动、物质、心理和环境等各个层面。

正规照顾通常是指由政府承担及提供的照顾性服务，如院舍照顾。而由家人、亲友及邻居等提供的照顾为非正规照顾。非正规照顾有其独特的优势，不仅解决日常生活问题，实现情感交流，更能有效利用非正式资源为需要照顾人士提供服务。从某种意义上说，非正规照顾是目前较为受重视的一种形式，也是探索和研究的热点。

对于社会工作者来说，承担着将社会福利政策和具体制度化实践相结合的重任，如何运用社会工作方法与理念，切实将非正规照顾理论模式付诸实践，是工作的难点和挑战。"金色夕阳"项目组作为社区照顾模式探索的实践者，积极利用社工专业机构的力量，以政府购买服务的形式，在一线实务中取得了些许体验和反思。

首先，营造互助互爱的社区关系，形成以人为本的社区文化，探索行之有效的社区照顾模式，提高社区照顾质量。在前期走访调研的基础上，充分运用社会资本，以社区内外部资源为依托，通过建立自愿联结、邻里援助等支持网络，借助外部资源力量，鼓励需要照顾者积极融入社区，培养社区参与意识。运用社区宣传和教育等多种服务形式，在有效调动非正式资源的基础上营造和谐的社区新风尚。

其次，进一步探索和创新服务模式。随着物质和精神文化生活水平的提高，老年群体的需求也随之发生变化，如何面对新需求是值得思考的问题。对于服务模式的有机运作和探索发展，建立和完善现有的服务和管理体制是及时而有必要，通过了解国内外社区照顾模式，如中国香港地区安老服务的成功经验，开展社区为本的精神健康促进计划、关注老年抑郁、孤独和居家安全等预防和发展服务，进一步加大对社区老年人心理和精神健康的关注力度。同时，结合自身地区发展特点，进一步探索具有属地化管理和本土特色的服务模式，推动社区照顾服务更上新台阶。

在专业实务工作的开展中，可通过建立老年个人信息档案、评估服务需求和社会支持系统等，为开展针对性和切实服务提供现实依据，同时加强为老服务队伍的综合素质，充分调动老年骨干力量，以低龄服务高龄，重点关注困难群体，通过社区倡导和多方协助的方式，满足老年人多层次、多方位的需求，进一步将社区资本发挥实效，将服务落到实处，实现"六有"的丰富内涵。

最后，提高社会工作者的整体素质和能力。社会工作者通过经验的学习和借鉴，加强与政府、社区、社会组织等各方面的沟通、互动与交流，多向社区居委会干部学习，积累工作经验，巩固和理顺各方关系，提高自身能力建设。同时，社会工作者应不断加强业务专业知识，以提高、充电的方法更新自身理论知识，以进一步提升为老服务的水平和质量。此外，社会工作者还应根据社区老年社会工作的经验积累，挖掘社区有利资源开展特色主题研究，通过课题和研究性的探索，进一步加强和发展老年社会工作的专业化和职业化。

在老龄化日趋严重的新时代，关注老年群体的养老模式和创新机制是不容忽视的主题，作为专业服务的社会机构也将逐步探讨和研究新型的、适应国情实际的服务理念和方法，在实践中积累经验，以推动老年社会工作更好、更有效的发展。

三、任务实训

1. 实训案例

小李是一名刚毕业的大学生，通过了公务员考试，被安排到街道社会事务科工作。上班第一天，社会事务科王科长告诉小李，希望她先熟悉社区情况，特别是中龄老年人和高龄老年人的日常照顾情况，为今后开展工作打好基础。经过与社区老年人的接触，小李感觉到社区老年人境遇不容乐观。特别是当她看到社区有些老人病危时，就会联想自己将来也要经历这一切，因而感到痛苦；有时甚至害怕个案辅导还没有做完，老人就会与世长辞。这样的情形经常会给小李带来很大的心理压力，常常感到自责或力不从心。工作一段时间后，她认为，老年人体弱多病，改善的机会不大，因此，在制订活动计划时，流露出保守和消极的一面。再加上事情多，工作压力大，小李慢慢地对老人表现出不耐烦和不满的情绪，这样的情绪她自己并没有发现。直到有一天，她与一位长期在社区从事志愿服务的孙先生谈心时才发现，自己的情绪竟然变得如此悲观和消极。意识到这些后，她感到非常懊悔和自责。于是，她找到了自己的督导，向督导说明了目前的状况。

2. 案例分析

老年社会工作者要面临许多挑战，其中一个最难应付的就是年龄歧视。年龄歧视就是指社会对年长人士产生的偏见。对许多人来说，年老被认为是衰退。由于社会对老人有偏见，甚至觉得老人价值不大、愚昧、无能力自决，这些负面的态度来自过去的家庭经验、传媒的影响，以及对老年化的过程和老年学的无知。我们大多数人对老人做出的错误的评价，是受其他人的影响。护理人员每天看见虚弱的、情绪低落的或者好争吵的老人，他们慢慢开始相信他们正在目睹普遍的老化过程。这种负面印象限制了老人服务工作者，使他们不能正视老人的优点和能力。而事实上研究指出，大部分老人是健康的、思想活跃的。

许多老人热爱运动,也时常准备去学习新的事物和勇于面对挑战。作为老年社会工作者,我们需要明确了解自己对老年化过程和对老人的态度。

3. 实训作业

(1) 在上述案例中,如何区分中龄老人和高龄老人?
(2) 在上述案例中,反映出老年社会工作的特点,主要应包括哪些?
(3) 如果你是小李的督导,应该如何帮助小李解决目前其所面临的困扰?

【提示】

(1) 根据国际标准,我国一般称老年人群体中 60～69 岁的人为低龄老年人,70～79 岁的人为中龄老年人,80 岁以上的为高龄老年人。

(2) 老年人社会工作的特点:老年社会工作的对象主要是老年人及其家人,由于老年人的生理心理状况以及社会处境的特殊性,使得老年社会工作者会遇到许多特殊的问题,归纳起来有如下特点:

① 社会价值观可能影响社会工作者的态度和行为;
② 反移情是社会工作者的重要内容;
③ 社会工作者要善于自我意识和自我督导;
④ 老年社会工作需要多学科合作。

(3) 造成小李困扰的原因主要是她不明白老年社会工作的特点,不能正确地分析老年社会工作的客观特征,因此,作为小李的督导,应该帮助其克服面临的困扰。

① 应该打消其对老年人已形成的消极刻板印象,即老年工作低人一等、老年人没有太大价值等负面观点,从人本的角度,正确客观地面对老年社会工作。
② 当挽救老年人的努力失败后,小李容易把挫败感转变成对老年人的愤恨和敌意,督导应该提醒小李时常反思自己对老年人的反应,时刻反思自己处理老年事务的方式和心态。
③ 督导还要提醒小李,老年社会工作的关键是"助人自助",而不是把所有的事情都"包揽"在自己身上,这样就失去了"自助"的真正目的。
④ 督导应该让小李明白由生到死的不可逆转过程,是自然、客观的规律,教会小李正确审视自己对老年人垂死或死亡的感受;在从事具体的社会工作实务之前,社会工作者应该把自己的问题梳理好。
⑤ 最后,督导应该告知小李,老年社会工作是一门跨学科、跨专业的综合能力和应用能力非常强的学科,需要团体合作才能取得更好的效果。

四、巩固提高

1. 知识回顾

(1) 社会支援与老人照顾。
(2) 老年人社区照顾的类型。
(3) 我国的社区居家养老服务体系。

2. 案例实训

和顺社区处于上海市黄浦区,占地面积约 1.86 平方公里,它位于上海中心城区的南端,区内服务业发达,商业比较繁荣,是一个比较典型的传统商贸和人口聚集的老社区。

和顺社区总人口 55 691 人,户籍总人口 51 369 人。根据抽样调查资料显示,其中,男性居民占 38.7%,女性居民占 61.3%;平均年龄为 56.12 岁,平均受教育程度为(中位数)高中或职校、技校;离退休人员占 57.2%,下岗失业人员或无业者占 15.7%;个人月收入平均为(中位数)1 086.3 元,家庭月收入平均为(中位数)2 050 元。

在社区户籍总人口中,60 岁以上户籍人口为 9 033 人,约占户籍总人口的 25.8%。其中,80 岁以上老人 1 909 人,纯老人家庭 762 户,单身独居老人 319 人,孤老 72 人。显然,按照国际上通行的老龄化标准,和顺社区面临着十分严重的人口老龄化问题和高龄化问题,面临着繁重的老年人服务和老年人照顾的任务。

假如你是本社区的社工,请分析一下目前困扰我国老年人的问题主要有哪些,并就本社区的实际情况,为社区范围内有需要的老年人开展一次专业性的社区工作,请写出你的服务介入方案。

项目四　老年机构照顾

项目简介

　　当老年人随着其年龄的增长而持续地因生理的老化、残障而损害了他们独立的生活能力时，他们就需要健康照顾、个人照顾或其他支持性的服务。一般来讲，这些提供给老年人的长期支持性的服务主要是由老年人的家庭成员所承担的，当这种持续性的照顾造成了家庭成员的心理、生理资源的过度支出，社区的支援性服务也不能满足老年人的护理照料需求时，才会由机构性的设施开始为老年人提供持续性的服务。在老年人的长期护理照料中，机构照顾是对老年人保持持续性照顾非常重要的环节。本章介绍了机构照顾的含义、分类及比较，以及机构照顾模式与老年人生活质量提高的关系和社会工作介入的重要性。

学习目标

　　知识目标：通过本项目的学习，使学生掌握机构照顾的含义、分类并比较不同国家和地区的机构照顾。

　　技能目标：通过本项目相关理论知识的运用，使学生可以掌握机构照顾的模式与提高老年人生活质量的技巧，做好机构照顾中的社会工作介入。

一、基础知识

（一）机构照顾的含义、分类及比较

　　机构照顾和社区居家照顾一起构成了老年人长期护理照料的老年照顾体系，它作为老年人长期照顾的一个环节，是指在老年福利服务制度下，对生理、心理和精神上有障碍的，或居家养老有困难的老年人，由机构专业人员提供带有医疗、保健和相应的护理照料和日常生活起居的照顾方式。

　　机构照顾环境属于封闭式的照顾环境，其提供的服务具有代替家庭照顾、辅助家庭照顾或分担家庭照顾等不可替代的功能。老年人接受机构照顾是因为家庭照顾或居家养老服务没有办法满足老年人的需求，以及老年人在居家养老中不能保持某种程度的自主性和选择性，如在家庭饮食、生活节奏等方面。也有一些老年人是为了不给家人增加负担或缺少家庭支持而主动选择机构照顾的。

　　从服务内容方面来讲，机构照顾服务包括医疗服务、康复保健服务、日常生活照顾和社会性服务等内容。机构照顾中的医疗服务与医院内的治疗服务不同，它只是为老年人提供诸如输液、注射、管道喂食、排尿、体温检查等类型的与医疗关联性较大的服务，一般由机构内的护士提供。康复保健服务主要是为防止老年人生理功能的衰退而进行的服务，如采用物理疗法、作业疗法、心理疗法、饮食疗法、体育疗法等方法的服务，一般由康复保健师提供，或在康复保健师的督导下由其他服务人员提供。日常生活照顾主要是为那些行动不便的老年人提供日常生活中的照顾服务，包括协助如厕、入浴、穿脱衣、移动、喂饭、喂水、喂药、洗漱等内容。社会性服务也被称为社交性服务，主要是帮助老年人适应机构环境和集体生活，成立老年团体或促进老年人个人之间的交往，帮助老年人与社区内的各种资源建立关系并运用这些资源，促进老年人与家人、亲属或社区的关系等。机构照顾的类型可以划分为特殊护理院、护理型养老院、康复保健型养老院和老年公寓等，这是根据机构功能进行的分类，也是按照护理照料的程度进行的分类，各种不同功能的机构照顾所提供服务内容的侧重点也有所不同。

1. 特殊护理院

特殊护理院是技术层次要求很高的机构，一般必须提供 24 小时的护理照料，服务对象也以卧床不起的病人居多，也包括行动极为不便的慢性病老年人患者（包括老年痴呆症患者）。提供的服务多为专业性的医疗、康复保健、护理照顾和其他一般性的日常生活照料。这是以医疗服务为主、社会服务为辅的机构服务模式。

2. 护理型养老院

护理型养老院也称为老人护理院、养护之家、老人福利院等，要求技术层次较高。一般必须提供 24 小时的有专业督导的、健康模式的护理照料服务，而不是医疗模式的服务。服务对象以卧床不起的病人居多，也包括行动极为不便的慢性痈老年人患者（包括老年痴呆症患者）。服务的内容除了有一定的康复保健、护理照顾外，主要是一些个人照顾、日常生活活动的协助（如穿衣、洗澡、喂食等）和其他一些社会性、娱乐性服务。这是以健康服务为主、社会服务为辅的机构服务模式。

3. 康复保健型养老院

康复保健型养老院主要是为那些疾病已经得到治疗、病情较为稳定，不需要继续入住医院，但又需要有一定的专业康复保健服务的老年病患者所提供的机构服务模式。提供的服务多为专业性的康复保健、护理照顾和其他一般性的日常生活照料。康复保健型养老院与护理型养老院的区别在于入住康复保健型养老院的老年人，其入住的时间较短，获得一定的服务其状况得到改善后即可出院。这也是以健康服务为主、社会服务为辅的机构服务模式。

4. 老年公寓

老年公寓也被称作老人之家、老人院等，是指提供膳食、住宿、个人服务或社会照顾的机构。入住的老年人一般没有大的健康问题或残疾，只需要保障其良好的居住、活动环境和提供一定的社会性、娱乐性服务。这是以社会服务为主、健康服务为辅的机构服务模式。

概括而言，机构照顾的优点是为极度衰弱的老年人提供高密度技术性的服务内容；为老年人提供长期和积极的治疗性服务;为老年人提供居住、膳食和有限度的日常生活照顾及社交活动;降低家属在照顾方面的压力。机构照顾的缺点是不可避免的"病态性"环境,强调"制度"优先于个人以维持其顺利运转,缺乏人性化管理;比较容易使老年人产生依赖性,从而加速老年人的退化过程;机构生活比较单一,缺乏变化;有虐待老人、照顾不周的现象。

（二）不同国家和地区机构照顾的分类

1. 美国

养老机构的功能分类,是指根据每个养老机构收养老年人所需帮助和照料的程度,对其照料功能进行科学分类。在美国,根据养老机构的不同功能将其分为以下三种类型。

（1）技术护理照顾型养老机构:主要接收需要 24 小时精心医疗照顾但又不需要医院提供经常性医疗服务的老年人。

（2）中级护理照顾型养老机构:主要接收没有严重疾病,需要 24 小时监护和护理但又不需要技术护理照顾的老年人。

（3）一般照顾型养老机构:主要接收需要提供膳食和个人帮助但不需要医疗服务及 24 小时生活护理服务的老年人。

2. 其他欧美国家

在欧美一些国家,适合老年人居住的机构大体分为以下三类:

（1）老年公寓:主要是供体弱或生活自理能力较差,要求根据需要提供补充性服务的老年人居住;

（2）养老院:供高龄老人或体弱多病、生活基本不能自理、需大量生活照料服务的老年人居住;

（3）护理院、老年病医院:供体力或智力有缺陷需提供生活照料、护理或治病的老年人居住。

3. 中国

（1）香港特区。香港特区的《安老院规例》根据养老机构的不同功能也将其分为三类。

① 高度照顾安老院:主要接收"体弱而且身体机能消失或减退,以致在日常起居方面需要专人照顾料理,但不需要高度专业的医疗或护理"的年满 60 岁的老年人。

② 中度照顾安老院:主要接收"有能力保持个人卫生,但在处理有关清洁、烹饪、洗衣、购物的家居工作及其他家务方面有一定程度的困难"的年满 60 岁的老年人。

③ 低度照顾安老院:主要接收"有能力保持个人卫生,也有能力处理有关清洁、烹饪、洗衣、购物等家居工作及其他事务"的年满 60 岁的老年人。

至于那些"需要高度的专业医疗"或"护理"的老年人,则属于附设在医院内的"疗养院"接收的对象。

（2）中国内地。在我国内地,有由政府提供资金的公办养老机构和私人筹集资金兴建的私立养老机构两类。

公办养老机构主要面向那些曾为社会做出过贡献的孤寡老人，免费或只收取少量的费用。近年来，由于政府提供的资金不足，各公办养老机构为了维持正常运转，也纷纷面向社会招收自费的入院老年人。私立养老机构招收自费入住的老年人，收费标准因住宿条件而异。

中国内地的养老机构类型大致分为福利性养老院、政府和社会合办的养老机构、民营养老机构三类。

① 福利性养老院：包括老年社会福利院和敬老院。

老年社会福利院是民政部门在城镇设立的老年社会福利事业单位，专门收养城镇无依无靠、无生活来源的孤老。被收养老年人的一切生活费用由政府承担。老年社会福利院一般设有集体宿舍、食堂、浴室、医务所、病床，有条件的还设有娱乐室、手工艺室和健身房等。福利院的老年人以养为主，辅以康复，力求使他们健康长寿，安度晚年。近些年来，根据床位情况也收住一些社会老年人，主要面向经济不太宽裕、需要政府救助的老年人，通常三位或两位老人共住一个房间，收费相对低廉。

敬老院是农村集中供养"五保"老人的场所，是国家承办的农村老年福利事业。一般敬老院的设施比社会福利院要差，老人的吃、穿、住、医、葬由敬老院负责。

② 政府和社会合办的养老机构：包括养老院和老年公寓这两类。

A. 养老院和老年社会福利院均属于机构养老性质，设施和管理大体相同。不同之处在于养老院收住的是居家养老有困难且经济条件不富裕的自费老年人。

B. 老年公寓这类养老机构是政府和社会力量按照市场原则兴建的专供老年人居住的单元楼，为有一定经济负担能力和生活自理能力的老年人或老年夫妇提供住宅服务。老年公寓的最低标准居室是由卧室、厨房和卫生间组成的单元房。单元房面积有大有小，入住者可买可租。住户以自炊为主，也可临时到食堂购餐。经济条件较好的老年人可选择中高档型老年公寓，房型多为两人间或三人间，生活配套设施齐全，娱乐活动也丰富多彩，老人们在享受一般住家无法满足的护理服务的同时，还能享受到精神生活方面的服务。

③ 民营养老机构是由社会力量按照市场原则承办和管理，为有一定经济能力的普通老年人提供住宅服务的社会养老机构。养老机构的建设，采取多渠道集资、商品化微利经营的办法。这种养老机构种类较多，功能各不相同。概括起来可分为普通型老年公寓、养老院型老年公寓和医护型老年公寓三种。

A. 普通型老年公寓与普通居民公寓有共同之处，每位老年人或老年夫妇有一套住房，一般为一室一厅一厨一卫，但普通型老年公寓与居民公寓又存在差异：住房面积较小，只能满足日常生活和活动；没有大量室内外劳动，住老年公寓，室内外清洁都由公寓管理者或委托公寓管理者负责；做饭方便，入住这种公寓的老年人，仍是自己做饭吃，但做饭所需粮、菜、油等可通知管理中心派人代买，送货上门，免去了采购物品的劳累；医护规范，公寓的医护人员会定期上门做保健，小病随时上门医疗，大病及时送医院。

B. 养老院型老年公寓的住房标准也是一人或一对老年夫妇一套房间，内有一室一厅一厨一卫。有的养老院除外室安有房门外，卧室、卫生间都没有门；有的养老院则是室内房间有门但无锁。各个房间墙上两面或三面悬有警铃绳，老人如感到不适，可以抓住警铃绳，即便老人昏厥倒下，也会带响警铃。

C. 医护型老年公寓虽然也叫养老院，但与医院比较类似。有些老年人因患病而丧失自理能力，如瘫痪在床等，可以申请住医护型老年公寓。这种公寓多为每位老年人提供一间类似旅馆的房间，即卧室与卫生间在一起。因为这些老年人一天到晚躺在床上不能行动，一般不需要带有客厅和厨房的房间。

（三）影响老年人机构生活质量的因素

老年人入住机构有些是自愿选择的结果，有些则是非自愿状况下没有选择的结果。无论是哪一类，入住老年机构这样一种重新安置的结果都会给老年人带来生活环境的变化。这种变化将会给老年人带来心理上的困扰，也会对老年人的身心健康造成影响。

一般来讲，老年人在入住机构时可能会遇到重新安置与环境改变、入住机构前的影响和机构化等困境。

第一，重新安置与环境改变。许多研究结果都表明，老年人从熟悉的环境迁入到机构会觉得生活失去常规、混乱和抑郁，尤其是在老年人入住机构完全没有准备，或在不情愿时更是如此。变换环境意味着自己熟悉的生活秩序要改变，个人需要加以调整和适应。但也有部分研究结果则相反，表明积极地改变环境可能会增加老年人的能力，而使老年人出现所希望的正面行为，前提是他们的需要能在新的环境中得到满足。在新的环境中，老年人与同伴一起生活，会启发他们有益的改变及成长。

第二，入住机构前的影响。老年人在等待入住机构的时候，常常会表现出焦虑不安的情况，这种焦虑也常常与健康恶化、不和谐的家庭关系、经济状况低下联系在一起。与居住在社区中的老年人相比较，等待入住机构的老年人可能思想混乱、焦虑不安。他们不愿意表露出自己的感受，而且自尊心低落并感觉抑郁。

第三，机构化。接受长期照顾的老年人只与机构中的工作人员和其他的老人交往的机构化过程，会导致他们对日常生活的控制能力减弱，与外界交往减少，也会造成自我身份与角色的逐渐丧失。有学者指出，机构照顾具有以下问题。

① 不同于普通人的日常生活，机构中老年人所有的生活都在同一个地方，交往的都是同一群人。他们所有的日程安排，也都是以符合机构的宗旨为前提的。

② 机构中的老年人会不知不觉地丧失自己的身份和对日常生活的控制，缺乏灵活性和个性的集体生活使得所有老年人受到的对待相类似。

③ 由于机构中居住空间的限制，老年人入住机构时要放弃很多对个人有意义的物品，个人的隐私也会受到限制，并且还会受到其他的非个别化的对待。

④ 机构的封闭性造成了老年人与外界的隔膜，并会使他们丧失通常在社区生活中扮演的角色。而且由于工作人员人数的限制，行动不便的老年人往往被困在机构中，与机构外的人员很少有社会交往。

⑤ 一般而言，机构中的老年人需要依赖工作人员提供个人生活照顾和情绪上的支持，但由于年龄、身体、生活经历等方面的原因，老年人与工作人员会存在较多的沟通障碍，这种障碍使得老人们不能表达出自己真实的感受和想法，结果会造成有些老年人的压抑感、羞辱感，使得他们的自尊受到损伤而形成自我退缩。这种问题的产生会进一步使老年人在他人面前掩饰自己的想法和感受，并且会对机构所组织的活动不感兴趣，甚至会故意向工作人员挑衅和不合作。

⑥ 机构中的老年人可能会比较消极地接受机构提供的照顾，这种照顾会使他们对于

生活的挑战、自我成长或改变的机会丧失信心。

那么，如何才能使得入住机构中的老年人对自己的生活有较高的满意度呢？这涉及养老机构中老年人的生活质量问题。一般而言，养老机构中老年人的生活质量可以分为客观与主观两个方面。客观方面包括养老机构中的设施状况、环境、健康照顾、生活照顾、医疗服务等方面的水平与标准，主观方面包括老年人在机构生活中的自由程度、人际关系的满意度、在机构中的安全感以及老年人自己对晚年生活的态度等。

中国香港的一项研究结果表明，相对于居住在养老院和老人护理院的老人，入住老年公寓的老年人对机构生活的满意度更高，其原因如下：

① 与养老院和老人护理院相比较，老年公寓不太限制老人们的起居生活和活动节奏，让老人们感觉生活较为自主。

② 机构中的老年人对机构生活或自我照顾参与的机会越多，老人们的生活满足感越强。老年公寓中的老年人身体状况和精神状况整体上比养老院和老人护理院中的老人们好，因此他们对机构生活的安排有更多的参与，或是有较多的自主权。

③ 有机会接触亲友和参与社区活动的老年人对机构生活更为满意，因为对生活满意的老人会建立积极的自我概念。这说明了对于机构中的老年人，控制自己在机构中生活能力的程度，也即机构生活的自由程度，是影响老年人对机构生活主观感觉的一项重要因素。

（四）机构照顾的模式与老年人生活质量的提高①

机构照顾有两组不同的模式，一组是"花圃模式"和"仓库模式"，另一组是"医疗模式"和"社会工作模式"。这两组模式影响着机构设立的使命和目标。

"仓库模式"的首要任务是延长入住机构老人的寿命，重点是为老年人提供一个安全的居住环境、合适的饮食、良好的健康和医疗服务；而"花圃模式"的首要任务则是满足入住老人的需求，启发老年人的动力和他们未得到体现的能力。除了与"仓库模式"有相同照顾老人的身体健康要素外，"花圃模式"所提供的照顾是以人为本的，重点是满足老年人的社会和心理需求。与以上相对应的是"医疗模式"，该模式强调入住机构的老年人要有严格的生活规律，在处理老年人的问题时基于老年人的"不足"，而不是其潜力的发挥；而"社会工作模式"则强调帮助老年人在机构生活中保持身份、自主和自我选择。

从以上两组机构照顾的模式中可以看出，提高入住机构老年人的生活质量，应当倡导的是"花圃模式"和"社会工作模式"，以最大的可能提高老年人机构生活的自由度，使其能够控制自己的生活，提高其能动性并发挥其潜力。具体来讲，提高老年人机构生活质量的方法如下。

第一，在客观方面，机构要尽可能地为入住老人提供基本的生活设施、良好的生活环境，并根据老年人的不同需求为其提供相应的日常生活、健康和医疗照顾。有条件的机构可以为老年人提供相对独立的生活空间，以使老人保持其生活的隐私；在对老人的日常护理照料过程中，要注意不要提供过度的服务和保护，过度的服务和保护可能会造成老年人的依赖和被动，从而进一步影响老年人的自尊，以及造成老年人残存能力的迅速衰弱。同时也要注意有些工作人员以此为借口，而疏忽为老年人所必须提供的服务。

---

① 仝利民：《老年社会工作》. 华东理工大学出版社. 2008.12. P294

第二，在主观方面，机构要尽可能地为老年人提供各种活动的机会，使他们的生活有一定的自主性，以培养老年人的正面想象。具体可以有以下一些方法。

① 让老年人自己安排一些日常生活来增强他们控制生活的感受，如让他们装饰自己的空间，供给有选择和有变化的饮食，弹性地安排闲暇活动和探访时间等。

② 鼓励老年人参加各种社区活动，与朋友和亲属保持接触。在机构的内部和外部为老人们提供一些代替性的角色，如志愿者、社区活动的参与者等。

③ 工作人员和老年人以及老年人之间建立起积极的关系，以协助老人们建立积极的自我形象和自尊。

④ 为老年人提供成长与发展的机会，如机构可以安排各种学习小组、技能训练班、健康讲座、社会新事物小组等。

⑤ 通过各项活动培养老年人对机构的归属感，使老年人按个人兴趣参与机构生活的义务工作，如参加园艺小组、协助机构向等待入住机构者或新来老人介绍机构生活、参与机构开放日的接待工作、负责机构小卖部的运作等。

⑥ 建立老人之间的友谊。如举行宿舍会议以解决宿舍人员之间的纠纷，增进凝聚力；组织娱乐性小组，如歌唱组或探病关怀小组等。

⑦ 促进老人对死亡的接纳。如使老年人协助工作人员为去世的人员安排丧事，鼓励老人志愿地参与清明节的活动等。

⑧ 建立老人与社区生活的联系。如身体状况不同的老人可以相伴外出，参与社区为老年人举办的各种活动。有能力的老人可以参与探访社区中的独居老人、残疾儿童等。

（五）机构照顾中的社会工作介入

在前文中曾介绍了机构照顾的两组不同模式，即"花圃模式"和"仓库模式"，"医疗模式"和"社会工作模式"及其特点，虽然我们提倡的是"花圃模式"和"社会工作模式"，以尽可能提高老年人机构生活的自由度，使其能够控制自己的生活，提高其能动性并发挥其潜力。但在许多机构的实际工作中，由于老年人身体衰弱、行动能力下降所造成的对工作人员的依赖，使得机构工作人员通常采取家长式的管理方式来对待那些入住机构的老年人。这也就自然而然地支持了"仓库模式"和"医疗模式"的照顾方式。因此，社会工作者在老年养老机构中所面临的一个重大挑战，就是如何在机构环境中充分运用老年人潜能激发的方法和技巧，来动员老年人尽可能地通过掌握、控制自己更多的生活，以提高自身的生活质量。为了帮助老年人提高其机构生活的质量，社会工作者在老年人机构照顾中的介入层面一般包括针对老年人的直接工作、针对老年人家属的工作和针对机构内其他人员的工作三个方面。

1. 针对老年人的直接工作

针对老年案主的直接工作可以按照老年人申请入住机构的程序进行划分，包括入住机构的许可、入住机构后的工作、离开机构或转院时的工作。

（1）帮助老年人入住机构时的工作。

入住到养老机构可能是一个令老年人心情复杂和痛苦的过程。因为入住照顾机构中的老年人基本上比较衰弱，其行动能力和自理能力已经部分丧失或基本丧失，而入住机构后还面临失去家庭环境、失去自己对生活的控制，以及不能每天见到自己的亲人等问题。另一方面，某些老年人的家人为了使老人能够顺利地入住到机构，往往还会提供一些不正确的信息和不切实际的保证，还可能会避免直接与老人谈论一些痛苦或恐惧的情绪问题，这些因素都会影响到老年人入住机构后的生活质量。因此，工作者必须在一开始就要敏感地获知老年人自身的感受和其家人的想法。

一般而言，机构中的社会工作者在老年人或其家人提出申请入住机构之后，最好能够与老年人及其家人进行一次会面，这在一方面可以作为一个咨询者为老年人及其家人提供机构的各种信息，给予他们支持，另一方面，还可以作为一个教育者，使老年人及其家人能够对入住机构的程序及可能的未来生活有所了解和有一定的心理准备。对入住机构前的老年人进行面谈和家访，其目的在于评估机构照顾方式是否合适，也可以与老年人讨论和比较其他可供选择的照顾方案，协助案主做出积极的和正面可行的选择。同时，在老年人及其家人做出决定之前，可以和老年人及其家人一起探访机构，以充分认识机构的环境和生活方式。在工作者与老年人及其家庭其他人员面谈时，需要注意老人与其家庭其他人员的互动模式及处理问题的模式，因为这会影响到家庭成员与机构的关系，也会影响到家庭人员与老年人的关系问题。

除此之外，工作者还必须对老年人及其家庭状况进行一定的信息收集，以便能够在老年人入住机构后为其提供个别化的护理照顾计划。就老年人及其家庭状况的信息收集而言，一般包括：老年人入住机构的背景及目的、老年人的疾病史、老年人的精神状况、有无异常行为、家庭护理照料情况、护理照料者的情况、家庭生活状况、老年人的生活历史、老年人的性格、老年人的日常生活自我照顾能力（activities of daily living, ADL）、老年人的工具性日常独立生活能力（instrumental activities of daily living, LADL）状况等。其中特别需要注意的是，要对老年人最近一段时期的生活能力和自我照顾情况做出一定的评估，要特别注意老年人的分辨能力、特长及残存能力，以便能够帮助老年人在其以后的机构生活中得以发挥。表4-1是老年人申请入住机构时的个人资料评估表，可以作为社会工作者在收集资料时的参考。

表4-1 个人资料评估表

1. 姓名		10. 居住状况/同住人员及人员数	
2. 性别		11. 其他亲属状况	
3. 出生日期		12. 患病情况	
4. 婚姻状况		13. 生理健康自评状况	
5. 主要使用语言		14. 心理健康自评状况	
6. 受教育程度		15. 目前的照顾者	
7. 目前个人/家庭每月收入情况		16. 过去一年内入住医院的状况	
8. 收入来源		17. 过去一年内入住养老机构的状况	
9. 居住地		18. 其他	
备注：			

评估老年人的 ADL 和 LADL 的量表有很多种类，经常使用的有科氏量表、巴氏量表以及洛顿 LADL 量表等。

第一，科氏量表。由美国的 Lawton 和 Brody 制定的日常生活能力量表（activity of daily living scale，ADLS），主要用来评定被试者的日常生活能力。由于其应用方便，对评定员的要求不高，具有良好的信度和效度，因此使用相当广泛。ADLS 共有 14 项，包括两个分量表：

① 躯体生活自理量表，共 6 项：上厕所、进食、穿衣、梳洗、行走和洗澡；

② 工具性日常生活能力量表，共 8 项：打电话、购物、备餐、做家务、洗衣、使用交通工具、服药和自理经济。

使用日常生活能力量表评定时按表格逐项询问，如被试者因故不能正确回答时（如痴呆或失语），可根据家属、护理人员等知情人的观察评定。评分标准分为 4 级，1~4 分：1 分为自己完全可以做；2 分为有些困难；3 分为需要帮助；4 分为根本没办法做。在统计时，运用三个统计指标：

① 总分：14 单项评分之和，范围 14~56 分，反映总体日常生活活动能力；14 分为完全正常，大于 14 分为不同程度的功能下降。

② 分量表分：组成分量表的各项评分之和，范围分别为 6~24 分和 8~32 分。

③ 单项分：各单项得分表明各项活动能力的状况。1 分正常，2~4 分为功能下降。凡有 2 项或以上大于、等于 3，或总分大于、等于 22，为功能有明显障碍。但需要评估者注意的是，ADLS 受多种因素影响，如年龄、视、听或运动功能障碍，躯体疾病，情绪低落等，均影响日常生活功能，因此，对 ADLS 结果的解释应谨慎。

第二，巴氏量表。巴氏量表主要用于评估老年人的自我照顾程度（参见表 4-2）。

表 4-2 日常生活活动能力量表——巴氏指数（Barthel Index）

项　　目	积　　分	评分标准
吃饭	0 5 10	依赖 需部分帮助 自理
洗澡	0 5	依赖 自理
修饰（洗脸、刷牙、剃须、梳头）	0 5	需帮助 自理
穿衣（解系衣扣、拉链、穿鞋等）	0 5 10	依赖 需部分帮助 自理
大便	0 5 10	失禁或需灌肠 偶有失禁 能控制
小便	0 5 10	失禁或插尿管和不能自理 偶有失禁 能控制
用厕（包括拭净、整理衣裤、冲水等）	0 5 10	依赖 需部分帮助 自理

续表

项 目	积 分	评分标准
床椅转移	0	完全依赖，不能坐
	5	能坐，需2人帮助
	10	需1人帮助或指导
	15	自理
平地移动	0	不能移动，或移动少于45米
	5	独自轮椅移动超过45米，包括转弯
	10	需1人帮助步行超过45米
	15	独自步行超过45米（可用辅助器）
上楼梯	0	不能
	5	需帮助（体力、言语指导、辅助器）
	10	自理

最高分100分，最低分0分，分值高为优，分值低为差。0～20分，极严重功能缺陷；25～45分，严重功能缺陷；50～70分，中度功能缺陷；75～95分，轻度功能缺陷；100分，能自理。工作者帮助入住机构老年人的评估工作除了以上所介绍的内容以外，针对老年人的认知、沟通、情绪、行为、社交、疾病及医疗状况、社会支持系统状况等内容都要一一做出评估。

总之，工作者第一次与老年人及其家人会面的成功与否，对以后机构中的工作人员能否与老年人建立良好的关系有着重要的作用。因此，工作者需要在面谈中保持轻松的氛围，充分介绍机构的情况，使老年人及其家人能够产生对机构的信赖感，并尽可能地取得老年人家人的支持。

（2）针对入住机构后老年人的直接工作。

老年人在入住机构后，一般需要一段时间进行安顿，或处理一些个人的感情私事，因此，为老年人提供一个安全的居住环境是非常重要的，这样，新入住的老年人才能从以前的个人社会生活问题或家庭问题中恢复过来，在机构的环境中保持满意的、有连续性的生活，使新的人际关系得到发展或成长。

一般而言，养老机构对于老年人健康、生活方面的护理照顾都是专业水平的，而且也比较重视这方面的工作。也就是说，机构较为偏重的是医疗模式的照顾，而较为忽视入住机构老年人社会心理层面的介入工作，这也就直接导致了老年人社会心理方面的需求常常被忽视，老年人社会与心理能力的退化。据美国一位学者实证研究表明，在老年护理机构中，老年人因为没有获得社会支持，造成了挫败、无助、绝望与无力感等负面情绪反应在入住机构的老年人中蔓延。而为老年人提供社会支持的工作恰恰是社会工作者可以发挥才能，以改善、提高老年人生活质量的方面。

对于入住机构的老年人而言，机构中的生活会面临着各种改变，如生活环境的改变、生活规律的改变、家人探望形式的改变、同一房间入住老人的改变、亲属或朋友的死亡所带来的改变等。而决定社会工作服务需要的主要因素是"改变"，因此，在为入住机构的老年人提供社会支持时，工作者可以采用个案工作的介入方法，根据老年人的具体情况来决定为他们提供服务的范围及程度，帮助老年人适应这些变化，以提升老年人的自助能力、自我价值和尊严。当然，这需要工作者能够观察到由于这些变化所引发的老年人行为，以及分析这些行为所带来的问题及背后的相关因素，然后与其他工作人员一起设计辅导方案，以改变老年人的行为问题。除此之外，也可以采用团体工作的方法，通过老年人团体活动的各个过程，使老年人获得正面的认知、行为的恢复与发展，以及对自己生活的控制能力。如老年活动小组、健身小组、音乐小组、老年伙食管理协会等。

就长期的老年护理照顾机构而言，由于老年人问题的复杂性，社会工作者需要与其他工作人员或专家组成团队，通过专业的综合照顾，一起努力处理老人的行为问题。因此，在机构中可以根据具体情况，成立老年人服务的主要负责人制度（可以包括个人照顾者、保健照顾者、护士及社会工作者），为个别老人设计个人照顾计划，以满足其个人需求。其中，社会工作者的任务是计划、推行、协调和评估机构的主要员工制度。

除以上的老年人个人服务之外，社会工作者还可以采用老年人支持性团体工作的方法为入住机构的老年人提供社会支持。

在这个层面，社会工作者应该为老人提供自助、互助和参与机构生活的机会，让他们组织有特殊目标的小组，以推行新奇有趣而且充实的团体关系，如户外活动、节日庆祝活动等。此外，兴趣小组和持续教育小组也可使得老年人成长和发展。通过这样的支持性团体活动，可以帮助老年人恢复自尊、自信和自我力量，并且能够在机构生活中发展出新的角色和新的人际关系。另外，社会工作者还可以帮助成立老年人自助团体，如机构老年人协会或老年人代表会，以便收集老人们对改善服务的建议，并向机构或照顾者表达照顾需要和期望，以维护老人参与服务的权利和感觉。

（3）老年人离开机构或转院时的工作。

入住机构的老年人有可能会在机构中生活到去世为止，也可能会在中途离开机构或转院。离开已经熟悉的机构到另一种环境中会使得老年人经历一次被抛弃和失落的感觉，即使是回到家中，因为家庭的护理照料程度不如机构也会使老年人感到害怕，而他们可能也已经习惯了机构的生活方式与人际关系。如果是被转介到其他机构，老年人则会担心新机构的状况是否会比现在的差。无论如何，环境的改变都会给老年人及其家人带来较大的压力和痛苦。

面对这样的老年人，社会工作者可以帮助老年人及其家人从面对生活环境改变的准备开始，在工作过程中，一方面需要使老年人及其家人明白改变生活环境的原因及必要性，做好一定的心理准备；另一方面，可以允许老年人及其家人通过提问的方式了解另一机构的有关信息，以减轻他们的心理负担。所以，工作者同时需要扮演咨询者和教育者的双重角色。同时，工作者要尽可能地评估另外新环境的资源状况，以确保老年人在新生活环境中能够得到较好的服务。

2. 针对老年人家属的工作

虽然老年人入住了养老机构，其家人在日常生活方面的护理照顾压力得到了减轻，但并不意味着可以完全放松自己的责任。由于入住机构后老年人的社会交往范围进一步缩小，使得老人们更加缺少社会的支持，而会产生一些负面情绪，如果任其蔓延，就有可能进一步引发老人的精神抑郁从而产生心理疾病，使老人感到自己的生命已经没有意义。

因此，针对老年人的家人而开展的工作其实也是老年社会工作的一部分。社会工作者可以通过家庭工作坊、小组工作方法，帮助家庭成员了解老年人在老年期的各种生理及心理特征，帮助家庭成员更好地为老年人提供精神照顾。在老年人精神支持方面，即使最好的养老机构也不可能代替家庭成员的作用。

另一方面，由于受到我国传统文化的影响，一些子女认为将老年人送到养老机构接受照顾是非常不孝的事情，也就是机构照顾可能会给老年人的家属带来焦虑和负罪感。对此，社会工作者要帮助家庭成员消除这种感觉，并协助他们认识到在高龄期接受专业化机构照顾的必要性和现实性；同时还要强调老人入住机构后家庭成员定期探望和支持老人的必要性和重要性，并且鼓励家庭成员一起参与老年人个人照顾计划的制订。这样，一方面可以发挥家庭成员的积极性，另一方面也可以使老年人感到亲情的温暖，提高老年人的生活质量。

3. 针对机构内其他人员的工作

（1）工作人员的在职训练、辅导和支援。

养老机构是为老年人提供服务的场所，但同时也需要依靠工作人员的辛勤努力才能为老年人提供好的服务，工作人员是养老机构的人力资本。因此，社会工作者一方面要特别注意关心、爱护和重视每一位工作人员，并带领大家努力营造"人人为我，我为人人"的平等、和谐的工作和生活环境，使工作人员们感到自己在这个团队中的价值所在。另一方面，在机构工作的具体照顾者，由于长期照顾体弱和易发脾气的老人，可能会出现"工作麻木"现象。为此，社会工作者需要重视让工作人员保持健康轻松的心理，给予他们情绪支持，及时疏导、解除工作人员的心理问题是优质服务的保障。而且，对于工作人员的个人问题、家庭问题或工作压力问题也需要社会工作者予以辅导和支援。除此之外，社会工作者还要为工作人员提供训练和辅导，创造人人学习、各尽其才、公平和谐的环境，使每一位工作人员发挥各自的优势和长处，给予他们自我发展的平台和空间，满足他们自我实现的期望。

（2）养老机构的资源拓展、服务协调及发展。

机构养老与社区居家养老都是老年人长期护理照料的重要环节，两者相互促进、相互弥补又相互关联，构成老年人福利服务事业这一整体。因此，机构的社会工作者可以主动在社区中寻找机构所需要的社区服务，或统筹社区人员提供给机构的服务，如组织机构老人参与社区举办的比赛、出席社区的文娱活动等。

通过养老机构的"点"带动社会的"面"，使全社会和各级政府加强对老年问题的重视程度，并对养老机构的生存现状给予充分理解和支持。而且，社会工作者还可以通过招募、训练、运用、支持志愿者服务来为机构内的老年人提供各项服务，如训练和安排志愿者与机构有关工作人员进行合作、陪伴老人、写信、理发等，形成人人尊老助老的社会风气。并且在社区服务资源拓展的同时，还需要对资源进行有效的整合，协调社区其他组织与机构为老年人提供服务，如运用老年精神科专家的外诊服务提供诊断与治疗。除此之外，社会工作者通过自己掌握的老年人的社会心理需求知识，可以参与制定机构的目的、服务等各项规章制度，而且还可以根据经济社会等外在环境的变化及机构内部的变化，不断地进行补充和完善，这样才可以促进机构的成长与发展。

总之，社会工作能够有效地解决养老机构中比较注重基本生活护理而忽视老年人的心理和精神层面服务的现实问题。由于老年人基本生活质量的提高而产生的对服务质量更高的要求，以及现代福利服务思想和理念的转变等诸多方面，都使得社会工作介入老年人的机构照顾体系成为必然。在介入的过程中，社会工作者应该清醒地认识到，由于入住机构的老年人数量、老年人的认知能力、身体的缺损程度、老年人的兴趣、个人信念、价值观、老年人的年龄差距等因素都影响着机构的运作，也会影响到个人照顾计划的实施以及机构的居住环境和生活质量，所以，社会工作者要尽可能在老年人的机构生活中安排多样性的护理照顾和日常活动，以配合不同组合和多样性的老年人需求。同时，也要帮助老人及其家属明白维持老人的生活质量和实践个人照顾计划时他们自身的重要性，这样才可能策动老人和家人参与实施计划和评估成效。

二、案例示范

（一）案例描述

75岁的王大爷因患有帕金森综合征、脑梗阻后遗症、高血压等疾病，家庭人员无法为其进行全天候的护理而入住了老年福利院。在入住机构时，工作者为其进行了ADL的测定，并根据综合结果将老人定为三级护理。

（二）案例评析

针对王大爷患病的具体状况，社会工作者为老人制订了一份包括进食、行动转移、穿脱衣、洗漱、入浴、如厕、床上翻身、就寝等内容的日常生活护理计划，以及一份针对老人疾病特征而制订的康复治疗计划，主要包括每日20分钟步行训练、10分钟的关节训练等内容，并每月进行评估。

除了以上内容之外，工作者与其他工作人员根据王大爷不愿意入住机构而有抵触情绪的问题，再结合老人文化程度高（专科）、思维清晰、性格内向、不善社会交往的特点，着重在社会心理方面为老年人制订了服务计划：

（1）要求护理人员在护理过程中与老人进行语言交流，尽可能地消除他因入住机构而带来的负面情绪影响，使王大爷感到机构生活的温馨；

（2）在一些日常的生活细节方面，尽可能鼓励老人自我照顾，如站立、练习行走、进食、洗漱等，工作人员在老人旁边给予一定的辅助，以增强老人对自己生活的控制感，保持王大爷的残存能力；

（3）评估王大爷的社交能力，尽可能鼓励老人在力所能及的范围内参与福利院内老年人的各项活动，如与其他老年人的聊天活动、观看电视节目、读报活动、观看文艺演出等，尽可能使王大爷与其他人员保持接触和沟通，以减轻老人的精神压力和思想负担；

（4）在王大爷参与活动之后，工作人员可以与老人一起分享感受，如读报的心得体会、观看电视节目、文艺演出的感受等。在这个过程中，工作人员尽可能以提问的方式，鼓励王大爷谈出自己的感受，并给予积极的正面回应；也可以通过生命回顾的方式，鼓励老人谈其一生的成就，帮助王大爷获得成就感，从而使其从负面的情绪认知中重新评价自我获取正向的自尊，达到生活的愉悦感。

三、任务实训

1. 实训案例

为了更深入地了解社会工作专业方法在实际工作过程中的运用及操作，使大家能够在实际活动过程中学习应用老年社会工作的实务方法，计划在中秋节期间到本市敬老院为老人们进行一次节日慰问演出。希望通过本次活动达到活跃敬老院生活气氛、在精神上宽慰老年人、给老年人带去节日的愉快与欢笑的目的；同时，了解老年人生活状况，观察敬老院运作体制，并从中发现问题以期改善；也可以让同学们有多一次接触社会的机会，并在此过程中奉献自己的一份爱心[①]。

2. 案例分析

本案例应将个案社会工作、小组社会工作和老年社会工作的实务方法与节目演出灵活结合。

案例操作流程如下：中秋节前利用下午的时间在市民政局的介绍下到敬老院开展活动；给老年人带去一些节日礼品，举办一次茶话会；茶话会上同学与老人们穿插就座，组织同学们表演节目，与老人一起做一些简单的游戏，并利用个案社会工作、小组社会工作和老年社会工作的方法积极与老年人交流。在交流过程中认真观察，加深了解，用心体会。

（1）活动进程与具体安排。

活动进程如下。

① 上午购置礼品并到达敬老院布置会场，做好准备工作。

② 下午活动开始，请与会领导、老人和同学们入座。然后开始按预定顺序表演节目、做游戏及座谈。其中安排拍照，合影留念等事宜。

③ 活动结束的后续工作，包括整理会场，打扫卫生，向领导和老人们告别。

具体安排如下。

① 由民政局负责初步联系敬老院并完成初步的场地安排及参加会议的老年人安排等工作。

② 活动由全班同学自愿参加，组织人员具体安排同学参加。

③ 活动经费向学院申请。

④ 由活动组织者详细安排演出节目，制定演出节目单。

⑤ 活动过程中注意掌握会场气氛，中间穿插简单的互动游戏，并设立小奖品，提高老年人参与活动的积极性。

⑥ 活动过程中潜心思考，注意观察，了解老年人生活状况，并以社会工作专业视角发现社会工作在民政工作中的切入点与应用点，发掘专业知识和民政工作的联系与区别，丰富社会工作实践经验，积极发现问题并寻求对策。

（2）活动实际进程情况描述。

鉴于敬老院里老人较多且多受年龄、知识水平等因素的制约，我们决定把个案的、小

---

① 资料来源：http://www.3edu.net/lw/sglw/lw_97774.html

组的和老年的社会工作专业实务方法融合在活动过程的节目表演、游戏互动和交流会谈中。

① 小组社会工作实务方法的运用。

我们把老年人聚集到一起来，共同谈心交流，让大多数老年人在表演节目与游戏互动中释放自己，并努力在此过程中发现多数老年人共同存在的问题。或许这个过程本身就是对小组社会工作实务方法的运用。在此过程中，我们设计的游戏有：击鼓传花、你表演我猜词语、词语接力等比较简单的游戏，参与游戏的老人可以获得一份小礼品。语言及词语设计也尽量做到简单，防止老人听不懂，比如"中秋节"、"嫦娥"等。但是后来我们发现老人连击鼓传花的基本规则都不懂，尽管我们解释了好多遍，老人们还是不明白游戏规则，就连"鼓声停止花在谁手里就不要传了"的基本规则在好几轮游戏过后，还是有一部分老人仍然没有弄清楚。"花在谁那里停止谁就要表演节目"的规则就更不可能实施了。但是我们仍然把礼品赠送给了每个参与其中的老人。后面的词语接力及你表演我猜词语等小游戏就更不能完完整整地完成了。尽管老人们有时候对我们设计的游戏感到很迷惑，但还是一直保持合作的态度，大部分老人在游戏过程中也比较高兴，颇有兴致。而且，当我们一起唱起《没有共产党就没有新中国》、《最美不过夕阳红》等老人们十分熟悉的老歌曲时，老人们的情绪被提到了比较高昂的状态，整个活动也达到了高潮。

据观察我们发现，老人们以前并不是经常做这些游戏或者一起参加活动，而老人们似乎很愿意在一起活动。于是就有了一个问题，敬老院难道不经常让老人们凑到一起活动吗？

② 老年社会工作实务方法的运用体现。

在活动过程中注意老年人的知识结构，尊重他们的时代特点，语言、节目及游戏的设计力求简洁易于理解。交流过程中注重认真倾听，耐心细致。运用"怀旧"和"生命回顾"的专业方法让老人重建完整的自我，达到内省的目的；并在回顾过程中让老人重新体验快乐、成就、尊严等各种有利于身心健康的情绪，帮助老人找回自尊和荣耀。这也就是运用了老年社会工作的专业实务方法。

③ 个案社会工作事务方法的运用描述。

在此过程中，单个同学和单个老人的近距离接触，运用掌握的个案社会工作的专业实务方法耐心细致的交流。下面是对个案会谈内容进行的部分摘录。

【摘录 1】

（初步的问候寒暄。）

同学：您多大年龄了啊？

老人甲：我今年都 101 岁了。

同学：可是您看上去只有七十多岁的样子。您身体还好吧？

老人甲：还好，还好，耳不聋，眼不花。

同学：您在这儿（敬老院）过得还习惯吧？

老人甲：还习惯，这儿挺好的，老人们挺多，大家一起，挺热闹的。

……

同学：您老家是哪儿啊？您有几个孩子啊？子女还好吧？

老人甲：（眼光一闪，显得比较激动）我老家是淄博博山。我有两个儿子、一个女儿，我一个儿子是县长，一个儿子是外企的经理，女儿在美国做工程师。子女都有所成就，尽管他们不能天天在我身边，但是，想到这些我就感到挺高兴挺欣慰的，……

（老人说了好多，显得容光焕发，看来同学通过交谈，尤其是谈及他的家庭时获得了老人的初步信任并与他建立起了初步的专业关系。）

同学：您给我们讲讲您一生的大体经历吧，我们想听一听？

老人甲：也没什么，最主要的是我年轻时和日本鬼子打过几次仗。当中有济南战役，当时战斗非常激烈……

（同学认真倾听，随时表示回应，老人讲得津津有味。）

……

老人甲：你们年轻人要跟得上时代，保持与时俱进，年轻人就要有闯劲，好好学习，将来……

（看来老人已经进入状态，试图教育年青一代，而不像开始那般拘谨了；也可以说老人甲已经找回了自信。）

（如果经常有人运用"怀旧"、"生命回顾"等专业方法和老人进行耐心细致的交谈，于无形中鼓励老人，估计这位百岁老人的暮年生活就会是快乐的，老人也会拥有成就感与自信。）

【摘录2】

（初步的问候寒暄。）

同学：中午您吃什么饭啊？

老人乙：吃……什么……

（看来老人也不知道到底吃什么。）

同学：饭菜还可口好吃吗？

老人乙：…… 笑 ……

（看来饭菜不会很好，至少不会是非常地合老人的口味。）

同学：您平常都干什么啊？

老人乙：也没干什么，……

同学：那平常您一整天什么事情都不干吗？不看电视吗？不打牌、下棋什么的吗？

（同学觉得老人可能是认为只有比较正式的事情才是有事情做，看见老人屋里有电视，稍加引导，并暗示其实想看电视也算是有事情做的，就连打牌、下棋也算是有事情做的。）

老人乙：没什么事，大概就是等着吃饭，电视也不大看的。

（只是等着吃饭！为什么有电视也不大看呢？后来一想，电视节目里有适合于老年人看的吗？其实在游戏过程中也看得出来，集体活动不是很多的。）

同学：那平常院里面组织大家一起活动吗？像做游戏什么的？

老人乙：没有什么，偶尔大家串串门，那也很少，只是我们两个说说话（每个房间住两个人）。

……

同学：那您觉得高兴吗？平常很少有人和您聊天吗？

（这是同学经过详细考虑并观察老人的表情后发问的，好像老人觉得她说的上面的生活状况似乎是很平常的，并没有觉得悲伤，所以估计不会引发老人情绪的波动。）

老人乙：也不是啊，我家在天桥那边，我以前的同事和我的家里人也经常来看我的，那时，我们就可以聊天了，……

（原来还是以前的同事和家人给她带来欢乐。那么，以前的同事不在本市的，没有家人的老人怎么办？同事家人不来的时候怎么办？）

……

（3）活动总结。

活动目标达成情况评估如下。

① 初步了解了民政工作在实际工作中的操作过程，发现了社会工作与民政工作的联系与区别之处。

② 我们灵活运用个案社会工作、小组社会工作和老年社会工作的方法展开活动，取得了良好的效果。了解、体会了老年社会工作专业理论与实务方法，丰富了我们的社会工作实践经验。

③ 初步达到了活跃敬老院生活气氛，在精神上宽慰老年人，给老年人带去节日的欢笑与愉悦的慰问目的。但是离我们原本设计的目标还有很大一块距离。

④ 我们观察了敬老院的运作体制，发现了诸多问题，并努力寻求对策。

⑤ 活动给我们提供了多一次接触社会的机会，并在此过程中奉献出了自己的一份爱心。

总之，活动目标初步达成，但是很多问题还有待于更加深入的了解与探讨。

3. 实训作业

对活动中获取的经验、发现的问题及解决对策进行描述。

【提示】

（1）经验。

① 活动组织者认真准备，从与敬老院取得联系说明详细情况到购买礼品、发动同学参加、演出节目及游戏的安排、交流内容的设定、场景的设置以及其他细节都做了充分的准备，经历了一次组织协调的训练，在活动的整个准备及进行过程中学到了很多知识。

② 同学们通过活动接触社会、认识社会，了解了老年人的生活状况，对民政工作在实际工作中的操作过程以及敬老院的运作体制有了初步认识。

③ 发现我们学习的社会工作理论与实务方法和民政工作的实际工作方法大不相同。专业的社会工作要求助其自助，尊重案主的个性、人格及自决权，运用同理心的手法注重心灵沟通，和案主一起共同解决案主所遇到的社会适应不良问题。而据我们观察发现敬老院的工作似乎只是把老人凑到一起提供食宿，真正的心理交流与集体活动很少，更谈不上助其自助。

（2）发现的问题。

活动进行中，我们大体能够控制会场气氛，大部分同学也能够积极与老年人交流，并积极参加到节目演出中来。老人们也比较合作，能够参与到互动中。

但是，我们也发现了诸多问题：

① 由于会场中有院方领导在场，大部分活动是由敬老院的院长主持的，导致我们不能完全控制活动的进程，按照原来的意愿控制会场的气氛也就显得比较困难；

② 由于敬老院活动室面积较小，座位较少且摆放位置不太合理，本来准备老人与同学穿插就座，近距离接触便于交流的目的没有能够完全达成；

③ 由于受老人年龄、知识水平以及自身素质等因素的制约，原本准备的比较简单的游戏环节依然不能够顺畅的进行；

④ 民政局局长以及其他部门领导的出现使得活动不能按照原来设计的进程进行，原来设计的专业的会场秩序与气氛遭到破坏，互动与交流受到影响；

⑤ 活动时间太短，很多问题还不能够更加深入的了解；

⑥ 敬老院的工作方法与运作体制专业性不是很强，不能充分注意老年人的心理特征与综合素质特征，老年工作体现不出足够的人性化。

（3）对策。

针对上述问题，我们应该做如下的努力。

① 以后在为老年人服务的过程中要减少院方领导的介入，或者事先就会场气氛的控制问题与院方领导协调好，尽量控制会场气氛。

② 场地安排要自己准备，不能再由院方代办，场地安排尽量符合便于交流的要求。

③ 互动游戏及演出节目的设计要尽量做到与老年人的理解力保持一致。

④ 尽量排除环境的干扰因素，对于不能排除的干扰因素，做到巧妙安排，避免时间和地点上的冲突，保证活动的顺利进行。

⑤ 有可能的话，尽量做到长期的运用专业理论与实务方法为老年人服务。

⑥ 最重要的一点就是加强民政工作的社会工作专业理性指导，使为民服务的事业更加专业化，更加符合时代的潮流，更加符合人民的真正利益，更加具有人情味！

因为我们掌控的社会资源还十分有限，所以我们还要进一步与掌握资源比较丰富的民政局合作。我们给民政局和敬老院以理性的专业指导，而他们向我们提供必要的社会资源，尽量做到专业理论与实务方法与实际资源的结合，更好地做好老年社会工作。或许这正是我们实习的目的。

（4）总结与思考。

尽管我们从理论上发现了社会工作专业理论与实务方法在民政工作中有着众多的切入点与应用点，或者说社会工作和民政工作在实际应用中有着众多的共同点，但是，我们又不得不承认在民政工作的实际操作过程中社会工作的专业实务方法很少得到应用。原因可能是多方面的，可能是政府部门工作方法依然在我们的工作过程中起着根深蒂固的影响作用，影响了我们的思路；可能是民政部门是一个政府部门本身决定着它不可能像一个非政府组织那样服务；可能是由于中国的国情决定着我们还不适合用西方那一套纯粹的社会工作专业理论与实务方法来为我们的民众服务。

我认为最终的原因应该是社会工作专业在我国尚处于初步发展阶段，等到真正的完成本土化并发展成熟了，就会在我们的民政工作中起到举足轻重的指导作用。而对于现状，我们回头看看题记，或许应该有所感悟，民政局的神圣职责不光是为百姓解愁，它还要承担起为政府分忧的职能,它毕竟是一个政府部门。我们期望的是,民政部门在为百姓解愁的时候能够在尊重民众自决的基础上助民众自助。那时,我们才会无愧地说:在中国,我们的民政系统是与社会工作专业联系最密切的部门。

四、巩固提高

1. 知识回顾

(1) 机构照顾的含义、分类及比较。
(2) 机构照顾的模式与老年人生活质量的提高。
(3) 机构照顾中的社会工作介入。

2. 任务实训

假如你是某社区老人福利院的一位社会工作者,你被安排跟一些要把家中 85 岁以上的老人送进养老院的家属会面,你介绍自己的时候将说些什么、做些什么?

3. 问题思考

假如你是某社区老人福利院的一位社会工作者,有一些老人在上个周末到达。在这个星期稍早,你做了自我介绍,而现在你预备开始收集完整的社会资料并进行社会心理评估。在再次介绍你自己和说明目的和角色后,你希望能说明基本的工作关系规则。写下你准备和老人谈论的有关政策和伦理原则。

项目五 老年教育

> **项目简介**
>
> 本项目介绍了老年教育的内容及增权取向的教育方法与技巧,希望通过教育,提高老人的能力、树立他们的自信,并且能够从一个受助者变为助人者,能够在以后的生活中,自觉运用这些技巧,与其他人群尤其是老年人一起共同解决所遇到的问题。
>
> **学习目标**
>
> 知识目标:通过本项目的学习,使学生掌握老年教育的内容、增权取向的教育方法与技巧,发现老人独特的潜能。
>
> 技能目标:通过本项目相关理论知识的运用,使学生可以掌握增权取向的教育方法与技巧,在这个过程中帮助老年人增加把握生活及控制周围环境的感受及能力,并通过参与去实现这种能力。

一、基础知识

(一)老年教育的概念[1]

老年教育是社会发展进入到老龄化时代的产物,是社会进步的客观反映。老年教育属于教育范畴,它既是成人教育的一种形式,又是终身教育不可缺少的组成部分。

1. 教育

按照《教育大词典》的解释,教育属于社会现象,是人类社会特有的一种实践活动;这种社会活动是通过传递社会生活经验和培养人来完成的。教育划分为广义和狭义两种:广义教育指影响人们的知识、技能、身心健康、思想品德的形成和发展的各种活动,狭义的教育主要指学校教育。教育伴随着人类社会的产生而产生,随着社会的发展而发展,与人类社会同始同终。

2. 成人教育

由于当代成人教育具有广泛性、多样性、复杂性的特点,直到现在,国内外成人教育理论界还没有一个统一的定义。按照《成人教育词典》的权威性解释,成人教育是"对在家庭、社会和国家生活中承担责任者,主要是对已经走上生产或工作岗位上的从业人员进

---

[1] 曲江川:《老年社会学》. 科学出版社. 2007

行的教育。"我国成人教育第五项任务是对成人开展丰富多彩的社会文化和生活教育。我国老年教育大概可以归属于成人教育的第五种形式。

3. 终身教育

终身教育是一个人在一生中所受到的各种教育的总和。终身教育一词始见于1919年的英国，第二次世界大战后广见于教育文献之中，1965年法国成人教育专家 Parl Lengrand 第一次比较明确地论述了终身教育概念。终身教育理论认为数百年来，人们总是把人生分成两半，前半生用于受教育，后半生用于工作，这是毫无科学根据的。教育应成为每个人一生中不可缺少的"精神食粮"。老年人应当和其他年龄组的人一样，能够得到基本文化并能利用社会中所具备的一切教育设施。现在终身教育已经成为国际社会上的一种教育思潮，为全球进入学习型社会奠定了理论基础。

4. 老年教育

老年教育是终身教育的最后环节。国际上把老年教育统称为第三年龄教育。教育专家把人的一生分为四个年龄期：第一年龄期为幼儿到青年（以学校学历教育为主）；第二年龄期为成年期（以职业技能教育为主）；第三年龄期是退休或低龄老年期（以老年非学历教育为主）；第四年龄期为老年体衰阶段（以自我休闲为主）。

由此可见，老年教育是人生教育系统中的一个子系统，是继续教育的最后阶段。它既遵循教育发展的普遍规律，又有自己的特殊性和特有的规律。要想把老年教育工作做好就必须按它固有的规律办事。

（二）老年教育的内容

由于老年人的经历、学识、爱好不同，所以在学习选择上也存在着很大差异。因此，老年人的学习或教学的安排，应以通用课程为主；个人学习则以原来专业领域或新辟蹊径，学习平时非常感兴趣的新学科。因为老年人退休后，有充分的时间用于深钻细读，使原来的知识面加以拓宽。例如原来是雕花工，则可以用到服装设计上；原来养殖鸡鸭种植果树，则可以用到饲养鱼虾和制作盆景上等。老年人的学习目的有两种，一是消遣性，二是学用结合。如果身体条件不好，或没有兴趣，可以通过学习寄托情趣，颐养天年；如果身体好，又有专长，有兴趣走出去，则在学习上可扩大知识领域，为重新参与社会做准备。

因此，老年教育应根据老年人不同的需求，安排广泛的内容。老年教育的内容可做如下分类。

1. 思想修养方面

为提高老年人的思想修养，着重传授老年心理学、老年社会保障、老年生活科学安排、老年在社会结构中的位置等知识，以帮助老年人了解、适应老年生活方式，尽快进入正常的生活秩序。这是老年教育的首要任务，对刚离开劳动岗位的老年人尤为重要。

2. 卫生保健方面

为增进老年人的身体健康，可安排诸如卫生保健、常见老年病防治、老年饮食营养、老年体育等，以增强自我保健的能力，鼓励人们养成并保持有利于健康的生活方式，改变不良的行为和习惯，自觉参与和改进个人和集体的卫生状况，提高健康水平。

3. 增加知识方面

为增加老年人的知识，可以安排诸如文学、历史、地理、法律、外语、园艺、家教等，充实老年精神生活的内容。

4. 兴趣爱好方面

为满足老年人发展兴趣爱好的需求，可以安排如书画、球类、棋类、唱歌、乐器演奏、戏曲欣赏、摄影、手工艺品制作等，以增添老年人晚年的情趣。

5. 生活需要方面

为满足老年人的生活需要，可安排一些烹调、服装裁剪、针织工艺、家用电器的使用和保养等课程，以帮助老年人掌握各种生活技能。

6. 专业技能方面

为让老年人更好地发挥余热，为社会服务，可安排一些能够参与社会服务的专业知识和技能课程，以提高老年人的社会活动能力，让老年人在发挥余热、服务社会中体现自己应有的价值。

开展老年教育，让老年人在老年教育中学到一些东西，不论对社会还是对个人，都有其积极意义。

（三）老年教育的形式

老年教育的发展道路是一条多层次、多形式、多渠道发展的道路，所以，老年教育的形式就有其自己的多样性。二十多年来老年教育在我国的初步发展已逐渐形成了自己的发展形势，概括地说主要有集中式教育和分布式教育两种。

1. 集中式教育

所谓集中式教育，就是将老年人集中起来进行知识传授。它以各地的老年大学、老年学校为代表，是目前进行老年教育的主要方式。全国老年学校教育的基本宗旨是"增长知识，丰富生活，陶冶情操，促进健康，服务社会"。它以传承科学文化知识和社会主义文明为己任，着眼于提高人的素质，促进人的全面发展。1983年9月，全国第一所老年大学在大教育家孔子的家乡山东省诞生。截至目前，全国定点老年大学已有2万所左右，在校学员一百三十多万人。如今，定点老年大学已经逐层深入、逐层细化，办学网络也逐渐健全。在很多省市都已经形成了省、市、县、乡或市、区（县）、街道（镇）、居（村）委会四级老年教育的办学网络。以上海为例，有市级老年大学4所；区、县、局、大企业老年大学及市级老年大学分校62所；街道、镇老年学校134所；居（村）委会老年学校分校或教学点3 468所，合计学员人数近19万人次。由此可见，定点老年大学仍是目前老年教育的主要发展途径。

十几年来，以老年大学为主要形式的老年教育已逐步形成了自身的特点。

（1）根据需要设置课程。

在课程设置上，针对学员需求多样性的明显特点，适时地调整和安排好专业设置与课程内容：不仅开设了大家踊跃报名的书法、绘画、养生保健、烹饪等课程，还设置了文学、历史、舞蹈、声乐、器乐、旅游、地理、家政等颇受大家欢迎的实用技能课程，近年又开设了电脑、证券、英语等与现代科技密切相关的课程。针对老同志们关心国家大事、关心政治的特点，老年大学结合国内国际发生的重大事件和重要纪念活动，经常组织时政报告、理论培训班，在老年学员与社会之间架起了相互沟通的桥梁，很受老年人欢迎。

（2）针对特点因材施教。

老年人上大学主要在于找到一个有乐趣的环境，一个能发现专长、可以交谈的群体，从而达到发展个性、充实晚年生活、提高生活质量的目的。所以，学校要尽力照顾老年人的心理特征、年龄特点和不同需求，做到因材施教、适其所需。为了避免在低层次上的重复，针对学员基础差异性突出的特点，大多数专业实施了多层次教学，就根据学员的实际水平，开设了普通班、提高班、研究班等。这种不同层次的教学，也为不舍得离校的学员创造了继续深造的条件。

（3）自选专业形式多样。

老年教育在教学手段上有别于普通学校。比如学员入学，只填一张报名表，据此注册学籍，发给学员证，而不用考试。学员根据自己的基础和喜爱，自主选择专业、自主选择教师、自主升班，学期中间还可以插班，自由度较大。

（4）开放性教学教法灵活。

课堂上，教师教学主要讲基本规律、方法，重点培养学员的自学意识、自学能力和自学习惯；以启发、引导和表扬为主，尽量做到通俗易懂，深入浅出，举一反三，使学员能听得懂、学得会。每个班每周上 1～2 次课，一次半天，使学员感到学习生活很轻松，没有负担。

另外，根据老年学员自觉性强的特点，学校还可以采用课堂与课外教学相结合的方法，在学校和社会上组织各类活动，比如书画展、朗诵会、研讨会、声乐和舞蹈表演、烹饪评比、股市分析、电脑操作竞赛等。让学员在活动中走向社会，在自乐中乐人、自立中立人、自强中强人，从而把学习、康乐和有为结合了起来。

2. 分布式教育

所谓分布式教育，就是让老年人分散学习，比较典型的有函授教学、广播电视教学、网络教学、家庭教学等。随着现代化传媒手段的不断进步，老年教育的形式也在不断地向全方位发展，从原来的老年课堂教育，到现在的空中老年大学、网上老年大学等，规模越来越大，覆盖面也越来越广。

（1）空中老年大学。

随着广播、电视等传媒手段的发展和普及，老年教育也出现了新的发展途径——空中老年大学。空中老年大学主要通过广播、电视等手段为老年人提供教育服务，让一些没有条件开办定点老年大学的地区的老年人也可以接受老年教育。江苏省空中老年大学是由江苏广播电视大学、省老年大学、江苏教育电视台联合举办的，先后开设了卫生保健、书法、国画、电脑、英语5个专业的13门学科课程，在江苏电视台教育频道固定时段播放，全省共有30万名老年学员通过收看进行学习。安徽老年大学和省人民广播电台合作成立了安徽空中老年大学，播讲的内容有老年保健常识、现代农业科技、老年常用法律知识等三门课程。

据抽样调查统计，目前收听课程的老年听众已逾12万人。空中老年大学的发展，给老年教育注入了新的活力，大大扩大了老年教育的覆盖面。空中老年教育和定点老年教育两种发展途径相辅相成，极大地推动了我国老年教育的发展，"把学校办到老年人家门口"也将不再是梦想。

（2）网上老年大学。

21世纪是信息时代，网上老年大学也应时而生。网上老年大学通过网络积极宣传终身学习观念，引导家庭支持学员的学习，帮助学员了解老年人的特点和需要，为老年人提供一个新的学习、交流方式，向老年人朋友展示现代科技成果，实现远程教育。目前，网上老年大学还只是一个新生事物，还有待更好地发展。上海网上老年大学率先在这一领域里开辟了自己的天地。1999年，为适应知识老人的需求，上海老年大学、上海电视大学等联合创办了"网上老年大学"，开设了老年卫生保健、老年社会心理、书法、国画等课程。网上老年大学的网页都是由电脑班学员制作的。"网上老年大学"不仅是上海老年教育又一新的形式，也是我国老年教育发展的一个新的方向。

（3）老年家庭教育。

在今后20年内，不仅老龄人口数急剧增加，而且会出现高收入、高学历、高文化程度的退休老人的不断增加，这将带来高层次、个性化老年教育需求量的扩大。因此，老年家庭教育也会成为老年教育的一种形式，为部分老年人所接受和喜爱。老年家庭教育的内容主要是艺术、文学、语言、保健等方面，这种形式在日本等国的退休老人中存在。

（四）老年教育的意义

1. 老年人为什么需要获得生存教育

（1）协助老年人正确认识老化、老年生活以及因衰老而带来的生理、心理及社会问题。帮助他们在各个方面准备好去适应一个新的生活、有一个良好的新开始。

（2）帮助老年人与各种老年福利服务提供者打交道，包括各种正式或非正式的福利服务，让他们了解并学会寻找这些资源，同时也能够与其他老人分享这些资源。

（3）帮助他们融入老年生活中，包括如何处理与家人、社区组织等的关系，尤其是如何与其他老年人沟通、互动及在相关议题上相互支持和配合。

（4）协助他们更好地利用闲暇时间发展自己的兴趣爱好。

（5）对于那些希望继续服务社会、贡献社会的老年人，应该通过教育协助他学会该领域的相关知识和技巧，以便能更好地为他人服务。

以上仅仅列出了部分比较重要的教育需求，但从中已经可以看出，与人们在青少年、成年时期一样，老年人也应该继续学习，不断获取新知识，才能更好地应付晚年生活带来的挑战。

2. 增权取向的教育[①]

需要注意的是，进行老年教育并不仅仅意味着将这些知识与技巧传授给老年人，更重要的是希望通过教育，提高他们的能力、树立他们的自信，并且能够从一个受助者变为助人者，能够在以后的生活中自觉运用这些技巧与其他人群尤其是老年人共同解决所遇到的问题。这才能达到增权的目的，否则，就仅仅是简单的灌输式教育。

在增权取向的教育中，社会工作者的角色可能是老师或者训练者，他将老年人需要的知识以及技能等传授给他们。但是，更加重要的是，增权取向的模式认为，老年人在教育中最需要获得不是知识或技能，而是发现他们独特的潜能，获得有用的、有贡献的社会角色。并且，教育的输送也不仅仅是从社会工作者或其他专家向老年人案主，而是希望老年人案主之间能够互相学习、通过分享而相互支持，这也体现了社会工作助人自助的原则。这种老年人之间的自助、互助是增权的非常重要的一步。在此过程中，老年人也变成了一个助人者，他们所获得的可能比那些单纯接受帮助的人获得的更多。因为至少他们在这种分享与贡献的过程中，发现了自己的价值所在、树立了自信，并且通过助人获得了愉悦感和成就感。

同时，在学习中，社会工作者的角色并不是指导者或灌输者，而是协助老年人的同伴，即协助老年人亲自设计教育的方案和内容，让他们高度参与到学习过程中去；而不是按照既定的方案按部就班地学习，这样无助于提高他们参与的积极性和发掘其潜能。

总之，为了让老人感受到权力及潜能的被激发，晚年生活的教育是非常重要的。在这种教育中，老年人学到了知识与技能，也组成了一个自助团体，找到了面临相同问题的同伴，通过这种组织、联络，老年人得以联合其他老人为共同的利益而行动。在这个过程中，可以增加老年人把握生活及控制周围环境的感受及能力，并通过参与去实现这种能力，这也正是增权的核心目的。

二、案例示范

（一）增权取向教育方案案例：晚年生活的技巧[②]

1. 需求

对于老年人来说，如何处理进入老年后的一系列问题可能是最重要的。对于这方面的教育可以成为晚年生活教育或者生存教育的重要方面，因为它对于老年人的生存来说是必不可少的。而对于增权来说，最重要的前提就是老年人能够对相关的议题有所把握、有所了解，否则在介入的时候就可能面临无知、无助的状况从而产生无力感。

2. 目标

晚年生活技巧的教育希望达到以下的目标。
（1）了解正常的老化过程，包括生理、心理、社会、财务与情绪改变。

[①] 张恺悌：《老年社会工作实务》．中国社会出版社．2009. P325
[②] 张恺悌：《老年社会工作实务》．中国社会出版社．2009. P326

（2）认可老年人群所面临的常见问题，如失落、孤单、沮丧、住宅需求、政治问题、缺乏足够的资源、年龄歧视、刻板印象与资源数量的减少。

（3）学习了解满足老人需求的资源，如机构方案与经费、医疗照顾、遗嘱的使用、福利、住宅替代方案与适当的哲理。

（4）熟悉问题解决的技巧，如有效的沟通和清晰地表达自己。

3. 内容

教育方案可能需要包括以下内容：老年人口统计学，以便让老人了解老人统计数据的改变；老化过程的正常生理、心理、情绪与社会改变；老化的异常情况，如慢性的生理与心理疾病；生活的基本问题，如财务问题与犯罪；社会与政治倡导。

这些教育方案可以在各种各样的环境中实施，例如正规的老年大学，社区的老年活动中心，医院以及养老院，甚至在老年人的休闲旅游过程中都可以。而授课的老师也是多样化的，可以是社会工作者与老人之间的分享，也可以是医生、专家的传授，更有可能是老年人自己与同伴分享自己的相关知识、共同探讨解决的办法，这种方式对于激发老年人的潜能是很有帮助的。而且，由于老年人对于自身的问题有清楚的认识，对于正在经历的老化有切身的体验，他们之间的互相探讨和支持是非常重要的，因此也可以说老年人自身事实上是老年生存教育的主要贡献者。

（二）老年人生存方案

此方案是由美国心理健康机构（National Institute of Mental Health）出资开办的，其案主人群以不易联络、住在内地城市且需要心理健康服务的老人为主。这些老人的身体情况相当差、收入低，且被隔离在市区的旅馆中；而这其中有许多人是需要心理或情绪上的疏导服务的。他们全都察觉到自己的潜能无法被激发，而且不信任任何的服务。但在具有创意的外展团队获得他们的信任后，便在他们的住所成立以结构教育方案为基础的增权团体，使他们有机会了解有关老化与老人本身的处境。

随着这个团体持续发展，成员开始谈论他们自己与他们个别的处境。因此，在零威胁与增权的环境下，老人更了解老化过程与他们的共同问题和需求。

表 5-1 中的课程内容纲要是在增权团体成员的投入与引导下，以及期望这些课程内容以后能由老人自己教授的目的下发展出来的。这些主题在每周 1 次、每次 1～2 个小时的会议中被提出并讨论。

表 5-1 老年人"有关老化"的课程

第 1 个月 如何适应与庆祝变老	1. 老的感觉如何？
	2. 我国老人的概况
	3. 清楚的自我表达和问题解决技巧
	4. 年龄歧视：如何认定与克服
第 2 个月 老年消费者的主题	5. 管理你的资源
	6. 有关健康服务的决策信息
	7. 消费者权利：送货上门和邮购交易
	8. 了解身为一位病人的权利

续表

第 3 个月 老人的健康征兆	9. 生活方式的挑战（健康状况）
	10. 身体如何老化
	11. 老人的听力问题
	12. 老人与关节
第 4 个月 继续老人的健康征兆	13. 老人的视力问题
	14. 老人的沮丧
	15. 有益老人的健康饮食
	16. 药物：使用与滥用
第 5 个月 老人安全第一	17. 预防犯罪（1）
	18. 预防犯罪（2）
	19. 住宅安全
	20. 能源充分运用的环境
第 6 个月 老人感兴趣的主题摘要	21. 廉价的能源
	22. 社会保障与老年年金
	23. 社会与政治倡导
	24. 结业典礼：颁发结业证书与庆祝

三、任务实训

1. **实训案例：相约健康社区行**

现代社会中，公共卫生已经成为衡量社会文明程度的一个重要指标，人们同各种疾病的斗争一直没有停止过，拥有健康的身心早已经是人们共同追求的理想。然而，2003 年"SARS"病毒的肆虐，却让我们的公共卫生系统和健康观念与习惯面临新的挑战，在这种情况下，急需在全社会进行公共卫生的教育与培训。老年人由于身体的变化，本身就是某些常见病的高发人群，因此，必须要养成健康、科学、文明的生活方式，这需要社会的大力引导。正是基于此，Y 区社会工作者协会制订了此项社区老年人健康教育计划。

该计划是由社区社会工作者协会联合相关机构共同组织的一项社区活动，通过前期的大量调查和准备，在了解当前老年健康教育的基本情况后，采取了社区工作方法中的社区教育模式，利用老年人喜闻乐见的方式，举办了一系列有针对性的教育活动。整个活动历时 1 年，包括调查准备期、计划执行期、撤离评估期。

2. **案例分析**

本案例操作可分为以下三个阶段。

（1）调查准备期：收集相关资料→确立活动目标→确立服务内容→制订实施方案→落实经费，组织力量；

（2）计划执行期：项目启动仪式→社区健康咨询→老年健康工作坊→爱眼讲座→走进大自然→"关爱生命、远离伤害"社区健康系列演示→发放老年教育相关宣传品；

（3）撤离评估期：评估报告。

3. 实训作业

分组选择计划执行期的活动，撰写活动计划方案。

四、巩固提高

1. 知识回顾

（1）老年教育的内容。
（2）增权取向的教育。

2. 任务实训

选择一个社区，实施前面撰写的活动计划方案，并撰写方案评估。

3. 问题思考

刘丽老人年近 60 岁，原是某企业医院的医生，一直对营养非常感兴趣，平时喜欢指点街坊邻居的饮食习惯。前不久，老人得知南京有一个培训机构专门培训营养师，就想去"深造深造"，考个高级营养师证书。老人总共来考察了3次，第一次是和老伴来的，就营养的问题和培训机构的老师谈了半天，老人说，自己平时只是对营养学感兴趣但缺乏专业的理论基础，一直想学但苦于没机会。刘丽的老伴对她也很支持。没想到，"五一"长假后第一天上课刘丽就没来，培训机构的老师还很纳闷。当天晚上，正是上课时间，老人的儿子、媳妇就闯了进来。"老太太来读书，孩子怎么办，孩子晚上都是和老太太睡的。这么一大把年纪了，学这些干什么用，又不找工作，也不缺钱花，"打扮得很时髦的儿媳妇嚷嚷道，"又有高血压，心脏又不好，万一上完课回家摔着碰着了，还不是我们倒霉。"不论培训机构的负责人如何劝说他们要尊重老人的权利，两位都坚持要退款。

请就此事谈谈你的看法。

项目六　老年合法权益保障

> **项目简介**
>
> 本项目介绍了老年人权益的基本概念以及老年人应享受的基本权利，厘清了老年人权益受侵害的类型、权益受到侵害的原因以及在维护老年人权益中存在的问题，掌握解决、处理老年人权益纠纷的方法。
>
> **学习目标**
>
> 知识目标：通过本项目的学习，使学生掌握老年人合法权益的主要内容、老年歧视带来的负面影响以及社会工作者在保障老年人合法权益中的介入。
>
> 技能目标：通过本项目相关理论知识的运用，使学生能够运用所学的知识分析、处理老人日常生活中出现的各种侵权案例。

一、基础知识

（一）老年人合法权益的主要内容

1. 生存权

生存权是老年人最基本的权利，不是哪个人的恩赐而是与生俱来的。

2. 经济保障权

经济保障权是生存的基础，对老年人有特殊意义。老年人为社会作出了贡献，丧失了劳动能力后，社会应当为其提供所需的经济保障条件，以维持其日常生活，保持其身心健康，实现其精神追求。

3. 发展权

发展权主要解决老年人的精神需求和心理需求问题（受尊重的需求、自我价值的实现需求和精神慰藉的需求）。

4. 健康权

健康不仅仅是没有疾病或身体虚弱，而且是一种机体、精神上以及社会交往各方面的完美状态。

5. 被照料权

老年人口是一个弱势群体,需要家人和社会的扶助。能否为老年人提供充足的照料,在一定程度上反映了一个国家或民族的文明程度。

6. 安全权

安全权是人权引申的权利,即公民享有人身、财产、精神、不受侵犯、威胁、胁迫、欺诈、勒索的权利。作为社会弱势群体的老年人,享有安全是很重要的。

(二)国家、社会、家庭在保障老年人合法权益中的责任

1. 国家在保障老年人合法权益中的责任

在老龄化迅速发展的时代背景下,国家能否切实承担起保障老年人合法权益的责任,这关系到社会的稳定,关系到国家安定团结的大局。此外,老年人将自己的青春献给了祖国的建设事业,今天我们国家取得的伟大建设成果同老一代人的工作奉献是分不开的,国家在保障老年人合法权益中肩负着义不容辞的责任。

国家在保障老年人合法权益中的重要作用主要通过制定保障老年人合法权益的政策法规以及监督这些政策法规的实施情况体现出来。《中华人民共和国宪法》对保障老年人的合法权益做了原则规定,其他相关法律如《中华人民共和国婚姻法》、《中华人民共和国继承法》、《中华人民共和国民法通则》等也涉及老年人权益保障的内容。国家还制定了专门保障老年人权益的《中华人民共和国老年人权益保障法》(简称《老年人权益保障法》),使老年人的权益保障工作更加具体化、有针对性。可以说,《老年人权益保障法》的颁布是国家重视老年人的合法权益,并积极承担起保障老年人合法权益的责任的最好证明。

《老年人权益保障法》在总则第三条中明确指出,国家和社会应采取措施,健全老年人的社会保障制度,逐步改善保障老年人生活、健康以及参与社会发展的条件,实现老有所养、老有所医、老有所为、老有所学、老有所乐;第四条明确国家保护老年人依法享有的权益;第五条指出:各级人民政府应当将老年事业纳入国民经济和社会发展计划,逐步增加对老年事业的投入,国务院和省、自治区、直辖市人民政府采取组织措施,协调各部门做好老年人权益保障工作。从这些条款可以看出国家主要承担着统领全局、把握老年事业发展方向的责任。

我国地域广阔,地区发展不平衡,老龄化发展程度也存在着很大差异,因此,各地根据当地的人口老龄化水平以及老年人中普遍存在的一些问题,在《老年人权益保障法》的总体指导下,制定适合当地情况的老年人权益保障条例就显得尤为必要。例如,我国最早进入老龄化社会的上海,根据《老年人权益保障法》的相关规定,制定了《上海市老年人权益保障》就使得老年人权益保障工作更加具有操作性。

2. 社会在保障老年人合法权益中的责任

在老龄化社会,老年人的问题就不仅仅是老年人个人或是老年人所在家庭的问题,而是一个社会问题,因此,社会在保障老年人合法权益中也应担当一定的责任。《老年人权益保障法》对社会在老年人权益保障中的责任也做出了相关的规定。例如总则中的第三条要

求国家和社会应采取措施，健全对老年人的社会保障制度；第六条指出，保障老年人合法权益是全社会的共同责任，并进一步指出居民委员会、村民委员会和依法成立的老年组织应当反映老年人的要求，维护老年人的合法权益，为老年人服务；第七条明确了全社会应当广泛开展敬老、养老宣传教育活动，树立尊重、关心、帮助老年人的社会风尚。当前，社会上还存在着很多歧视老年人的现象，老年人参与社会发展的权益得不到切实的保障。因此，在社会中营造一种敬老、尊老、爱老的社会风尚是我们每个人应该积极担负起来的责任。居民委员会、村民委员会等群众组织，要多了解老年人的需求，对侵犯老年人合法权益的行为要进行批评教育或向有关部门进行反映。

在老年人的社会保障方面，如养老保险和医疗保险，其中的社会统筹部分都是社会在保障老年人养老和就医中的体现。在家庭小型化的社会转型过程中，如何更好地利用社区力量为老年人提供照料服务，减轻家庭照料者的压力是我们在面临一个高龄老年人口所占比例不断提升的老龄社会时必须要考虑的问题。《老年人权益保障法》第三十五条明确指出，要发展社区服务，逐步建立适应老年人需要的生活服务、文化体育活动、疾病护理与康复等服务设施和网点。在老龄化的背景下，老龄产业也开始发展起来，但仍处于起步阶段，如果有更多的企业能够开发、生产和经营老年生活用品，必将更好地满足老年人的消费需求，这也是保障老年人权益的一个重要方面。近些年，虽然国家投资兴办了很多老年福利设施，但同老年人的需求相比还是远远不够的，因此，国家鼓励并扶持社会组织或个人兴办老年福利院、敬老院、老年公寓、老年医疗康复中心和老年文化体育活动场所等设施。

3. 家庭在保障老年人合法权益中的责任

家庭是社会的细胞，同国家、社会相比，家庭在保障老年人合法权益中承担着更直接的责任。《老年人权益保障法》第二章专门对家庭赡养与扶养做出了规定，明确指出家庭养老是我国养老的主要方式，并对赡养人、赡养人的义务以及老年人在家庭中的权利做出了说明。

谁是老年人的赡养人？《老年人权益保障法》指出，赡养人是指老年人的子女以及其他依法负有赡养义务的人，并且赡养人的配偶应当协助赡养人履行赡养义务。《上海市老年人权益保障条例》对赡养人做出了更明确的说明，指出有赡养义务的人包括老年人的婚生子女、养子女、形成抚养关系的继子女以及父母死亡的有负担能力的孙子女、外孙子女。

赡养人应该履行哪些义务？《老年人权益保障法》指出，赡养人应当履行对老年人经济上供养、生活上照料和精神慰藉的义务，照顾老年人的特殊需要。赡养人应当妥善安排老年人的住房，不得强迫老年人迁居条件低劣的房屋。赡养人有义务耕种老年人承包的田地，照管老年人的林木和牲畜等，收益应归老年人所有。

《老年人权益保障法》也明确规定了老年人在家庭中的权利。例如，老年人的婚姻自由受法律保护，子女或者其他亲属不得干涉老年人离婚、再婚及婚后的生活。赡养人的义务不因老年人婚姻关系的变化而消除。老年人有权依法处分个人的财产，子女或者其他亲属不得干涉，不得强行索取老年人的财物。

家庭是一个充满温暖的场所，家庭养老既符合中国养老文化，也符合老年人的养老意愿，也是符合国情的一种养老方式。老年人操劳一辈子，老了自然应该安享晚年，子女或其他有赡养义务的家庭成员理应对老年人提供经济上的支持、生活上的照料以及精神上的慰藉。虽然大多数的家庭都很好地履行了赡养老年人的义务，但也有一些家庭在赡养老年人的事情上相互推诿，推脱责任，一些家庭在赡养老人中甚至存在虐待老年人的问题。《老年人权益保障法》对家庭赡养与扶养的规定有助于老年人保障自己的晚年生活，同时也有助于家庭成员明确自己在赡养老年人方面的责任。

（三）老年人合法权益的自我保护

有一些侵犯老年人合法权益的行为是很隐蔽的，例如家庭中的虐老行为，如果老年人没有自我保护的意识，则很难引起外界对老年人的关注，更不用说得到外界的帮助。从更一般的意义上来说，主动求助的效果肯定会好于被动受助的效果。在自己的合法权益受到侵犯时，与其等着别人来发现，来提供帮助，不如自己拿起法律的武器，积极主动地维护自己的权益。

老年人合法权益的自我保护，主要包含两方面的含义。第一，老年人要熟知法律，了解自己有哪些受法律保护的权利和利益。这是老年人自我保护的前提条件。如果自己的合法权益受到侵犯时全然不知，拿起法律武器保护自己根本无从谈起。第二，老年人应增强法律保护意识，当自己的合法权益遭到侵犯时，要主动向有关部门求助。有些老年人思想中有很多顾虑，对于家庭成员虐待自己的行为，他们要么是担心家丑外扬，要么是担心影响子女的名声和前程，默默地承受着子女对他们身心造成的伤害。对于老年人来说，这样的做法并非明智之举。既然国家专门制定了《老年人权益保障法》，赋予了老年人与其他公民共同享有的权利之外的特殊权利，老年人就应该珍惜这些权利，并维护好自己的合法权益，敢于同侵犯自身权益的行为作斗争。

老年人在保护自己的合法权益时，应做好以下几点。第一，老年人自己应当自尊自重，教育并引导家庭成员处理好家庭关系；同时还要与邻里之间搞好团结，不要倚老卖老。第二，老年人要自觉地学习国家颁布的法律、法规和政策规定等，特别是《老年人权益保障法》的各项法律规定，增强法制观念，提高自我保护意识，消除思想中的顾虑，积极主动地利用法律武器，保护自己的合法权益。第三，老年人应成立自助、互助组织，充分发挥老年人团体的力量。在团体中，老年人不仅可以一起学习老年权益保障方面的法律法规，互相提供精神慰藉和支持，还可以团结起来，运用集体的智慧和力量同侵犯老年人权益的行为作斗争。

（四）老年歧视

1. 老年歧视的定义[①]

在老年工作中，除了要应对老年人的经济困境、日常照料等问题外，还要面临一个非常严重的问题：年龄歧视或老年歧视，可以说这也是老年社会工作实务面临的最大阻碍。所谓年龄歧视，就是指仅仅基于年龄而对年长的人抱有偏见和刻板印象或陈旧观念。这些刻板印象通常是负面的，它所传递的信息和态度是：老年人作为人来说不太有价值了，衰

---

① 张恺悌：《老年社会工作实务》．中国社会出版社．2009．P172

老是消极的，衰老就是衰退、衰弱或损失，社会对正常的衰老产生恐惧和误解从而对老年人产生偏见，认为他们理应受到低人一等或不平等的待遇。社会上许多人甚至社会工作者也要对这种老年歧视感到某种程度的负罪感。

这些负面的态度可能来自于过去的经验、影视的影响和传统文化（当然也包括现代文化）中的某些陈旧观念和错误看法，还有各种荒诞的说法。如果说人人都存在对老年人的严重歧视有些夸张，但是许多人都会对老年人有轻微的偏见或刻板印象。这种偏见往往来自于对于衰老、对于老年人的不正确认识或者根本就缺乏这方面的知识。这种态度可能从我们的孩提时代就通过观察父母、浸染于媒体和社会对待老年人的态度而逐渐形成，比如父母无意间表露出的认为上了年纪的父母或祖父母是个累赘、需要人照顾等言行，"我永远不希望像奶奶那样"、"奶奶太老了，没法改变了"这些表述都会影响到小孩对于老年人的认识。

同样，如果媒体天天强调年轻的重要性，在影视作品中展示负面的老人形象，或者孩子与青少年、老年人打交道的唯一时间或者形式就是被迫去护理院、医院探望长辈或是看见身体残疾的老人坐在公园长椅上，他们是很难对老人是家庭和社会中的有价值的成员形成正面态度的。事实上，即便是出于好意而给予老年人某种特殊"照顾"也可以说是一种歧视或者偏见。

2. 老年歧视带来的负面影响

年龄歧视和对老年人的偏见、不正确的认识和态度不仅会影响社会和提供老年服务的专业人士如何对待老人，而且也会直接影响到老年人如何看待他们自己——如果他们接受了社会对他们的负面看法的话，他们可能真的就会向那个方向发展。

首先，年龄歧视带来老年人严重的负面影响。在社会上可能普遍存在对于衰老的恐惧，这是一种正常的现象。但是，这种恐惧在一个正常的社会中、在一个尊老敬老的环境中会被大大减弱，而在那些存在年龄歧视的社会中则会被夸大，不仅给老年人带来更大的恐惧和对自身的厌恶，而且也使社会大众厌恶老年人、排斥老年人的社会活动和参与。年龄歧视对老年人的负面影响包括以下方面。

（1）相信那些陈旧的、负面的老年歧视观念的老人，往往不相信他们能恢复健康，因此他们不愿意积极参加健康锻炼活动。

（2）如果老人不相信他们对家庭和社会是有价值的，他们就不愿意去做出自己的选择。

（3）老年歧视能时常影响老人所做的选择。如果人们相信一些疾病是正常老化的表现，他们可能不愿给老人提供积极的治疗和调节。

（4）即使70岁的老人，加强锻炼和活动也能给老人的身体机能和生活质量带来明显改善。不了解老化过程或相信"老人难免要衰弱"会导致缺乏干预。

（5）情绪上，一些危险因素，如压力、孤立感、沮丧感是可以治疗的，而且应该不考虑病人的年龄进行及早治疗。如果老人或家人相信老年沮丧是正常的，老人和他的家人都不会求助于心理健康治疗。

（6）当护理者或家庭成员认为老人的身体和认知能力是有局限的，他们就会倾向于限制老人的个人自由和愿望。这些限制导致老人依赖行为的增加，从而减少其积极参与的愿望和行为。

其次，老年歧视也影响到老年社会服务、相关的老年工作者和专业人员对老年人的态度及提供服务的水平。在影响到这种直接的老年人服务之前，老年歧视还可能影响到老年人的社会参与活动——即便老年人是一个非常健康的人，比如在劳动力市场，用人单位可能以年龄的原因把老年人排斥在工作岗位之外，或者某些活动不再邀请老年人共同参与。尤其是在一个追求生产力发展、强调经济增长的社会，老年人可能就意味着无能，因为他们无法再对经济增长有直接的贡献，因此，歧视、排斥他们也就被认为是"正常"的了。

而在为老年人提供直接服务方面，年龄歧视可能会使得对老年人的居住安排带有隔离性质而没有考虑老年人的社会参与，或者给老年人提供低标准的医疗照顾等。同时，老年歧视还会影响老年服务相关学科专业训练的质量，比如专业社会工作者、护理员、医护人员等。如果这些专业人员没有认识到老年学、老年医学或者老年护理方面知识的重要性，也就不能很好地理解老化、老龄化的真正含义，不能理解老年人的相关状况，那么以往的老年歧视和偏见就会继续在他们的脑海中存在，从而影响其与老年人的互动、影响服务的质量。

例如，如果他们缺乏老年病理学、老年疾病的相关知识，不了解正常老化与疾病并没有必然的联系，疾病是可以被治愈的，就可能难以作出正确的疾病预防措施、健康护理计划、心理卫生防御措施等等。而如果社会工作者抱有歧视和偏见的话，首先他们就不可能对老年人抱有同情性的理解，因而也就很难理解老年人的真正处境。同时也可能看不到老年人的优势和潜力，不相信他们有能力作出改变。因此就更谈不上增权、谈不上鼓励老年人的积极社会参与了。

（五）老年人虐待

1. 老年人虐待的定义[①]

在联合国老龄化议题《人权：老年人虐待》中，老年人虐待被定义为：在本应充满信任的任何关系中发生的一次或多次致使老年人受到伤害或处境困难的行为，或以不采取适当行动的方式致使老年人受到伤害或处境困难的行为。显然这个定义比较宽泛，它是为了照顾全世界不同国家、不同文化的特殊情况，因为对于老年虐待的范围、认定、形式等，可能与社会文化或传统有着某种形式的关联。一般来讲，我们也可以认为，老年虐待就是指恶意对待老人，在身体、情感、心理、性或经济方面对老人构成虐待或剥削。

2. 老年人虐待的内容

（1）身体虐待。

身体虐待是指对老人施以暴力，引致老人身体受创伤、疼痛或受损害。体罚、打、推、挤、摇、捆、烧和刺都包括在这一范畴之内。不恰当地使用药物，或向老人强行灌食也同在这一范畴。淤伤、鞭痕、烫伤、骨折或其他显示为他人有意强加的损伤、性虐待、性侵犯等均为身体受虐的症状。涉嫌虐老者或老人本人也许会把这些创伤归咎于跌碰或其他小意外。这些解释虽然看似有理，但如果伤势的严重性不可以和那些所谓的小意外吻合，社工就要抱存疑的态度去处理。在严重的身体虐待个案中，涉嫌虐老者由于想隐藏罪行，可

---

① 张恺悌：《老年社会工作实务》．中国社会出版社．2009．P182

能拒绝外人探访老人的要求。曾受虐待的老人往往显得害怕虐老者，又或是表现得异常紧张和警觉。虽然一些老人会承认自己曾经挨打或受到虐待，但大部分情况下，虐老者可能是老人唯一的护老者，被虐待老人可能怕失去唯一的倚靠。此外，文化禁忌可能使老人不敢说出真相，又或者怕会遭到报复。中国人也可能基于"家丑不外传"的思想，认为自己应顾全家庭的名声，因而处处维护虐待自己的亲人。社会工作者要辅导老人，使他们明白生命攸关，一切小心，从长计议。又或者虐老者自己也有很多压力和问题，所以社会工作者需要照顾的不单是老人，更要顾及虐老者，以减低他们以虐老行为作为发泄的方法。社会工作者介入和评估老人与任何可疑虐老事件的联系，必须客观和专业地采取进一步的调查行动。

（2）精神虐待。

老人受精神虐待的个案比较难被发现，特别是没有外在可见的伤痕这种情况下。确认精神或心理虐待是一个专业判断的过程。身体或心理健康服务提供者眼中的虐待行为，其实也许是长期家庭沟通纠纷的反映，又或是沮丧的护老者、家人或其他相关人士所展现的愤怒情绪。精神或心理虐待，一般被认为是通过语言或非语言（如言语暴力、威胁、恐吓或骚扰）而强加于老人身上的精神伤害，当中包括刻意令老人与外界隔离以作为惩罚或控制老人的手段。受精神或心理虐待的老人往往长期感到悲伤，且性格孤僻，与护老者、家人的关系或其他社交接触都极易引起情绪波动。除了有时情绪失控、提高语调外，护老者、家人或其他社交对象大多会采取敌意和挑衅性的语调来与老人相处。老人或许会有自卫性反应和做出口头挑衅。调查精神或心理虐待个案时，社会工作者要凭借自己的专业直觉和智慧。当事情不合情理时，突击家访或在涉嫌虐老者不在家中的情况下与老人单独谈话都有助于了解事件。

（3）财产侵占。

已举报的老人受虐待个案中，大约有30%涉及不同程度的财产侵占、个人物业及其他资产侵占的问题。当中包括在未经老人许可的情况下兑现老人的个人养老金或政府福利支票、冒签法律文件、不当地使用或偷取个人产业，或在欺诈的情况下迫使老人签署法律文件。剥夺财产同时包括不恰当地执行监护人或委托人管理老人财务的职责。敲诈老人金钱以换取保护或照顾等都被列入财产侵占这个范畴之内。由于外人不能轻易取得老人的财务记录，因此举报老人受到财产剥夺个案的大多是老人的家人、律师或银行。由此可见，对银行或财务机构员工进行老人受虐待的教育是极为重要的。社会工作者同时需要教育体弱的老人，并鼓励财务机构订立相关政策以保护老人。在美国的一些城市，银行经理会接见由陌生人或不知名亲人陪同提取大量款项的老人，要检视陌生人和老人的精神状况。老人突然改变银行提款方式、更改遗嘱或其他财务、财产或个人物业的文件等，都是老人受到财产剥夺的讯号。这种虐待老人的情况，在各个社会阶层都会发生。富有的老人也许会被人诈骗大量金钱或无端失去个人物业，但低收入的老人同样也会被亲人或邻居榨取每月微薄的收入。老人特别容易在投资计划和骗局中被掠去金钱，即使是精明识广的老人，也很容易堕入骗徒所设计的"赚快钱"陷阱。所以教育体弱的老人和社会人士认识骗徒行骗的陷阱和手法是极重要的预防方法之一。

（4）忽略。

上述讨论是虐老者向老人实施虐待行为，忽略则是完全相反的，并且可分为两大类：

① 被护老者或家庭成员忽略；

② 自我忽略，即老人不愿意或不能照顾自己的基本生活。

忽略可被定义为因主动或被动因素而没有完成照顾老人身体及心理需要的责任。护老者、家人或其他有关人士如没有提供他们所照顾的老人的衣、食、住、医疗和身体保护，即可被视为忽略。这也包括没有支付由专人安排维持老人生活素质的家居服务。忽略的线索包括恶劣的老人卫生状况、褥疮欠料理、缺水、营养不良、缺乏适当照顾等，显示护老者没有提供给老人基本的日常护理。被忽略的老人通常都身体肮脏、衣物床铺染有排泄物、在没有监护下到处游荡，或显示出并无医护服务提供者照顾他们的身体状况。有时身处这种恶劣环境的只是老人，而其他家庭成员的情况很正常；另一些时候，老人作为赤贫家庭中的一分子，整家人都在恶劣的环境下生活。不安全或不卫生，如虫鼠为患、缺光缺水的生活环境，都是忽略的证据。

自我忽略是老人没有能力充分地照顾自己，而同时又并无其他人士可以受托负起有关的照顾责任。老人也许会由于没有能力处理个人卫生、摄取足够的水分和养分或服用必需药物，而令自己的身体状况受到威胁。老人在没有足够的监护下游荡或不小心用火等，都会是自我忽略的行为。自我忽略通常都表示老人认知或精神可能有问题，老人无法自己照顾自己，且不能完全理解自我忽略的后果。可是，精神状况良好但刻意自我忽略的老人并不包括在这一范畴之内。自我忽略和被疏忽照顾的症状十分相似，只是后者源于他人而非老人本身的照顾不足。认知或体能上的限制越来越大，再加上社交活动的隔离，都会令老人丧失自理的能力。即使是老人的家人、朋友或邻居，都未必能够发现老人无法自理的情况。

（六）老年人自杀

无论是国外的统计数据还是国内的相关研究成果都表明，总人口中，老年人的自杀率是最高的。例如在美国，老年人占总人口的13%，却占所有实施自杀人数的20%。老人衰老过程中的经济保障、心理社会历程以及生活方式等都使得老年人成为自杀的高风险人群。我国的情况也与此类似。但是同时，我国老人自杀也有两个比较突出的特点：一个是我国农村老年人自杀率高于城市，据有关研究表明，农村老人自杀率高于城市老人5倍，另外，女性显著高于男性（这个是总体数据）；另外一个特点是，与国外因抑郁而自杀不同，我国自杀者中，1/3不存在精神障碍。对于老人来说，从相关的报道中也能反映这个特点，很多老年人是因为赡养纠纷、经济保障问题以及空巢孤独问题而自杀的，并不是因为抑郁而自杀。而且，在自杀方式上，尤其是农村老年人，大部分是喝农药自杀。下面我们就来看看什么因素可能会造成老年人的自杀。

1. 老年人自杀与性别有关

国外的研究表明，男性老年人比女性老年人自杀率高很多。在美国，男性老年人实施自杀的可能性是女性的4.5倍。在中国，据研究男女老年人自杀差别并没有那么大。也就是说，相比于国外，我国老年妇女自杀的可能性更高。

2. 老年人可能拥有情绪障碍，包括精神类的疾病

情绪障碍中，尤其是抑郁非常容易导致老年人的自杀。据国外的研究表明，70%~80%

甚至更高比例的自杀老人患有精神病,而其中大部分为抑郁症。虽然我国情况可能并不完全一样,但也不能忽视抑郁对于老年人心理健康和自杀的影响。

当发现老年人有下列抑郁症状的时候,就应该引起注意了:持续性的情绪低落,对平日喜欢的事物失去兴趣,在休闲、家庭及社区生活方面失去动力,专注力差,胃口差以致体重明显下降,失眠,反应缓慢,有强烈的自责感以及无助无望感等。患有抑郁症的老年人可能表现得精神紧张,坐立不安或者感到身体某些不适如头晕脚软等。抑郁症并不是不可以治疗的,事实上,绝大部分的患者接受药物或心理治疗之后状况都得到了明显改善。因此,社会工作者在与老人接触中如果发现老年人可能患有抑郁症,应当及时建议老人就医。

3. 长期患病

因为受到令人痛苦的慢性疾病困扰和折磨,尤其是长期的患病折磨,会让老年人认为自杀是一种解脱途径。而且,老年人可能还会认为自己自杀后,就不会再因为照顾自己、花钱治疗自己给家庭成员带来负担。

4. 遭遇不幸事故

研究表明,老年人在伴侣或所爱的人去世后第一年的自杀风险最高。一些老年人由于无法接受所爱的人离去、迟迟不能摆脱亲友去世所带来的悲伤,长期接受不了这个事实,这样就很容易处于长期的情绪低落和抑郁中,从而造成自杀。另外一种情况是,老年人平常可能是有伴侣照顾的,如果照顾者离去,老年人可能无法再维持以前的生活状况,无法再受到习惯的照顾,这种改变对于老年人来说是一种相当大的压力。另外,对于那些需要丈夫经济支持的老年妇女来说,在丈夫离去后,如果需要自己维持生计,这对于她们来说可能是非常困难的,也可能会导致自杀。

5. 因为缺乏情绪及情感的支持而自杀

这对于空巢老人、平日没有子女照料的老人来说尤为突出。

6. 直接或间接的经济压力

上面已经提到,如果失去家人的经济支持,而又没有社会养老保障的时候,老年人的生活压力是很大的。据研究,尤其是在农村,绝大多数的老年人是因为经济压力而自杀的。另外,由于自己无法再通过劳动养活自己,在老人眼中,自己也变得"没用了",需要依靠儿女来养活,成为子女的负担了。如果子女这个时候再表露出不尊敬甚至恶言恶语的话,老年人很可能会产生自杀行为。

(七)社会工作者在保障老年人合法权益中的介入方法

1. 政策倡导

倡导者是社会工作者的一个重要角色,为了更好地保障老年人的合法权益,社会工作者可以发挥政策倡导的功能。虽然《老年人权益保障法》对老年人的权益和国家、社会、家庭以及老年人本身在保障老年人权益中的作用都做出了规定,但随着社会的发展进步,一些新的侵犯老年人权益的情况不断出现,《老年人权益保障法》也需要不断完善。此外,我国地区差异大,老龄化发展的程度也很不相同,各地应该根据当地情况,在《老年人权益保障法》的总体指导下,制定更加具体、有操作性、适合当地情况的老年人权益保护条例。一旦了解到还存在《老年人权益保障法》没有涵盖的权益被侵犯的问题,或是需要更具体的权益保障条例才能使老年人权益保障落到实处,那么,社会工作者就需要向决策部门提出政策完善或细化的建议。

2. 宣传教育

社会工作者需要开展的宣传教育是两方面的:一方面是在社会营造一种尊老、敬老、爱老的社会风尚,在歧视、虐待老年人及不履行赡养义务等侵犯老年人合法权益的事件屡见不鲜的情况下,在青少年当中乃至全社会进行孝道教育,弘扬尊老爱老的传统美德是十分必要的;另一方面是加强对《老年人权益保障法》等与保障老年人权益有关的法律或政策法规的宣传,使社会成员了解老年人的合法权益以及自己在保障老年人合法权益中的责任。社会工作者不仅需要帮助老年人学习和了解政策法规规定的老年人的合法权益,还要帮助他们消除思想中的障碍,树立用法律武器保障自身权益的意识。社会工作者帮助社会成员了解老年人的合法权益不仅有助于他们明确自身的责任,也有助于他们更好地和老年人相处,更好地服务于老年人。

3. 针对老年人的直接服务

(1) 为老年人提供个案辅导。

在发生权益侵犯时,一些老年人并不知道自己被侵犯的权益受到法律的保护,有一些老年人虽然知道自己的合法权益被侵犯,但出于种种考虑,并不会主动寻求帮助,这时候,老年人都会产生一种强烈的无力感。由于对于权益被侵犯的行为无能为力,只能听之任之,忍气吞声,时间一长,老年人就有可能因为长期的情绪低落而导致抑郁症的出现,甚至产生自杀的想法。针对这些老年人,社会工作者需要为他们提供个案辅导,首先要使他们因权益被侵犯而产生的负面情绪得以宣泄。社会工作者要以同情、接纳的态度给予老年人以情感支持;其次,社会工作者要让老年人了解自己的合法权益,这是老年人自我保护的基础;最后,社会工作者要帮助老年人树立法律保护的意识,鼓励并协助他们运用法律武器保护自己的权益。有些老年人可能不想对自己的子女造成伤害,并不想通过法律手段解决自己的问题,这时社会工作者要尊重老年人的意见。对于这样的情况,社会工作者可以充当调解者的角色,通过和老年人的家人进行沟通,使他们了解到他们的行为在本质上是侵犯了老年人的合法权益的,也要让他们了解到老年人避免诉诸法律是怕会给子女造成负面影响的良苦用心。当然,了解家庭成员侵犯老年人合法权益的真实原因,使他们认识到自己的行为给老年人带来的伤害,帮助改善家庭成员和老年人之间的关系才是最重要的介入内容。

(2) 协助老年人形成互助、自助团体。

团体是增权取向社会工作的一个重要媒介,对于权益受到侵犯的老年人来说,他们是很需要增权的。团体对老年人的一个重要作用在于他能够从其他成员那里获得情感支持。在没有加入团体前,他们通常会认为自己的情况很特殊,自己的境况很艰难。一旦加入了团体，他们就会发现原来还有很多和自己的境况类似或是境况不如自己的人，自己并不是孤孤单单的一个人，这种情感支持对于权益受到侵犯的老年人来说是很重要的。除此之外，他们还能分享彼此的经验，并能从其他成员那里学到应对某些侵权行为的技巧。社会工作者可以组织和引导老年人一起学习《老年人权益保障法》等政策法规，使老年人能够了解自己的合法权益，并在需要的时候能够通过法律保护自己的权益。老年人互助和自助团体是团体工作介入的不同层次，自助团体是更高一级的介入方法。在互助团体中，社会工作者充当组织和指导者的角色，而在自助团体中，团体活动的组织和开展都由老年成员自己负责，社会工作者可以参加也可以不参加团体活动。通过自助团体的活动，老年人可以凭借集体的力量找出应对侵犯老年人权益行为的方法，或者是制订出希望进一步完善老年人权益保护的政策法规的建议方案。

（八）社会工作者对老年人受虐现象的介入

1. 评估老人受虐待情况的社会工作技巧[①]

社会工作者需要以自己的临床技巧和专业触觉去观察可能受虐待老人的身体、情绪、能力、处境及环境。评估外在的迹象，可以思考以下一系列的问题：

（1）老人的外貌和衣服是否整洁？
（2）老人的居住环境是否清洁？是否有很多废物及虫鼠为患？
（3）是否有证据显示老人有服药不足或过量、营养不足或缺水的情况？
（4）老人身上有没有旧的伤痕和新的淤伤或其他伤口？
（5）老人是否逃避社会工作者视线，或者企图隐藏这些伤势？
（6）老人是否试图解释伤势？理由是否合理？
（7）护老者是否立即提供老人合适的医疗照顾？
（8）老人是否逃避社会工作者问及伤痕的问题？
（9）老人是否有受惊的表现？
（10）老人是否有减少外出和出现离群的情况？
（11）老人在认知功能中的表现如何？
（12）老人近期在记忆方面的表现有没有出现问题？
（13）老人在抑郁性情绪方面有没有转变？
（14）主要护老者或其他同住人士有否酗酒或服用过量药物的习惯？

老人是否说很多贬低自己的负面话语，如"我真是一个没用的人"或"我只会阻碍地球转"又或者"我是家人的负担"等，因为受虐待时，老人会把虐老者这种诋毁性的批评内化在他的心里，因此这些言语也许显示了老人情绪或心理长期受到虐待，又或是老人有抑郁症的症状。社会工作者要认同他的情绪，增强他面对他的处境的能力。如社会工作者有跟进老人或老人家庭的个案，并发现这些方面有显著的转变，追查差异的合理解释是十分重要的。社会工作者可能因为与老人或老人家人已很熟悉，因而从来没有产生疑问。但由于虐待和疏忽照顾老人的问题性质隐蔽，因此即使对家庭状况非常熟悉，社会工作者都必须从另一个角度去做出审查。

[①] 梅陈玉婵：《老年社会工作》. 格致出版社. 2009. P148

根据上述的迹象，若社会工作者怀疑老人有被虐待的可能，就需在怀疑施虐者不在场的情况下，与老人单独面谈。如在怀疑虐老者的面前，老人便可能因为害怕遭到报复而不敢说出真话。在他人面前指控怀疑虐老者可能会令敌对关系升级，对于高度依赖施虐者生活的一些老人而言，面对失去照顾的可能性是很可怕的。无论有关导致虐待或疏忽照顾的问题是多么的敏感，社会工作者都必须很有技巧地和直接地向老人发问以下的问题：

（1）老人是否曾被长时间单独留在家中、被捆绑于床上或被锁于房间之内？

（2）老人是否曾被打、掌掴、推撞或遭受其他形式的身体虐待？

（3）护老者、家人或其他人曾否扣起药物、食物或医疗护理用品？

（4）老人有否在非出于自愿的情况下，被迫签字转让物业或金钱给予他人？

（5）老人的金钱是否曾被抢去？

（6）老人曾否受过任何人的恐吓？

（7）老人是否保护怀疑虐老者，说他有提供较次等的照顾？

（8）老人与怀疑虐老者的关系如何？

（9）怀疑虐老者曾否呼喝老人，或恐吓将老人与他人隔绝和停止照顾？

要正确地决定老人是否受虐待或受疏忽照顾，有赖于细心地做出综合性的观察和社会工作者本身对老人受虐待情况中细微线索的专业直觉。老人有权受到保护，免受他人虐待和疏忽照顾；但同时，即使社会工作者的专业直觉如何肯定老人受虐待，老人亦有权否定这些情况。社会工作者无论通过直接观察伤势或得到老人亲口承认，总之有充分证据指出老人受虐待或受疏忽照顾的时候，就必须立即向有关的政府部门提交正式报告。

2. 社会工作者要了解施虐者和受虐者的关系和处境[①]

社会工作者要介入虐老个案，必须尝试了解受虐老人的身体、情绪、能力、处境和环境，弄清楚怀疑虐老者与老人之间关系才可以提供有效的照顾和辅导。了解以下的问题是重要的：

（1）怀疑虐老者如果是护老者，那么护老的日子有多长？对老人提供何种照顾？

（2）老人需要什么协助？基本日常生活的需要？协助日常生活的活动？财务管理？或家居打理服务？

（3）怀疑虐老者与老人之间是什么关系？

（4）怀疑虐老者与老人对照顾的质与量各有什么期望？

（5）怀疑虐老者对老人有什么需求？

（6）怀疑虐老者认为自己是否有能力提供那些照顾？

（7）澄清谁负责管理老人的资产？谁负责付款、领取药物处方和安排预约医生？

（8）怀疑虐老者是否正为自己的财政问题而烦恼？

（9）怀疑虐老者期望照顾老人可换得什么回报？

（10）怀疑虐老者在提供照顾的过程中遇到了什么困难？

（11）怀疑虐老者在老人不合作或其表现令人沮丧时会怎样做？

（12）怀疑虐老者做了些什么以减轻在护理过程中不可避免的冲突？

---

① 梅陈玉婵：《老年社会工作》. 格致出版社. 2009. P150

(13) 怀疑虐老者如何描述自己与老人的关系？

(14) 有什么朋友或邻居会定期探访老人？

这些问题对了解老人与怀疑虐老者所面对的需求和压力的情况是十分重要的。对这类问题的反应与答案同样重要。

3. 老人受虐待个案的介入计划

(1) 以辅导及支援服务去帮助老人。

受虐待或受疏忽照顾的老人最需要的是安慰与支持。虽然他们一方面对有人得悉自己受虐待而安心，但同时也可能十分担忧自己和虐老者的命运。若他们与护老者同住，若护老者离开的话，他们或许会自动假设自己将被送往护养院。他们亦会担忧自己如何得到照顾，他们可能会害怕事件被揭发后受到虐待或受疏忽照顾的情况会变本加厉。社会工作者扮演一个重要的角色，为老人提供情绪上的支持，并以自己所知的全部去帮助老人了解事情的进展。如果老人的认知能力许可，社会工作者必须与他们拟订即时的工作计划，列明如何解决虐待和疏忽照顾问题的短期计划，然后再准备长期的工作计划。若老人仍接受虐待者的照顾，或与怀疑虐待他们的家人或朋友保持定期联系，则要训练老人，使他们变得更自信。协助老人找出表达他们反抗身体或言语攻击的声音，有助重新界定老人与虐老者之间的关系。老人同时需要知道，如果再发生事故的时候可向谁举报，或可托谁举报。支援辅导可协助老人，使他们明白他们自己不应为虐待或疏忽照顾的事件而受责难；同时，他们也不应容忍任何人对他们的苛待，尤以家人为甚。

在社交上受孤立的老人比那些与亲人、朋友或邻居维持着良好关系的老人有着更大的受虐待危机。安排朋友或家人每日一次来电或利用平安钟这类社区传呼服务，可为孤立的老人打开与外界社会接触的重要社交生命线。一些社区机构可安排员工或义工做探访，让他们为老人朗读书报，或作一般的陪伴。即使老人与来访者并不熟悉，这种定期会面都能够安慰到担心自己身体或心理是否安全的老人。若老人有严重抑郁或焦虑，也许需要征求护理员提供意见，看看老人是否需要服药以缓和他们的抑郁。处理老人的抑郁问题，可减轻老人所受的痛苦。若老人的身体和心理状况许可，更可安排老人参与家庭以外如老人中心等所举办的活动。这对于改善老人的情绪状态，进而减轻老人及护老者的压力都相当重要。

(2) 帮助虐老的护老者。

由于大部分的虐老者也是主要护老者，所以他们也可能需要社会工作者帮助，教育和提醒他们注意引致虐待或疏忽照顾的处境，了解并学习如何处理那些因照顾老人而引起的精神压力，如何去处理愤怒及沮丧情绪；或协助他们去辨识和处理高危状况。社会工作者需要协助他们明白，要每天不断地照顾老人，即使是最有奉献精神的亲人或支持者都会耗尽体力与耐性。虽然任何理由都不足以成为虐待他人的借口，但在这种情况下，虐老者本身也是受害者。很多怀疑虐待老人的个案中，护老者或家人等只是有心而无力提供老人所需的照顾，因而需要其他老人服务的支援。社会工作者扮演个案管理、评估和转介的重要角色，帮助怀疑虐老者接纳外援，如家居照顾或送餐上门计划等。最常见的情况是，护老者和家人只是不了解老人服务的范围，或者觉得要接受服务去协助照顾老人而感到尴尬。支援服务同时包括让护老者暂时抛开照顾老人责任的暂托服务，让护老者可以重拾一些私人时间和空间来进行个人和社交活动。

暂托服务可以由其他家人、邻居、朋友或老人服务机构等支援网络去承担，社会工作者鼓励护老者寻求这些援手。若其他家庭成员未能提供直接支援，他们也可在经济上支持护老者去获得社区所提供的有关服务。若虐老者是主要的护老者，照顾他们确与照顾老人同样重要。

（3）改变老人居住环境——增强体弱老人自理能力，减低虐老的护老者压力。

利用改变环境作为减低虐待或疏忽照顾的机会，目的在于寻找一个让老人在最安全的情况下能尽量独立生活的地方。即使怀疑老人受到虐待，但只要有足够的支援与环境的调整，大部分老人都可以留在原处居住。另一些情况下，老人的需要超出护老者的能力范围，而改善居住环境可能使老人的生活多一点自助能力，从而减轻护老者的照顾压力。例如：职业治疗师能有效帮助老人及他们的家人改善浴室设施，在浴缸加设支援工具或在淋浴的地方加建坐椅，梯级加扶手则可让老人更自由自在地在家中走动，而不需要整天被困在房间里。职业治疗师也能帮助老人及家人改善食具、洗手间或其他物件的设计，让活动能力有限制的老人能更容易使用这些器具。这些设施和设计均可让体弱老人增加自我照顾的能力，使护老者的工作压力减低。

另外也可以增加老人社区服务，以支持老人和护老者。社会工作者可以帮助老人和护老者安排家居照顾服务，或者参加日间护理中心这类暂托服务。老人可于早上到日间护理中心，黄昏时候才回家，以减轻护老者的负担。

日间护理服务可为护老者提供喘息的空间，同时提供社交的机会让老人和其他老人相处，并一起努力去学习保持新的知识和发展自我照顾的能力。

若老人参与日间护理计划，则可以继续与护老者或家人一同生活，这样能减少护老者与老人共处的实质时间，舒缓部分压力和紧张情绪。

（4）正规护老者的虐待老人问题。

另一个选择是送体弱的老人进护养院。不过，送老人进护养院，让他们脱离家人护理的环境，并不表示他们定可免受虐待或疏忽照顾。概念上而言，送老人进这类机构可能是另一种形式的虐待，是疏忽照顾。院舍生活是充满失落的生活。首先是老人失去个人安排日常生活的自由，例如老人必须在院舍制度下而非在个人喜好的时间内进食、洗澡和睡觉。院舍生活需要很多的适应，如不和谐的人际关系。正规护老者和其他老人住客言语攻击或社交孤立等，都是院舍中最常见的虐待老人形式。这类虐待最常在老人不愿意依照日常护理程序如进食、洗澡的时候发生。

老人如意图在某种程度上自行决定自己生活的权利，便可能会拒绝依照院舍的安排行事，最后与院舍正规护老者的关系变得恶劣，老人被指为麻烦住客。对院舍正规护老者来说，照顾负荷也很重。若院舍正规护老员的私人生活压力较大，面对麻烦的住客时就较易失去自制能力，因此可能对老人住客做出身体或精神上虐待的行为。护养院的员工也许会因他们作为护老者的角色不被重视、薪酬低、工作压力大，因而感到得不到支持而有沮丧的心情。这些因素当然不能作为虐待的借口，但确实反映了院舍虐老这个问题的复杂性。

老人护养院要防止虐待事件发生，其管理层就得提供足够训练，让院舍正规护老员工有处理愤怒情绪和排解老人住客纠纷的能力。帮助员工了解形成虐待问题的原因是防止虐待的最佳方法。找出导致老人不合作或护理员做出攻击性行为的原因，是预防老人问题行为导致护理员做出虐待反应最重要的一步。一旦证实护养院发生虐待老人的情况，管理层就有责任要员工负责,并显示院方有为防止这类事件再次发生努力。社会工作者的角色是对老人受虐待或疏忽照顾的证据提高警觉,以专业知识及训练辨识受虐待的高危人群,以及建议院方管理人员打破虐待或疏忽照顾循环的方法。对特别容易受虐待或受疏忽照顾及因身体或认知能力问题而不能表达自己感受的老人而言,社会工作者作为这类老人的冤情大使,保护照顾他们如自己父母一样。

(九)社会工作者对老年人自杀现象的介入

1. 评估老年人自杀的风险

社会工作者在接触老年人的时候,尤其应该注意某些细节,这可能关系着老年人的生命。要评估老年人自杀的风险比较困难,因为老年人并不像年轻人那样会说出自己的自杀打算。而且,在农村地区,很多自杀属于"冲动型"的自杀,事先并没有准备期和相应的预兆。不过,当老年人出现以下几个方面的情况时,社会工作者以及老人的家人和照顾者就要尤其注意。

(1)生理方面的变化。比如体重变化,突然消瘦或者肥胖,更多的时候是由于胃口变差而导致的消瘦、失眠、无精打采、有黑眼圈等;身体虚弱,比平时有更多的病痛。

(2)心理方面的变化。老年人情绪低落,满怀心事却又不愿意与人倾诉;性格发生突然的变化,与平时有很大不同;终日郁郁寡欢,对任何事情都没有兴趣;消极悲观,表现出很多负面的想法。

(3)言语方面的表现。老人可能在平时的言语中间接地表现出想要自杀的想法,如"我已经厌倦了这一切"、"死了比活着好"、"我不想再连累子女和社会了"或者"这些日子我太麻烦大家了"等。对于这些话,家人和社会工作者切不可认为仅仅是老人的抱怨和唠叨,而要充分重视,这可能是老人正在绝望地想要告别人生。

(4)行为方面的表现。很多老年人不愿意向任何人透露自己的想法,而且可能已经决定要结束自己的生命。这个时候,他们可能在行为上会有一些表现:对平时有兴趣的事情不再有兴趣了;经常茶饭不思或者暴饮暴食;不听从医生指示服药;把自己孤立起来,拒绝别人的探望或援助;开始准备身后之事,例如筹划葬礼、留下或修改遗嘱、将贵重物品送人以及探访一些很久没有见面的朋友等。另外一个很重要的表现就是准备自杀工具,比如存储大量的安眠药,准备农药或者其他自杀工具等。此外,曾经企图自杀或自杀过的老人也有很高的自杀倾向。

当然,如果在与社会工作者接触的时候,老人已经直接说出诸如"我要去死了"、"我不想活了"之类的话,可能是其意愿的真实表达,表明这个老人正在考虑结束自己的生命。这个时候,社会工作者可能需要进一步通过询问、观察等来确认老人是否真的马上要实施自杀行为。这个时候,可以依照上面几个方面的线索进行甄别,也可以要求老人的家庭成员或照顾者提供相应的线索。并且,在提供辅导的基础上,要提醒老人的家人和照顾者随时注意老人的自杀倾向和行为,否则老人自杀就可能成功。

2. 处理自杀问题的具体技巧

(1)相信并接纳老人的自杀意念。

当一个人将自己的不愉快事情说出来的时候,他极需要别人的接纳和信任,如果聆听者不相信或者不接纳他所说的,他就没有勇气和力量继续说下去。因此,当我们在回应老年人自杀说的时候,切不可认为这个老人只是说说而已。即便是自己非常熟悉的老人,也可能改变其个性和方式,产生自杀倾向,因此,类似"我非常了解这个老人,以他的个性根本不会自杀,他昨天还去和朋友打牌了"等想法是不对的。

根据研究,超过七成的老人在自杀前会通过各种方式包括打进自杀热线等向别人透露自己的自杀念头,所以如果他们已经明确表露了自杀的想法,那么社会工作者或周围的人最好先接受他的这个想法,再慢慢帮助老人。另外,也不要通过指责老人,如"你这种方式真是很愚蠢"等来帮助他,这样可能反而更加让老人没有自信、觉得无用,让老人觉得周围的人并没有真正体谅他、关注他,反而在他打算死的时候还指责他。

(2)与老人建立平等的关系。

有时候社会工作者在与老人接触时,可能会抱着可怜他们、施舍他们的态度,而忘记了无论老人处于一种什么样的状态,我们也应该尊重他们。另外,在增权模式的实务中,社会工作者不能以一个专业教导者的身份去教老人怎么做,而是要与他们共同努力克服困难。社会工作者一定要始终记住,真正有能力做出改变的是老人自己。如果我们像对待小孩一样对待老人,给他们灌输人生道理,或者用可怜的方式对待他们,好像社会工作者是来拯救他们的,这些都可能让老人产生抗拒的心理和行为,从而无助于问题的解决。只有用平等的心态和合作方式,才能让老人感觉到社会工作者是真正来帮助自己的,才会说出他自杀的原因以及面临的生活困境。

(3)专注聆听、提供空间。

在倾听老人的谈话过程中,要让老人充分地表达自己的意思。每个人在心情很差的时候,最重要的是找到一个可以倾诉的空间和对象,如果与他谈话的人不停插话,谈一些积极面对人生、引导别人面对困难的经验,劝说他们放弃自杀念头或者不停地发问等,都会让老人感到厌烦,不愿意再说下去。

当然,老人在倾诉过程中可能有一段时间的沉默,这也是非常正常的,表明他需要一个空间,或者不知道一些事情如何说、该不该与社会工作者说,这个时候,社会工作者需要的是耐心以及恰当的引导和回应。另外,老人也可能在倾诉的过程中哭泣,这个时候千万不要指责老人,比如说"不要哭啦"、"男人家哭什么哭"、"这根本不是你的错"之类的话。最佳的方式是让他哭,给他一张纸巾或者一杯开水等,就可以表达你正在关注他、安慰他和支持他。

(4)探讨老人独特的感受。

每个人对每件事情都有自己的看法和感受,不可能和别人完全相同。想要自杀的老人内心一定有很多非常复杂的感受。可能有时候连当事人自己都不知道自己在想什么、该如何表达。因此,这个时候要鼓励老年人将内心的想法说出来,千万不要和别人比较。有时候如果我们把老人的状况和别人比较的话,可能会让他觉得社会工作者并不明白他的感受,甚至引起他的愤怒。

(5)针对老人的感受,给予分享和承担。

中国人向来都不善于或不习惯过多地表露自己的内心感受,社会工作者在聆听老人倾诉的时候也往往只关注于发掘事情的来龙去脉或者探讨解决的办法,而忽略了当事人的感受。例如案主可能这样抱怨自己的子女:"我儿子真没用,什么都听老婆的,我辛辛苦苦把他养这么大,没有功劳也有苦劳,现在居然这样对我,我活着还有什么意思啊。"这个时候,社会工作者应该给老人一些安慰,而不是指责老人或他的儿子。如果工作者仅仅是关注问题的解决,用理性来分析,对一个情绪低落、感情压抑的老年人来说,可能他根本不会去听。如果老人认为社会工作者并没有理解他的话,他会拒绝透露更多的信息,从而影响问题的解决。

(6) 探讨长期的可行办法。

以上探讨的是一些初次或早期接触有自杀倾向的老人时在技巧方面需要注意的问题,但是,对于一个正处于自杀危机中的老年人来说,一方面需要长期的辅导,另一方面也需要社会工作者与其他人士,例如老人的家庭成员、专业人士等共同协作,通过持续的关怀来逐渐降低老人的自杀风险。

二、案例示范

此案为对因病致残老人丧偶后厌世心理的干预[①]。

(一)案例描述

高老太,77岁,小学文化程度,家住上海市某街道。退休前她是某菜市场的工人,退休后和丈夫依靠退休金单独生活。老两口的经济条件并不是很富裕,但平日里两人关系很融洽,经常结伴外出锻炼、购物,和周围邻居的关系也很好,时常相互帮忙。

高老太有6个子女,其中有3个在上海,都下岗在家,平时靠打零工维持生计,其余的子女都在外地。由于各自经济上的拮据和交通的不便利,儿女们不经常回来看父母,有时还会因为经济的原因,彼此产生冲突和矛盾。但由于经济上的自给和生活上的自理,这些冲突和矛盾并没有给老夫妻俩的生活带来太多的问题。

但是在几年前,高老太的左小腿突然开始溃烂,并逐渐蔓延到整条腿,经医生诊断是脉管炎,需要立即实施截肢手术,否则还会继续向上蔓延危及生命。在这种情况下,高老太的左腿被截掉了。在患病期间,由于丈夫的悉心照料以及她刚强的个性,并没有给她带来太大的精神压力。

被控制住的病情在几年后又开始恶化,蔓延到右腿,为了保住性命,必须尽快截掉右腿。在医院截肢期间,她的丈夫积劳成疾,被远在湖州的女儿接去养病,不久就在湖州去世,但她并不知道丈夫去世的消息。截肢出院之后,闻此噩耗,高老太无法接受,整日以泪洗面。

上海的几个儿女平日和她的关系比较疏远,再加上下岗,各自的家庭生活境况并不是很好,无法整日陪伴在她身边,只好请了一个保姆照顾她。但没过多久,保姆就被她辞退了。

平日里关系不错的邻居很关心高老太的日常生活,却无法缓解她的悲伤情绪,害怕她想不开,于是找到了社工小段,希望能得到社会工作者的专业帮助。

[①] 张福娟:《残疾人社会工作案例评析》. 华东理工大学出版社. 2010. P22

在邻居的带领下，小段找到了高老太的家，一进门就看到躺在单人床上的高老太，她满脸木然，双眼茫然地看着天花板，连小段他们进门都没有引起她的注意。邻居李阿姨赶忙坐到她的床边，关切地询问她的近况并告诉她社工小段来看她了，还给她买了很多的营养品，高老太一边听眼泪一边顺着脸颊流了下来。小段见状立即拿出纸巾，一边帮她擦拭泪水，一边轻声安慰她，告诉她其实很多人都很关心她。渐渐地，她的目光移到小段的脸上，但只有几秒钟就移开了，盯着床前又开始流泪。小段顺着她的视线回头看去，原来在床的另一头放着一个柜子，柜子上赫然摆着一个骨灰盒。李阿姨小声告诉小段，那里面装的是高老太丈夫的骨灰，每次一看到骨灰盒她就流泪不止，也不允许儿女将骨灰盒安葬，有时还喃喃自语地说要陪着老伴一起走、自己活着没意思之类的话。小段安慰了高老太一会儿就和李阿姨离开了。

在回来的路上，小段向李阿姨询问了高老太的一些具体情况，了解到在上海的这几个子女由于各自的经济条件不好，经常会向高老太要钱。高老太虽然有退休金，但每月只有七百多元，根本给不了他们，所以自从父亲去世以来，这几个子女几乎没来看过自己的母亲，只是给她请了一个保姆，但费用还是高老太自己出，每月付完600元的保姆费后生活费只剩下一百多元，这一百多元根本无法维持她和保姆的生活，于是保姆被辞退了。

在外地的几个子女都有工作，也无法回来照顾她，所以她的生活主要靠几个平时关系较好的邻居来照料，但是大多数时间都是她一个人在家，呆呆地望着丈夫的骨灰盒，很孤寂。

(二) 案例评析

社工小段召集了社区中的其他几名社工，介绍了高老太的境况，大家通过分析，找到了案主身上存在的一些问题，并提出了相应的干预计划。

(1) 存在的问题：
① 在情感上：案主还未走出丧偶和残疾的悲痛，情绪低落、悲伤、绝望；
② 在观念上：案主曾多次想到自杀，但未付诸行动；
③ 在经济上：由于住院手术以及身体残疾，致使其经济拮据；
④ 在家庭关系上：母子沟通不畅，缺乏必要的亲情关怀，感到孤独、无助。

(2) 干预目标：
① 缓解案主的悲伤情绪，预防可能出现的危机情况；
② 帮助案主解决生活自理方面的困难；
③ 和案主的子女进行沟通，取得他们对案主的关心和体贴；
④ 利用社会支持网络，提供物质性支援。

(3) 干预阶段：
第一阶段：多去看望她，和她建立良好的信任关系，让她感受到来自社会的温暖；
第二阶段：在信任的基础上，帮助她下决心把老伴的骨灰安置起来；
第三阶段：改变她消极悲观的认知，树立坚强的生活信念；
第四阶段：积极和她的儿女进行沟通，改善亲子关系。

(三) 危机干预模式在残疾人社会工作中的应用

根据对个案的分析与评估，社工小段在大家的支持下开始了对高老太的干预过程。

第一阶段：建立良好的信任关系。

小段买了水果和营养品再次来到高老太家。高老太的情况依旧，神情依然悲伤。小段坐到她的床边，轻声询问她的情况，她依然没有反应。

小段看看她干裂的嘴唇，觉得她好像很长时间没有喝水了，于是站起身把一包麦片倒在碗里，却发现水瓶里空空的，只好来到厨房烧水，灶具上落了厚厚的一层灰尘，可以看出好久没人进来了。小段将水壶放在燃气灶上，随手用抹布将厨房里的灰尘擦拭干净。水开以后她冲好了麦片，端到高老太的床边，用勺子一点点喂到她嘴里。开始高老太并不主动吞咽，麦片顺着嘴边往下流，小段赶忙用餐巾纸替她擦干净。也许是长时间未沾水以及本能的需求，高老太的嘴开始微动，这时小段轻声问她是否坐起来喝，她没有反对，小段抱着她的身体让她靠在自己的肩膀上，然后一点点地将麦片喂到她的嘴里。高老太似乎有些饥渴，很快把一碗麦片吃完了。

吃完后，小段轻声在高老太耳边问道："阿姨，还喝吗？"高老太摇了摇头，闭上了眼睛。小段知道她累了，就轻轻把她放到床上，给她盖好被子，收拾好东西，走出了她家。

从那天起，小段天天去高老太家，帮她打扫房间，给她讲社会上发生的事情。虽然高老太还是一言不发，但小段从她的神情中可以看出，她逐渐开始信任自己，愿意听自己讲话了。有时小段还会带着其他几名社工一起来看高老太，大家都会从各自的角度安慰、开导她，希望她能把内心的苦闷和担心讲述出来，表示大家会齐心协力地帮助她。同时，小段还联系了周围的邻居，希望大家都能帮助高老太，经常去看看她，防止发生意外。邻居们欣然同意，轮流给高老太送饭、陪她聊天。

【谈话片段1】

社　工：阿姨，我知道周叔叔去世对您是个沉重的打击。您感到很无助，很悲伤，是吗？任何一个人失去了自己亲爱的人，都会有这种心理感受的！不过，我想让您知道，我们会帮助您的。平时您对我们大家都很关心，现在您遇到困难了，我们不会不管的，我们会经常来看您，就像您的家人一样，好吗？

高老太：……

社　工：阿姨，我知道您心里不好受，很痛苦，如果您愿意告诉我的话，我愿意和您一起分担！我把我的联系方式贴在电话边上了，如果您想找人聊聊，可以随时打电话给我，好吗？

高老太：……

高老太逐渐感受到来自周围人的关心与鼓励，她的状态开始有所改变，起初一直是一言不发只是默默流泪，现在有时还能和大家说上几句话。在这种状况下，小段知道可以开始深入高老太的内心，帮她解开心结了。

【谈话片段2】

社　工：阿姨，刚才的饭菜做得怎么样？还合您的口味吧？
高老太：（点点头）挺香的！
社　工：那就好！您下次想吃什么，就告诉我，我再给您做！

高老太：谢谢你啦!这些天我这个不中用的老太婆太麻烦大家了,尤其是你!我……(眼泪又流了下来)

　　社　工：(一边帮她擦眼泪,一边说)阿姨,其实大家都很关心您,根本没觉得您不中用,反倒是大家希望您身体好一些了,教大家怎么绣花呢!

　　高老太：(有点不好意思的)我的手艺不行,不行!

　　第二阶段：帮助她下决心安葬老伴的骨灰。

　　一周后,高老太的情绪明显稳定了许多,社工和邻居来看她时,还能主动打招呼。但是她老伴的骨灰盒还是放在柜子上,高老太每次看到它时情绪就会低落下来。小段觉得目前影响高老太情绪的就是睹物伤情,应该劝说她妥善安置丈夫的骨灰。

　　【谈话片断3】

　　社　工：阿姨,您家这个柜子做得蛮特别的!

　　高老太：这还是我那死去的老头子亲手做的,唉!结婚时他做的,算算都五十多年了……(高老太同小段回忆起她与丈夫一起走过的那些美好的日子,小段认真地听着。)

　　社　工：阿姨,您好幸福呀!和现在社会上那些婚姻不幸的女人相比,您真的令人羡慕!(高老太脸上露出一丝欣慰而且满足的神情)人这一生能和另一个人相亲相爱地过了五十多年,真的很不容易!那周叔叔(高老太的丈夫)他最喜欢您什么?

　　高老太：我那老头子不爱说话,更不会像现在的年轻人那样说让人开心的话,但这几十年我很了解他,他很在意我的开朗和坚强,例如,以前家里出了什么事,都是我来安慰他,所以他挺听我的话……(长时间的回忆)

　　社　工：是呀!我也觉得您是一位遇到困难不轻易低头的人。

　　高老太：唉!其实我也不像你想象的那样!开始少了一条腿还有老头子陪着,现在两条腿都没了,老头子也走了,我活着有什么意思呀!成了一个废物、大家的包袱,连累儿女也浪费你们的时间,还不如和老头子一起走算了!(泪水顺着脸庞流了下来)

　　社　工：阿姨,不能这样想呀!如果周叔叔在的话,他同意您这么做吗?我想周叔叔一定不会同意。您刚才说了,他一直很欣赏您的坚强和开朗,但现在您这么想,他一定会很失望的,您说是吗?

　　高老太：(若有所思地点点头)……

　　社　工：而且周叔叔去世好几个月了,但他的骨灰还一直没有安葬,放在这里,您看了伤心,我想周叔叔看见您伤心,他也会伤心的,您愿意他在九泉之下不能安息,还为您伤心吗?

　　高老太：(摇摇头)那我该怎么办呢?我希望我那老头子在那边过得好些,我不想让他还为我操心,可我舍不得呀!

　　社　工：虽然周叔叔人不能和您在一起,但是你们在一起的时候有那么多美好的回忆,这是周叔叔留给您的礼物,谁也夺不走呀!以后您再给我讲讲你们之间的故事,好吗?

　　高老太：(有些难为情)那都是过去的事了!你们不爱听的!

　　社　工：在您的经历中,一定会有值得我们大家学习的地方,我想那也是您最自豪的一些事情!

　　高老太：那好吧!

【谈话片断4】

高老太：小段老师，你上次和我说的话，我想了很久，你说得对，"老头子"一直在家里也不好，我应该让他安息，你能不能帮我打听一下安葬费用是多少呀？

社　工：好的。

高老太：不会太贵吧？我还是想让他住得好一些！

（至此小段明白了高老太担心的是什么了！）

【谈话片断5】

社　工：阿姨，您今天的气色不错呀！听隔壁阿姨说您打电话要叫儿子女儿过来，是吗？

高老太：（点点头）嗯！

社　工：（开玩笑地说）要开家庭会议啦？（掏出一个信封递到高老太手上）阿姨，这是大家的一番心意，您收下！

高老太：（打开信封看到里面是一沓钞票，连忙还给小段）不要不要！

社　工：（装作生气的样子）阿姨，我们社工知道了您的情况，大家都很关心您，希望您能像以前那样坚强起来！您现在很需要钱，我们大家捐了一些，虽然不多但却是大家的一番心意，您一定要收下！要不大家会很伤心的！

高老太：谢谢大家了！

当小段再次来看高老太时，意外地发现放在柜子上的骨灰盒不见了，高老太的精神状况也开始好转了。原来那天她叫来了在上海的几个子女，商量了一下安葬老伴骨灰的事。虽然儿女们也赞同安葬，但在费用上却出现了困难，幸好有小段送来的捐助款，才算把这件事解决了。高老太心里虽然有些依依不舍，但想到让老伴能早日入土为安，也就不再伤心了，反而安葬了骨灰后，心里似乎还轻松了些许。

第三阶段：改变消极悲观的认知，树立坚强的生活信念。

随着和高老太接触的不断深入，小段发现虽然她的精神有所好转，但情绪还是经常反复，不稳定。情绪的不稳定往往显示出内心的矛盾和冲突，小段觉得要想稳定高老太的情绪，最重要的是要了解她内心到底焦虑什么。通过一次次和她交谈以及和周围邻居的交流，小段终于知道了高老太内心不安的原因。原来高老太一直认为自己年龄大了，生活不能自理，经济条件又不允许请保姆，老是麻烦邻居心里很过意不去。她很想得到儿女们的关心，但又怕儿女嫌弃自己，所以她心里始终觉得生活没意思。小段一边认真地倾听，一边婉转地指出她认知上的偏差，鼓励她要积极地生活。同时，为了进一步稳定高老太的情绪，小段教她学习放松疗法，告诉她，当心情不好时，就照此试着做做，学着管理自己的情绪。

第四阶段：改善家庭关系。

随后几天，小段走访了高老太的几个在上海居住的子女们，和他们深入地交谈了他们母亲的情况，倾听他们对母亲的看法。原来高老太从小就很溺爱他们，造成他们依赖的思想，无论大事还是小事，首先想到的就是找母亲解决。成家之后，由于能力不是很强，日子过得很一般，尤其当工厂倒闭之后，生活更是拮据了，于是又找父母要钱，但经常被父亲挡回来，心里的确对父母有所不满，这样，主观和客观的因素加在一起，使他们不愿也不能经常来看望父母。但是，当父亲去世、母亲又截肢之后，他们也很关心母亲，希望母亲不要太悲伤，但他们又不知如何来安慰她，在经济上他们也实在是无力帮助母亲。

小段一边倾听，一边指导他们如何安慰高老太，并且告诉他们：高老太非常需要他们的关心和陪伴，虽然他们不能天天陪在母亲身边，但是可以经常打个电话和母亲聊聊，有空的时候带上家人到高老太那里看看，让母亲享受到天伦之乐，这样也可以增加她对生活的希望。

同时，小段还和高老太的几个不在上海的子女取得了联系，告诉他们高老太的情况和她内心深处对子女的爱的渴望，这几个子女也表示会经常打电话回去，和母亲聊聊天，鼓励母亲，使她晚年能生活得更快乐些！

下面是小段和高老太的两个儿子的谈话。

【谈话片断6】

社　　工：你们去看过母亲吗？
儿　　子：去过！
社　　工：那去的次数多吗？
儿子甲：我很忙，去过那么几次！
儿子乙：你还说呢，我比你还忙，但去的次数比你还多呢！
社　　工：嗯！你们去看母亲，她高兴吗？
儿子甲：她生病前去看她，她挺高兴的，但是老是絮絮叨叨，我们都这么大了，还说我们这儿做得不好，那儿需要注意什么的，挺烦的！后来她生病再加上我父亲去世，我们去看她，她也不说话只是哭，劝她也没用！所以去的次数也就少了，反正她有退休金，也有存款，可以请个保姆嘛！
儿子乙：就是的！我们下岗了，一家子都靠我们打工吃饭，我们如果去照顾她，自己这一家子就没饭吃了！没办法呀！小段老师，你不要认为我们没良心呀！
社　　工：我理解你们的实际情况，上有老下有小的确是艰难。你们的母亲也很理解你们，前几天我和她聊天，她还说到你们的辛苦，觉得帮不上你们，还要拖累你们，这让她老是想不开，老说想和你们父亲一起走之类的话。
儿子乙：是吗？以前觉得她根本就不理解我们，有时候我家里有急事向她借钱，她都说没有，我心里挺不高兴的！当妈的对儿子还见死不救，挺让人伤心的！
社　　工：这事我也听说过。那你们小的时候，母亲对你们好吗？
儿子乙：那时候我妈对我们非常好！有什么好吃的她都给我们吃，我们给她吃她就说她吃过了，不饿。其实每次她都没有吃，甚至吃我们剩下的。由于当时生活条件不好，我们家人又多，我妈她白天卖菜，晚上回家还要帮别人绣花样、缝衣服，补贴家用，所以身体一直不是很好。不过，她挺要强的！所以我们兄弟姐妹几个在学校从来没被人小瞧过。
儿子甲：我弟弟说得对，我们几个挺佩服我妈的。有什么事她好像都能解决似的！
社　　工：嗯！在你们眼里，母亲一直是个很能干、很坚强的母亲，是吗？
儿　　子：（点点头）是的！
社　　工：那你们没有觉得母亲也有脆弱的时候，也有需要别人帮助、关心的时候吗？
儿子甲：（看看儿子乙，摇摇头）她从来没有对我们说过！就算她生病，截了一条腿，我们去看她时,她还说她能行,不要我们兄弟俩操心!你说是吗,老二?

儿子乙:(随声附和)对的!所以我们觉得我母亲似乎并没有需要我们的时候。

社　工:那时候,你们的父亲还在世,她还有个伴儿。再加上你们的母亲知道你们很忙,所以她一直对你们说宽心话,这就给你们造成了误解,觉得你们的母亲很能干,不需要帮助和关心!其实,当人年老的时候,都会很孤单,需要别人的关心,你们的母亲也一样,尤其是现在这个时候,你们的父亲去世了,她又残疾了,更需要周围人的关心与帮助,尤其是自己的子女!你们刚才也说了,小的时候母亲很疼爱你们,现在反过来她也像一个小孩子需要你们的关心呀!

儿子甲:(低着头,喃喃地说)可她没告诉我们呀!

社　工:那我们做个实验,你们来体会一下你母亲的感受,可以吗?

儿　子:(两人点点头)

(小段对兄弟俩采用了空椅子技术,让他们体会了母亲的心理感受)

社　工:你们的感受如何?

儿子甲:我好像感受到我妈孤单无助的那种心理!

儿子乙:我也一样,那种感受的确很痛苦!

社　工:是呀!你们想想你们的母亲一直是个好强的人,她会轻易说自己不行吗?尤其是在自己的孩子面前!其实,你们从一些小事上就可以感觉得到,她很需要你们!例如,你们一回去,她就很高兴,跟你们说这说那,也许人老了,说话有些啰唆,但那是她的倾诉方式,如果一言不发,那反倒是有问题了,就像前一阵子。

儿　子:(若有所思地点点头)是呀!以前我们怎么就没感觉到呢?只是觉得她不理我们,是不是就不需要我们?小段老师,刚才的体验再加上你这一说,我们完全明白了!那你说我们该怎么做呀?我们又不可能每天陪在她身边。

社　工:其实方式很多,例如,打电话,在电话里和她聊聊,讲讲过去你们在一起的开心事,也可以在节假日带着家人去老人那儿聚聚,让她感受到你们在乎她、关心她,这样会增强她生活的信心,你们说是吗?

儿　子:(点点头)对的,我们会照你说的去做,谢谢你呀!

小段解决了儿女们对高老太的情感支持问题,但是在生活上,儿女们实在是没有办法帮助高老太,而且也总不能一直依靠邻居,这的确令小段头疼。募捐吧,只能解决一时的困难,怎么办呢?恰巧这时上海市政府推出了"7259帮老助残志愿者"活动,即由政府组织,为7 259位残疾人提供每天一个小时的志愿者服务。当得知这一信息之后,小段立即将高老太的情况反映上去,很快高老太就得到了这一服务。当高老太得知小段为她做的一切时,感动得老泪纵横,拉着小段的手,不知该说什么好。

后来,高老太的一个居住在外地的女儿退休后,安顿好家里的事情,专程来上海和母亲居住在一起,陪伴母亲安度晚年。

之后,小段会不定期地去看望一下高老太,每次高老太都会高兴地和小段聊聊自己的情况。当提起丈夫时,她的情绪很平静,并且对小段说,她会珍藏与老伴在一起的美好回忆,还可以用自己的婚姻经验去帮助周围的人;当提及儿女们时,高老太会开玩笑地说,自己现在好像是回到了童年,尽情地享受儿女们对自己的照顾和关爱。有时当儿女们遇到问题时,她也会效仿小段来开导、鼓励孩子们,所以现在她感到挺知足的。

小段慢慢地退出了高老太的生活，偶尔在街道可以看到她们母女二人在和其他老年人一起打麻将。此时，小段感到很欣慰。

三、任务实训

1. 实训案例

赵老伯家里三代单传，好不容易儿子结婚了，老两口天天盼望有个孙子。说来也巧，儿媳还真生了个孙子。这几年，老两口对孙子视如生命，节衣缩食包揽孙子的一切开销。可是，近来儿子要买房子，儿媳要求老两口拿出10万块钱。老人确实没有这么多钱，没有答应儿媳。于是儿媳将孙子带到自己娘家，不准老两口探望。老两口想孙子，就偷偷到幼儿园门口看望。可是孙子眼泪汪汪地说："妈妈说了，不许和爷爷奶奶好，要不听话，就要挨打。"老两口不忍心孙子挨打，可是又舍不得孙子，洒泪而别。回到家里，依然拿不出钱来，想找人借，想想自己七十多岁的人了，谁又敢借？于是日夜煎熬，寝食难安。

2. 案例分析

本案例操作流程如下：
接案→收集资料→拟订计划→执行→结案→评估。

3. 实训作业

如果你是接案社工，请谈谈你的处理方案。

四、巩固提高

1. 知识回顾

（1）老年人合法权益的主要内容。
（2）社会工作者在保障老年人合法权益中的介入。

2. 任务实训

收集一个老年人合法权益受到侵害的案例，分组讨论，并写出详细的介入方案。

3. 问题思考

预防胜于治疗，教育老人、家人、护老者、朋友、邻居、专业人士和公众有关虐待老人情况的知识是预防问题的关键。思考一下，有哪些可行的教育项目。

项目七　老年社会保障

项目简介

本项目明确了老年社会保障的概念，说明了退休、离休、退职与养老保险的内涵，介绍了养老保险的地位与作用、养老保险的基本原则及养老保障制度改革。

学习目标

知识目标：通过本项目的学习，使学生掌握老年社会保障的概念，退休、离休、退职与养老保险的内涵，养老保险的地位与作用以及养老保险的基本原则。

技能目标：通过本项目相关理论知识的运用，使学生可以掌握养老保障制度的主要模式、养老保障制度改革的主要内容、我国城镇养老保障制度以及农村养老保险制度改革的基本取向和构建农村养老保险制度的基本内容，利用所学知识服务老年人。

一、基础知识

（一）老年社会保障的认知

1. 老年社会保障的概念

社会保障制度是国家和政府通过立法和行政措施，对劳动者在生活发生困难时，依法实行的基本生活保证制度，是对贫困者或社会弱者，也包括对全体公民实行普遍的保护性措施，是使全体劳动者和公民获得生活保障的一种社会机制。老年人社会保障则是指对退出劳动领域或无劳动能力的老年人实行的社会保护和社会救助措施，包括经济、医疗以及社会服务等方面的社会保护和社会救助。

2. 老年社会保障的必要性

由于自然法则的支配，人总是要老的。个人的劳动能力，总是随着年龄的增长而逐渐减退。在自然法则面前，所有人都面临两种可能性：一种是早期死亡，使他挣钱谋生的生涯缩短，而他的遗属则处于无人供养的状态；另一种是活到晚年，直到他挣钱谋生的能力完全丧失，并将其终身的储蓄花光。如果他在劳动和工作期间没有任何储蓄或储蓄很少，他的余年就将难以为继。由于上述两种情况造成的社会问题，从社会保障角度考虑，首先要考虑的问题是如何向老年人提供经济保障，实现人们"老有所养"的目标。

近两个世纪以来，工业化的进程导致了许多因素的变化。这些变化，往往加剧了赡养老年人的经济困难。比如，在自给自足的农业社会中，老年人不存在退休问题，他们多少还能为维持自己和家庭生计做些贡献。而在工业化、都市化社会中，由于竞争加剧，生活节奏加快，以及劳动力流动性的增强，老年人往往成为子女明显的经济负担。相比之下，在人口较稀、生产季节性和间歇性较强的农业社会环境中，子女就比较容易照顾生活不能自理的老年父母。此外，生产过程的机械化、专门化，要求工资和薪金劳动者接受比以往更长的学习和培训时间，再加上近代劳动立法对过早就业和使用童工的限制，使个人参加工作、进入劳动力队伍的平均年龄提高，不得不在较早的年龄退休。所有这些事态发展的结果表明：老年生活中的困难问题，都将成为一个严重的社会问题，并且这个问题将随着人口的老龄化而日益加剧。

当然，在我们考察老年期的经济困难时，还可以假定：如果人们能够在其工作期间，挣得较高的实际平均收入，得以补偿一生工作期限的缩短和退休期限的延长，但是，无论如何，这并不足以补偿多数人退休后的余年，许多老年人无法做到经济上的自给自足。历史经验已经表明，即使在富裕的工业化社会中，一般工薪劳动者也无法在一生中挣得足够的收入，以维持其漫长的退休生活之需。因为这些人的边际生产率较低，工资收入也就不可能较高，无法在他们就业期内积累较多的、足以养活自己的财源。另一方面，我们也不能否认，在一个人的大部分劳动或工作生涯中，他的工资或薪金收入一般是逐渐增长的，而不是停留在原有水平上。一个人挣得工资或薪金的能力，一般随着年龄增长成反比例，直到退休年龄时下降至零。但在他的收入终止后，作为纯粹的消费者，仍然需要继续开支。总之，老年人需要社会赡养，需要建立健全的养老保险体系。

3. 养老保障制度的主要模式

工业革命之前，老人的生活保障依赖家庭，由国家强制实施的养老保障是工业化的产物。第二次世界大战以后，养老保障制度在世界范围内普遍建立起来。根据美国社会保障署的统计，到1999年年初，有167个国家建立了各种形式的养老保障制度。

（1）社会保险模式。

养老社会保险最早在德国产生。第二次世界大战后，这种模式被现代工业化国家所广泛采用，其他发展中国家也纷纷建立养老社会保险制度。目前，共有134个国家实行这种制度，这是最普遍的养老保障模式。养老社会保险模式的主要特征有：

① 通过雇主与雇员共同缴费来筹资，国家不提供或提供很少的资金；
② 所筹集的养老保险基金一般实行年内平衡，现收现付，留有较少的积累；
③ 养老保险基金实行代际分配，即在职的一代人缴纳养老保险费（或税），直接用于支付当代的退休者的养老金；
④ 养老金分配一般向低收入退休者倾斜，体现社会公平；
⑤ 养老金待遇一般是确定的（待遇确定型），养老金待遇以参保人退休前收入的一定比例发放或按统一的金额平均发放。

养老社会保险模式至今仍是最主要的养老保障模式。即使20世纪90年代以来，一些国家对养老保障制度进行了各种各样的改革，但大多数国家在改革中仍将养老社会保险制度保留下来，作为多层次养老保障的基本部分（第一支柱）。这说明养老社会保险模式具有一些其他模式不可替代的优势。当然，目前人们也指出了养老社会保险广泛存在的一些问题：难以应付人口老龄化；养老社会保险实际上是代与代之间的整体性赡养，即整个一代年轻在职者赡养同代的全部退休老人；如果增加缴费，在职者的缴费负担将越来越重，难以承受。

(2) 储蓄积累模式。

储蓄积累模式实际上是一种国家强制实施的个人养老储蓄制度。其主要特点有：

① 建立个人账户，雇主与雇员的缴费（或者完全由雇员个人缴费）全部计入雇员的个人账户；

② 雇员退休时，其养老金待遇完全取决于其个人账户的积累额（缴费确定型）；

③ 个人账户的基金积累可进行投资，投资回报率将极大地影响到退休后的养老金水平；

④ 普遍保障模式，养老普遍保障模式的特点是单位和个人无须缴费，保障资金完全来自国家的一般税收；只要是本国公民中的老人，均可以享受养老金待遇；养老金待遇不论收入高低，一律等额发放。

目前，实行这种模式的国家有 10 个。实行这种模式的国家一般还实行养老社会保险制度（双重制度）。

(3) 社会救助模式。

养老社会救助模式的特点是：照顾真正需要社会帮助的老人，即通过家庭收入状况调查，对人均收入低于一定水平（最低养老金）的家庭的老人进行收入补偿，补偿资金来源于政府财政。目前，只有南非1个国家实行单一的养老社会救助制度，另有 11 个国家用这种制度作为养老社会保险或养老普遍保障制度的辅助制度。

以上列举的几种养老保障模式是根据一些分类标准（筹资方式、资金来源和管理方式）划分出来的。实际上，一个国家往往并不止一种模式的养老制度。不少国家的养老保障制度是混合型的，存在着社会保险与私营储蓄积累、社会保险与社会救助、普遍保障与社会保险等双重制度类型。此外，许多国家在国家强制性养老保障之外，还有自愿性的职业年金计划和个人储蓄年金计划，从而形成多层次的养老保障体系。

4. 养老保障制度的改革

(1) 改革的起因。

大多数国家的养老保障采用的是现收现付的社会保险模式，这种模式难以克服人口老龄化危机。20 世纪 80 年代以来，随着人口出生率的下降，人口寿命的延长，全球老龄人口比重不断加大，人口老龄化成为全球普遍的趋势。据专家预计，到2030 年，全球老龄人口占总人口比例将由目前的 9% 上升到 16%。此外，各国还认识到，实行单一的现收现付养老制度也不利于经济增长。具体表现在以下几个方面：

① 现收现付制度加重了政府财政负担，从而导致财政对基本建设、公共服务、教育等方面投资的减少；

② 过高的缴费率不仅降低了经济部门的效益，而且也会诱导劳动力为躲避缴费而流向经济效益较低的非正规经济部门；

③ 现收现付养老制度不仅本身缺乏基金积累，而且这种制度会造成个人对政府的依赖，个人更多地将手中的资金用于即期消费而不是进行退休储蓄，对于投资基金缺乏的国家来说，投资基金的不足阻碍了经济增长。

为了应付人口老龄化带来的养老金支付危机，也为了在保护老年人的基本生活之外能够促进（至少不阻碍）经济增长，各国纷纷对现收现付养老保障制度进行改革。20世纪80年代初，拉美国家智利率先对现收现付的养老社会保险模式进行彻底的改革。20世纪90年代以来，养老保障制度改革成为一种普遍的国际趋势。

（2）改革的形式。

从趋势来看，各国的改革主要有两大特点：一是缩小国家强制的现收现付制度的规模，引导和鼓励自愿性职业年金和个人储蓄年金的发展，用来替代一部分国家的现收现付制度的责任，用三支柱的养老体系来代替原来单一的现收现付制度；二是对现收现付制度进行改革。这里，我们重点分析现收现付制度改革的情况。各国针对现收现付制度的改革概括起来分为两大类：小调整和根本变革。

① 小调整。小调整是指在不改变原有制度模式的条件下，对制度的一些具体政策措施进行调整，希望通过这种小的调整来增加基金收入、降低支出，缓解财务危机。各国采用的具体调整办法有：

A．提高退休年龄：延长享受待遇所需的最低缴费年限；

B．提高缴费率：取消缴费的收入限额（包括最低缴费收入和最高缴费收入）；

C．降低养老金替代率：用退休前数年的平均工资代替退休前一年的工资作为计发养老金待遇的工资基数，降低养老金指数化调整的系数（按工资增长率与物价指数之间的较低者进行调整）；

D．改变养老基金的管理方式：扩大养老基金的投资范围，增加基金增值的效率。

几乎所有的改革国家（包括根本变革的国家）都采用了上述一种或一种以上的调整措施。进行小调整的国家在不改变原有制度主体地位的前提下，也设法缩减原有现收现付制度的规模，增强自愿性（或强制性）的职业年金计划（企业补充养老保险）、自愿性个人储蓄养老计划的份额和作用，逐步由单一制度向多层次养老保障体系的方向发展。

② 根本变革。根本变革是指由一种养老保障模式转换为另一种模式。各国的改革实践中，根本变革的主要形式有三种。

一是由现收现付、待遇确定的养老社会保险模式转变为缴费确定的私营储蓄积累模式，以智利为代表，其转向私营储蓄积累模式的改革成为各国关注的焦点。

二是由现收现付、待遇确定养老社会保险模式转变为现收现付、缴费确定的名义个人账户模式，以瑞典为代表。实行这种模式的国家还有意大利、立陶宛、波兰、拉脱维亚和中国。这种模式与私营储蓄积累模式具有一些相同的特点：均建立个人账户，个人和单位缴费计入个人账户；养老金待遇发放采用缴费确定型方式，养老金取决于个人账户的积累额。两者的区别在于个人账户的作用不同：储蓄积累模式中个人账户是实的，账户资金用于投资运营；名义个人账户模式中的个人账户是空的、名义上的，真正的账户资金被用于发放当前退休者的养老金，个人账户的作用仅仅是计发待遇的手段，它的筹资方式仍然是现收现付；名义个人账户无法进行投资，一般由政府根据工资增长率和其他因素确定一个名义利率，个人账户根据名义利率进行名义上的积累。名义个人账户模式在形式上类似于储蓄积累模式（均建立个人账户，养老金根据个人账户积累额确定），实质上仍是现收现付模式（没有实际的资金积累）。

三是由公共储蓄积累模式转变为现收现付社会保险模式。这种变革出现在一些曾经仿效新加坡模式的非洲和南亚国家。由于政府管理养老基金的过程中出现严重的腐败行为，养老基金大量流失，制度宣告破产，从而不得不重新回到现收现付制度。

（3）苏联、东欧国家的养老保障改革。

与中国十分相似，苏联、东欧国家（又称转轨国家）的养老保障制度也面临着计划经济体制遗留问题的困扰。计划经济体制下，劳动力市场严重扭曲，在消除失业的前提下，出现低工资、高福利（包括较高的养老金）、低退休年龄的情况；在向市场经济转轨的过程中，大量的国有企业亏损、破产，无力缴纳社会保险税。

面对经济转型过程中养老制度的危机和同样的人口老龄化趋势，转轨国家被迫进行根本性改革。受智利模式的影响，大多数转轨国家已经或正准备建立私营储蓄积累制度（已建立的国家有：匈牙利、波兰、哈萨克斯坦、克罗地亚，准备建立的国家有：拉脱维亚、罗马尼亚、马其顿、俄罗斯、斯洛文尼亚、保加利亚、乌克兰）。与拉美国家不同的是，除哈萨克斯坦外，转轨国家均保留了缩小了的现收现付社会保险制度，作为基本的第一支柱。此外，各国也逐步制定相关政策，推动自愿性的养老保障（第三支柱）的建立和发展。

① 缩小和改革现收现付制度：大多数转轨国家已经或计划将现收现付养老社会保险制度部分保留。转轨国家对保留的部分现收现付制度进行了一定的改革，主要措施有：提高退休年龄，大多数转轨国家计划在10年内逐步将退休年龄提高5岁；取消针对危险、有害特殊工种提前退休政策；改变养老金指数化调整方法，由按工资增长率自动调整改为按物价指数调整；改变计算养老金的工资基数，延长工资基数的计算年限（由过去的退休前1年或3~5年平均改为更长年份的平均）；改变养老金的计发办法，将养老金待遇与工龄、退休年龄直接挂钩（工龄越长，退休越晚，养老金越高）。波兰和拉脱维亚更是通过建立名义个人账户的计发办法，来鼓励职工多工作、晚退休。

② 建立私营储蓄积累制度：苏联、东欧国家进行根本变革的标志是建立私营储蓄积累制度。波兰（1999年）和匈牙利（1998年）分别将9%和6%的工资税计入个人账户，克罗地亚（2000年）将5%的工资税计入个人账户。

转轨国家改革前拥有待遇水平较高的现收现付制度。改革过程中，这些国家采取了一种非常现实的做法：将现收现付与储蓄积累结合起来，取两者之长，同时避两者之短，在两者之间保持平衡。多数国家考虑，先以较小的个人账户起步（避免过高的历史债务），随着保留的现收现付制度逐步消化一部分历史债务，以后再逐步提高储蓄积累制度的分量。

5. 我国城镇养老保障制度

我国的养老保险制度始建于新中国成立初期，迄今已有半个世纪的历史。这段历史大体上经历了发展、停滞和改革三个不同的阶段。

（1）社会保险制度创建和正常运转的阶段（1951—1966年）。

这一阶段的社会保险工作，主要是围绕和健全第一个"中华人民共和国劳动保险条例"（以下简称"条例"）而展开的。该条例仿效苏联的社会保险模式，以"草案"形式于1951年公布。保险条例包括生育、疾病、工伤、生活困难补助、老年以及死亡，初步形成了内容比较齐全、待遇水平较优厚、适应当时民意和形势发展的社会保险体系。1953年2月1日，该条例在全国范围内贯彻实施，开创了中国历史上职工病有所医、老有所养的新起点，调动了他们生产和工作的积极性，为我国国民经济第一个五年计划的顺利完成创造了良好的劳动环境。在百废待兴、经济亟待恢复的新中国成立初期，"条例"的颁布实施，表明政府对工人阶级的切身利益和生活中的实际问题给予了高度的关怀和重视。

这一时期，包括劳动行政部门和工会在内的社会保险机构，都比较健全完善，保险经费来源单一而又稳定，企业按工资总额的 3% 交纳保险基金，并实行社会统筹。加之当时职工队伍比较年轻，退休人数又少，保险经费也就显得比较充裕。因此，这一阶段社会保险的运营情况良好，有力地促进了国民经济的恢复和发展，职工群众的生活水平有了明显的改善和提高，社会保持安定团结的良好局面。

（2）社会保险经受"文化大革命"干扰的停滞阶段（1966—1976年）。

这一时期，我国在政治、经济和文化等方面，均遭受严重的摧残和损失，国家元气大伤，社会保险领域也未能幸免。十年动乱对社会保险工作造成了严重后果：首先是管理机构或被削弱或被取消，工会组织完全停止活动，劳动部门的专职管理机构受到严重冲击，致使社会保险工作陷入无人负责的瘫痪状态；其次是由工会系统主管的退休费用社会统筹被取消，保险经费改为企业自行负担，列"营业外"开支。这些无形中为改革开放后新时期的社会保险改革带来了种种困难和阻力。

（3）社会保险改革的启动和深化阶段（1976年至今）。

党的十一届三中全会，迎来了社会保险改革的契机，重新确立了党的实事求是的思想路线，实现了全国工作重点向发展生产力的战略转移，对我国国情和社会主义实践进行了反思和再认识。

就社会保险自身而言，在持续进行的经济体制改革进程中，特别是面向市场的攻关性国企改革过程中，劳动工资领域涌现出来的一些棘手问题，几乎无一不和社会保险改革密切相关。1999年9月，中国共产党第十五届四中全会通过的《中共中央关于国有企业改革和发展若干重大问题的决定》指出：加快社会保障体系建设，是顺利推进国有企业改革的重要条件。要依法扩大养老、失业、医疗等社会保险的覆盖范围；强化社会保险费的征缴，确保养老金的按时足额支付；要变现部分国有资产，合理调整财政支出结构，开拓社会保障新的筹资渠道，充实社会保障资金；严格管理各项社会保障基金，确保基金的安全和增值；逐步推进社会保障的社会化管理，实行退休人员与原企业分离，养老金由社会服务机构发放，人员由社区管理。朱镕基总理2000年5月视察辽宁期间，对建立统一、规范、完善的社会保障体系提出了更加具体、明确的要求：强调社会保障体系必须真正独立于企事业单位之外；要结合我国国情，进一步规范统账结合的基本养老保险制度。党中央、国务院对社会保障体系建设给予了高度的重视。

社会保障体系包括社会保险、社会救济、社会福利、优抚安置、社会互助以及个人储蓄积累保障。根据现阶段形势的特点和工作需要，已经初步构建起由社会基本养老保险制度、下岗职工基本生活保障和失业保险制度、城市居民最低生活保障制度组成的三条社会保障线。

养老保险是社会保障体系的重要内容，它开展的时间最长，已经建立了基本制度框架。1997年，国务院发布了《关于建立统一的企业职工基本养老保险制度的决定》（国发[1997]26号），确立了统账结合的基本养老保险制度，并提出了20世纪末养老保险制度改革的总目标：即基本建立起适应社会主义市场经济体制要求，适用城镇各类企业职工和个体劳动者，资金来源多渠道，保障方式多层次，管理服务社会化的养老保险体系。从目前情况看，社会养老保险体系刚刚起步，新的养老保险制度也需要进一步完善。因此，适应社会主义市场经济发展的要求，建立统一、规范的养老保险体系，推动社会保障体系的建设，是一项十分迫切的工作。

2010年10月28日，十一届全国人大常委会第十七次会议经表决，通过了《中华人民共和国社会保险法》（简称《社会保险法》）。《中华人民共和国社会保险法（草案）》从2007年年底提请全国人大常委会进行初次审议，至今已历时3年，期间共经全国人大常委会审议4次。

《社会保险法》是一部事关亿万劳动者切身利益和调节国民收入分配格局的极为重要的法律。专家指出，在此之前，尽管各种社会保险制度已在中国实施多年，却没有一部专门的综合性法律加以规范。综合性社会保险基本法的缺失，令中国目前的社会保险制度缺乏明确的价值取向。《社会保险法》的出台，对于健全和完善中国社会领域的立法具有重要意义。

《社会保险法》规定，国家建立基本养老保险、基本医疗保险、工伤保险、失业保险、生育保险等社会保险制度，保障公民在年老、疾病、工伤、失业、生育等情况下依法从国家和社会获得物质帮助的权利。社会保险制度坚持广覆盖、保基本、多层次、可持续的方针，社会保险水平应当与经济社会发展水平相适应。

在过去很长一段时间，中国的社会保险基金多头管理，职责不清也造成诸多弊端，"上海社保案"便是一个典型例证。为此，《社会保险法》专门辟出一章，就社保基金的管理进行规范，规定社会保险基金包括基本养老保险基金、基本医疗保险基金、工伤保险基金、失业保险基金和生育保险基金。各项社会保险基金按照社会保险险种分别建账，分账核算，执行国家统一的会计制度。

该法还规定，隐匿、转移、侵占、挪用社会保险基金或者违规投资运营的，由社会保险行政部门、财政部门、审计机关责令追回；有违法所得的，没收违法所得；对直接负责的主管人员和其他直接责任人员依法给予处分。

全国人大法律委员会认为，《社会保险法》是关系国计民生的重要法律，制定社会保险法，对于规范社会保险关系，保障全体公民共享发展成果，维护社会和谐稳定，具有十分重要的意义。

（二）退休、离休、退职与养老保险的内涵

1. 什么是退休和退休制度？

退休是指职工因年老或者因工、因病致残完全丧失劳动能力退出生产或工作岗位。退休制度是指国家通过建立社会保险制度，设立社会保险基金，给予退休者物质帮助和补偿，使其安度晚年的制度性规定。以退休金代替了固定工资或者薪金，它标志着一个人劳动或工作生涯的结束和闲居生活的开始。

按照1978年6月国务院颁发的《关于工人退休、退职的暂行办法》和《关于安置老弱病残干部的暂行办法》（国发[1978]104号）规定，职工符合下列情况可退休。

（1）男职工年满60周岁，女干部年满55周岁，女工人年满50周岁，连续工龄或工作年限满10年。

（2）从事井下、高空、高温、繁重体力劳动和其他有害健康工种的职工，男职工年满55周岁，女职工年满45周岁，连续工龄或工作年限满10年。

（3）经医院证明，并经劳动鉴定委员会确认完全丧失劳动能力的职工，男性年满50周岁，女性年满45周岁，连续工龄或工作年限满10年。

（4）因工致残，经医院证明（并经劳动鉴定委员会确认），完全丧失劳动能力的职工。

此外，1997年7月16日《国务院关于建立统一的企业职工基本养老保险制度的决定》（国发[1997]26号）规定，该《决定》实施后新参加工作的职工，达到法定退休年龄且个人缴费年限累计满15年的，退休后按月发给基本养老金。

建立完备的退休制度必须具备三个条件：

① 由国家制定专门的强制性的法律法规；

② 建立养老保险专项基金；

③ 建立养老金调整机制，切实保障退休人员的基本生活不受物价波动的影响，并能分享社会经济发展的成果。

我国企业职工退休制度主要由四部分组成，即退休条件，退休待遇，退休基金的筹集、管理和使用，退休人员的管理及服务。

2. 什么是离休和离休制度？

离休也叫离职休养，是我国的一种特殊的退休形式，1978年正式作为一项制度建立。离休的对象主要是老干部，具体为新中国建立前，即1949年9月30日以前，参加中国共产党所领导的革命军队者，在解放区参加革命工作并脱产享受供给制待遇者，在敌占区从事地下革命工作者；1948年年底以前在解放区享受当地人民政府制定的薪金制的干部；中国人民政治协商会议第一届全体会议召开之前加入各民主党派，一直拥护共产党和坚持革命工作者（参加革命时间从1949年9月21日算起）。

1982年国务院规定的老干部离休年龄为：担任国家的部长、省长和相当职务者65周岁；担任副部长、副省长和相当职务者60周岁；担任正副司、局、厅长和相当职务者60周岁；其他干部，男60周岁，女55周岁。身体不能坚持正常工作者可提前离休；工作需要并经任免机构批准者可适当推迟。国家对离休干部实行基本政治待遇不变，生活待遇略为从优的原则，除工资照发外，还按一定条件和标准发给不同标准的生活补贴。具体规定为：1937年7月6日以前参加革命工作的每年增发两个月工资；此后至1942年12月31日参加革命工作的每年增发一个半月工资（均不含8级以上的老干部）。离休干部单列编制并由所在单位管理。

3. 什么是退职？

退职是指职工因病残基本丧失劳动能力，但在年龄、工龄或个人缴费年限方面又不具备退休条件的，经医院证明（并经劳动鉴定委员会确认）和组织批准退出生产或工作岗位，并按国家有关规定给予一定的物质帮助和补偿，进行休养。

4. 什么是养老保险？

养老保险是社会保险制度的重要内容，也是整个社会保障制度中最基本的内容。所谓养老保险（或养老保险制度）就是国家和社会根据法律和法规，当劳动者达到国家规定的年龄、工龄或个人缴费年限，或因工、因病致残完全丧失劳动能力退出生产或工作岗位时，从国家和社会获得物质帮助和补偿，保障其基本生活而建立的一种社会保险制度。

这一概念包括三层含义：

① 养老保险是在法定范围内的老年人退出生产或工作岗位后发生作用的；

② 养老保险的目的是为退休老年人提供保障其基本生活需求的稳定可靠的生活来源；

③ 养老保险是以社会保险为手段达到保障目的。

（三）养老保险

1. 养老保险的地位与作用

随着统一、规范、完善的社会保障体系的建立与发展，养老保险与国民经济的内在联系进一步加深。养老保险作为社会保险制度的重要组成部分，在我国国民经济与社会发展中占有十分重要的地位，发挥着积极的作用。

（1）养老保险支出作为一种消费性支出，其支付水平、保障能力必然要受到经济发展水平的制约，国家对养老需求的满足程度是经济发展和社会进步程度的重要体现。同时，国家建立养老保险制度，通过社会统筹的方式筹集资金，参与国民收入的再分配，解决劳动者的养老问题，这一过程又对社会再生产的各个环节产生积极影响，并促进整个经济与社会的发展。

（2）养老保险基金是在国民收入的再分配过程中形成的。国家依法规定企业和劳动者必须参加基本养老保险，养老保险费用由国家、企业和劳动者三方共同缴纳并实行社会统筹，这既保障了劳动者因年老丧失劳动能力后能从社会得到经济补偿，同时又在基金筹集与支付的过程中，实现了国家、企业和劳动者原始收入的再分配，对均衡地区之间、企业之间的经济负担，调节劳动者之间的收入分配差距，实现互助互济，缩小贫富悬殊，保障劳动者的基本生活，促进社会稳定等方面发挥了积极作用。

（3）国家建立养老保险制度之后，养老保险由企业行为转变为社会行为，企业的养老负担将由社会共同负担。特别是随着养老保险金的社会化发放和管理服务社会化体系的建立，离退休人员将逐步实现与企业的彻底分离，这不仅减轻了企业的经济负担，而且也减轻了企业的社会事务性负担，为企业生产和经营创造了良好的经济和社会环境，支持了企业的改革与发展。国家在保证养老金正常支付的情况下，可以将结余的基金通过投资运营，直接用于发展生产和扩大再生产，这对于实现养老保险基金的保值增值，提高保障能力，促进再就业，推动社会经济发展都具有特别重要的意义。

（4）随着我国社会保障预算制度的建立，养老保险基金将纳入国家预算管理的轨道。养老保险基金的收支活动将对国家财政产生较大的影响。国家规定企业缴纳的基本养老保险费在税前列支，等于国家已经承担了养老保险的责任。因此，企业缴纳养老保险费的比例、水平的高低，对国家财政的收支有直接的影响。我国目前养老保险基金实行部分积累的筹资模式，在保证养老金正常支付的情况下，部分积累基金存入财政专户，由国家统一管理。不论是购买国家债券还是投资运营，都会使这部分消费基金暂时转化为生产基金。当养老保险基金支大于收，出现支付缺口时，国家财政还要通过转移支付等方式，对养老保险给予必要的补贴。

（5）建立养老保险制度既是我国建立社会主义市场经济体制的客观要求，又是发展社会主义市场经济的基本条件。建立社会主义市场经济，企业要平等地参与市场竞争，而原来由企业包下来的保险制度已经难以为继。一些劳动密集型的老企业退休人员比例很大，赡养率高，养老负担过重，而一些技术密集型的新企业几乎没有负担。这些由于历史的和产业的原因造成的企业养老负担畸轻畸重的矛盾，严重影响了企业平等地参与市场竞争。对于职工来说，所在的企业可能有兴有衰，甚至可能倒闭、破产，如果个人的基本保障完全依赖于企业，风险就难以避免和防范。只有建立统一的社会养老保险制度，企业社会事务负担过重问题才能解决，集中精力抓生产、搞经营。因此，加快建立健全养老保险体系，既是建立社会主义市场经济体制的重要内容，又为社会主义市场经济的持续健康发展提供了社会保障。

2. 养老保险的基本原则

（1）保障原则。

养老保险是对劳动者退休后的基本生活予以切实保障，这就是养老保险的保障原则。其基本要求是使劳动者在退出劳动岗位后，生活水平不会下降或不会下降过多。这一原则更多地强调社会公平，应当有利于低收入人群。反映在基本养老金的替代率方面，应该体现低收入人群养老金替代率较高，而高收入人群替代率相对较低。

（2）保障水平要与社会生产力发展水平相适应的原则。

基本养老保险应该也只能保障退休人员的基本生活。从我国目前的实际情况出发，确定养老保险的水平，一定要充分考虑到生产力水平较低、人口众多且老龄化速度加快的现实，充分考虑到国家、企业和个人的综合承受能力。

（3）公平与效率相结合的原则。

这一原则要求被保险人的待遇水平，既要体现社会公平的因素，又要体现不同人群之间的差别。因此，要将这两个方面的因素结合起来，在不同的养老保险体系之下，采用不同的方式。实行养老保险制度改革以来，在体现社会公平的同时，更加强调养老保险对于促进效率的作用，以达到公平与效率兼顾、统一与差别并重的目的。

（4）权利与义务相对应的原则。

这一原则是商业保险的普遍原则，即要求被保险人必须履行规定的义务后，才能具备享受养老保险待遇的权利。这些义务主要包括：

① 必须依法参加基本养老保险制度；

② 必须依法缴纳基本养老保险费或税，并达到规定的最低缴费或税年限。

（5）广覆盖原则。

社会保险的基本特征是运用"大数法则"，在某一社会范围内分散劳动者或社会成员的风险，从而构筑起一个"社会安全网"。从国际上看，养老保险的覆盖范围呈逐步扩大的趋势。我国养老保险体系目前已经逐步扩大到所有城镇企业、个体经济组织和企业化管理的事业单位。今后的发展方向是建立覆盖所有城镇劳动者的统一的基本养老保险体系。同时，广大农业劳动者也要建立有别于城镇的养老保险制度。

（6）管理服务社会化的原则。

这一原则的基本要求是：

① 政府制定养老保险政策并进行监管，但不直接经办养老保险事务，而是按照政事分开的原则，委托或设立一个社会机构管理养老保险事务和基金；

② 建立独立于企事业单位之外的基本养老保险体系，基本养老金实行社会化发放；

③ 依托社区开展退休人员的管理服务工作。

(7) 分享社会经济发展成果原则。

退休人员的基本养老金一般来说是比较稳定的，不会受到单位经济效益的影响。但在社会消费水平普遍提高的情况下，退休人员的实际生活水平就有可能出现相对下降。因此，应通过建立基本养老金调整机制，使退休人员的收入水平随着社会经济的发展而不断提高，分享社会经济发展的成果。

(8) 法制化原则。

养老保险行为必须在法律法规的范围内进行。同时，养老保险范围、主体、筹资方式、基金模式、待遇水平和管理方式等，都需要由法律法规来加以界定。

3. 建立农村养老保险制度的必要性

中共十一届三中全会以来，随着家庭联产承包制的广泛推行，原来的集体经济保障功能逐步弱化；计划生育政策在农村已取得明显成效，农民家庭孩子数量不断减少，人口老龄化加快。传统的农村养老制度已不适应农村人口和经济发展的需要。

(1) 农村经济体制的转变给传统的农村养老保险带来了新的挑战。

改革开放以来，我国农村发生了一系列与农民养老息息相关的重大社会变迁，并对过去依靠集体经济的农民保障方式提出了新的挑战。

① 20世纪70年代以来在我国农村普遍推行的计划生育政策，使我国农村人口结构逐渐发生了变化。由于多年来农村普遍推行"一对夫妇只生一个孩子"的节制生育政策，使我国农村老年人口的比例不断增大。在一些行政力度较大的地区，人口老龄化的趋势更加明显。如果这一政策再延续二三十年甚至更长时间，农民养老的突出矛盾将更加严峻地摆在人们面前。

② 家庭联产承包责任制的推行和集体经济的弱化。家庭联产承包责任制的推行使家庭重新成为经济单位。同时集体经济弱化把养老的任务推向家庭。如果没有新的养老制度出台，与计划生育政策带来的越来越重的家庭养老负袱将难以为继，一对夫妇要养4位老人和1~2个小孩，这是传统的家庭保障所无法承受的。

③ 农村基层组织功能弱化。家庭联产承包责任制实际上剥夺了村及村民小组对农业生产资料的分配权，《村民委员会组织法》的颁布虽然使农村基层组织服务群众的功能增强，但更多的职责是执行上级政府的政策，承担催粮、要钱、计划生育三大行政任务，养老等一系列社会问题大多被基层组织所忽视，这在一些不发达和贫困地区表现更为明显。

④ 农村青壮劳动力大量向城市转移，使农民获得了流动就业的自由，一些青壮劳动力长期滞留城市打工，不愿回到农村，给赡养其在家乡的老年父母带来困难。

⑤ 价值观念的变化。改革开放使广大农村青年的独立意识更加明显，不仅表现在结婚后与父母分家分居，而且表现在赡养父母意识的淡化，给老龄化提高的广大农村提出了建立新型农村养老保险制度的紧迫任务。

(2) 市场竞争使农民的经营风险加大，要求尽快建立能规避风险的养老保险制度。

尽管经过二十多年的改革开放，农村经济有了长足发展，但是农民家庭经济基础依然脆弱。2009年，全国农村居民家庭人均纯收入为5 000元，当年农民人均生活消费支出4 256元，人均剩余744元，如果考虑赡养老人和抚养小孩的支出，几乎没有剩余，一旦遇到天灾人祸，个人和家庭就难以承担。从过去单一的农业向多元混合型产业发展，使农民的收益越来越取决于市场需求的变化，农民的经营风险明显加大，一旦经营的农产品不能适应市场需求的变化，就可能使经济基础十分脆弱的农民家庭带来"蚀本"并带来背上沉重债务包袱的风险。市场经济增加农业生产效率的同时，也带来了越来越严重的两极分化现象，2009年城乡居民消费水平差距之比为3.04：1，比1990年的2.2：1有较明显的增大，农民收入分配的基尼系数还在扩大，说明农民的相对生活水平处于下降的态势。在原有的集体经济维系的农民养老保险物质基础已近解体之际，必须重新构建市场经济体制下的农村养老保险制度，否则由于市场竞争带来的经营风险及农村收入分配两极分化带来的部分处于贫困状态的农民的养老问题，将成为危及农村社会稳定的重要因素。

（3）人口老龄化的加快将大幅度增加对农村养老保险的需求，与农村经济发展相对落后的状况形成尖锐的矛盾。

老龄化是老年人口占总人口的比重不断上升的过程，老龄化进程的快慢取决于生育率下降和平均寿命提高的速度。我国人口平均寿命从1949年的35岁上升到目前的70岁，特别是20世纪70年代初开始的计划生育，效果十分显著，成为世界上生育率下降最快的国家。2000年，中国60岁以上人口比例超过10%，中国已进入老年型国家的行列，21世纪将出现世界上前所未有的高速人口老龄化，老年人口比例将在很短时间内达到一个相当高的水平。人口老龄化的直接后果之一就是养老的绝对需求加大，特别是在中国的农村。由于计划生育重点在农村，农村的独生子女户，特别是独女户和双女户在大幅度增加，"四、二、一"的家庭结构在逐渐形成；目前以及今后一段时期内还将继续出现的农村大批年轻劳动力离开他（她）们的父母向城市流动和转移，使原本子女就少的家庭，养老变得越来越困难。一些"老人村"正在形成，这预示着农村的养老问题将会比城市更严重。

4. 农村养老保险制度改革的基本取向

1992年，民政部发布了《县级农村社会养老保险基本方案（试行）》的通知，经过一些地方的试点摸索以后，认为这一试行方案比较符合当前农村人口经济发展变化的实际要求，被越来越多的农民所接受。

（1）低标准起步，以保障老年人基本生活为目的。

县级农村社会养老保障属于低保障制度。一是保险费的交纳和养老金的给付标准都较之城市低，因而农村老年人的基本生活需求的保障可以低于城市水平。二是在相当长的时期，农村的生产、交换、分配形式，决定了农村人口在60岁以后仍可创造劳动价值，尤其在老龄化高峰时期，应尽可能挖掘劳动者创造价值的时间，因而在农村不宜引入城市退休的概念，并盲目追求城市职工的养老水平。三是我国广大农村经济发展很不平衡，绝大多数农民的收入水平比城市职工要低得多，因此，较低的交费标准适合广大农民的经济承受能力。四是养老保险基金的保值增值主要由国家承担，如果保障水平过高，积累资金的绝对数过大，保值增值的负担也越重，因此起步阶段低标准的保障水平对国家也较为有利。

（2）社会养老保险与家庭养老相结合。

农村社会养老保险制度只是国家在农村建立的基本养老保障制度，标准较低，覆盖面大。除此之外，乡镇、村及其所属企业还可根据自己的经济力量，自办各种形式的补充养老保险，鼓励个人实行养老储蓄。同时还要充分发挥农村已有的各种基层保障形式的功能，形成更为完善的农村社会保障体系。

(3) 个人交费为主，集体补助为辅，国家给予政策扶持。

农村社会养老保险从起步就立足于建立个人交费、自我保障为主的机制，这是一个关键因素。我国目前处于社会主义初级阶段，经济力量还不雄厚，资金紧缺，因而农民养老问题的解决，绝不可能再走由国家和企业包办的路子。当然，农村社会养老保险也不能走集体包揽的路子。农村集体经济的资金主要来源于乡镇集体企业，而乡镇企业只有一部分地区比较发达。就农村总体情况而言，依靠集体经济包揽农民养老是不可能的。即使是乡镇企业发达的地区，由于企业本身也存在着经营风险，而老龄人口又急剧增加，务工农民的流动性又很大，如果由集体和企业全部负担农民养老金，必然日久生弊，难以为继。所以，农村社会养老保险金的筹集，必须坚持个人交费为主。在此基础上，集体可以根据自身的经济状况给予适当补助。而国家政策扶持主要体现在对乡镇企业支付集体补助予以税前列支。这样既体现政府和集体的责任，也可以增强这项制度的吸引力。

(4) 自助为主、互济为辅，采取储蓄积累形式。

自助为主，主要体现为交费和领取的形式，是按照不同的交费标准和年数，制定不同的领取标准。交费标准高，领取标准就高；交费标准低，领取标准亦低。同一交费标准，交费年数多，领取标准高；交费年数少，领取标准低。互济为辅，主要指我国农村人口的"老有所养"，应由劳动者的基本养老保险、集体的补充养老保险、个人的储蓄和继续创造财富，以及家庭的保障与照顾相结合来承担。农村社会养老保险采取"储蓄积累"形式也是与"现收现付"形式相区别的一个重要特点。农村的养老问题，国家过去没有做出承诺，没有背"大锅饭"的包袱。因此，农村社会养老保险没有采取"现收现付"的办法，而走积累式的发展道路，在启动时会有一定困难，但资金逐年储存积累，保值增值，时间越长，积累和增值越大，将来可以应付人口老龄化高峰期所产生的经济压力。

(5) 农村务农、务工、经商等各类人员社会养老保险制度一体化。

随着商品经济和市场经济的发展，目前大多数农村正在由单一的农业经济向农工商一体化转化。在这过程中，农村劳动力具有亦工亦农、离土不离乡以及务工务农务商流动性大的特点。同时，农村人口与城镇人口的界限相对稳定。因此，农村社会养老保险实行"一体化"原则，对务农人员与务工人员、经商人员一视同仁，不分性别、职业、职务，凡年满20～60岁的农民均可投保，平等享受集体补助。在一体化的制度内，社会养老保险关系随人迁移，劳动者本身不会因流动而失去保障，有利于劳动力的流动和劳动力市场的形成。

5. 新型农村社会养老保险

建立新型农村社会养老保险制度，是加快建立覆盖城乡居民的社会保障体系的重要组成部分，对确保农村居民基本生活，推动农村减贫和逐步缩小城乡差距，维护农村社会稳定意义重大，同时对改善心理预期，促进消费，拉动内需也具有重要意义。

(1) 什么是新型农村社会养老保险。

新型农村社会养老保险之所以被称为新农保，是相对于以前各地开展的农村养老保险而言的。过去的老农保主要是农民自己缴费，实际上是自我储蓄的模式，而新农保最大的特点是采取个人缴费、集体补助和政府补贴相结合的模式,有三个筹资渠道。特别是中央财政对地方进行补助,这个补助又是直接补贴到农民的头上。它是继取消农业税、农业直补、新型农村合作医疗等一系列惠农政策之后的又一项重大的惠农政策。

此外,不同于老农保主要建立农民个人账户的模式,新农保借鉴了目前城镇职工统账结合的模式。新农保在支付结构上分两部分:基础养老金和个人账户养老金,基础养老金由国家财政全部保证支付,这意味着中国农民60岁以后都将享受到国家普惠式的养老金。根据规划,将于2020年前全部实现所有农民都享有新农保。

(2) 新型农村社会养老保险制度的基本原则。

新型农村社会养老保险制度的基本原则,即"保基本、广覆盖、有弹性、可持续"。一是从农村实际出发,低水平起步,筹资和待遇标准要与经济发展及各方面承受力相适应;二是个人、集体、政府合理分担责任,权利与义务相适应;三是政府引导和农民自愿相结合,引导农民普遍参保;四是先行试点,逐步推开。

新型农村社会养老保险制度采取社会统筹与个人账户相结合的基本模式和个人缴费、集体补助、政府补贴相结合的筹资方式。年满16周岁、不是在校学生、未参加城镇职工基本养老保险的农村居民均可参加新型农村社会养老保险。年满60周岁、符合相关条件的参保农民可领取基本养老金。

二、案例示范

(一) 案例描述

"我该到哪里领养老金?"[①]

6月9日,南京市白下区法院一审判决蒋乃群诉南京市社保局不履行办理退休手续法定职责案败诉。

"按照国务院有关规定,我的养老保险'视同缴费'和实际缴费年限累计达37年。可为什么我就领不到养老金呢?现在法院也判我败诉了。我在哪里才能领到养老金?难道我工作了一辈子,到头来却是'老无所养'?"

2年来,六十多岁的蒋乃群一直在为自己的养老金苦苦奔波于深圳、南京和北京三地。而问题至今没有得到解决。

【两地"踢皮球"】

2002年4月7日,年满60周岁的蒋乃群收到了深圳市社保局的退休通知:他已到退休年龄,该局停止收取其社保费。

蒋乃群本以为,自己从此可以过上"老有所养"的悠闲生活,没想到,麻烦才刚刚开始。

很快,深圳市社保局又通知蒋乃群:根据《深圳经济特区企业员工社会养老保险条例》第23条规定,非深圳户籍员工必须实际缴费年限累计满15年,才能享受按月领取养老金

[①] 资料来源:http://www.southcn.com/weekend/commend/200407010026.htm

的待遇,而他在深圳的实际缴费年限只有7年。因此,他不具备在深圳市按月领取养老金的条件。

蒋乃群的户籍在江苏南京,他1962年起在南京汽车制造厂任职全民固定工,连续工龄30年。在此期间,他于1987年随企业参加南京市的社会统筹。

1992年,50岁的蒋乃群从南汽办理离职手续,南下深圳,应聘于一家外企。同时,他的档案也从南汽调入南京市人事局人才服务中心。

按照深圳有关地方法规的规定,蒋乃群从1995年6月开始在深圳参加社会保险,缴纳社保费,直至2002年4月正式退休。

"我在南汽工作的30年,按照国务院的规定是'视同缴费',再加上在深圳缴费7年,累计37年,现在却领不到养老金!这晚年生活怎么过呢?"为争取自己的晚年生活保障,蒋乃群开始一次次到深圳市社保局上访、求情,希望该局能"网开一面",让他"老有所养"。

但深圳市社保局始终没有"松口"。不过,该局给蒋乃群指出了一条"生路":按照有关规定,蒋乃群可在自己的户籍所在地退休,而其在深圳缴纳的社保金积累额可全部转往户籍所在地社保机构。

2002年5月份,蒋乃群找到南京市劳动和社会保障局,要求解决其退休养老的问题。但得到的答复竟是"无法办理"。该局养老处负责人告诉蒋乃群,按照劳动保障部的说法,在哪里缴纳社保金就应该在哪里领取养老金。所以他应该在深圳领取养老金,因为南京没有他的社保号。

"皮球"又被"踢"回了深圳。

无奈之下,蒋乃群所能做的就是把南京市劳保局的答复意见反馈给深圳市社保局。同时,他还向深圳市社保局表明,根据《国务院关于建立统一的企业职工基本养老保险制度的决定》第5条的规定,他此前在南汽工作的30年应视为"视同缴费30年",这已大大超过了深圳方面缴费15年的规定。

但深圳市社保局答复蒋乃群,按照《〈深圳经济特区企业员工社会养老保险条例〉若干实施规定》,非深圳户籍员工未在深圳缴费的工作时间不视为缴费年限。因此,他不符合在深圳按月领取养老金的条件。如果其户籍所在地社保机构不接受其所缴保费的积累额(即个人账户)就一次性全部退还给本人,就此结束社会保险关系。蒋乃群7年的个人账户积累额大约有1万多元。

对于这样的处理结果,蒋乃群当然无法接受。

他告诉记者:"我参加社会保险的目的就是为了退休后能老有所养,现在如果一次性退还社保金,不但违背了劳动者参加养老保险的初衷,而且也令养老保险失去了应有的意义。何况,1万多元怎么解决我在深圳的养老问题?"

"深圳社保局不承认我在南京的视同缴费年限,那南京市劳保局总该承认了吧?"2002年6月,蒋乃群又找到南京市劳保局。

这一次,南京市劳保局告诉蒋乃群,国家劳动和社会保障部办公厅在2002年5月30日给上海社保部门的一份《关于对户籍不在参保地的人员办理退休手续有关问题的复函》(劳社厅函2002190号文)中有关于他这种情况的明确答复:一、参保人员因工作流动在不同地区参保的,不论户籍在何处,其最后参保地的个人实际缴费年限,与在其他地区工作的实际缴费年限及符合国家规定的视同缴费年限,应合并计算,作为享受基本养老金的条件;二、参保人员达到法定退休年龄时,其退休手续由其最后参保地的劳动保障部门负责办理,并由最后参保地的社会保险经办机构支付养老保险待遇。

拿到这份"红头文件",困扰已久的蒋乃群如获至宝。时隔2年后,他仍清晰地记得自己当时喜悦的心情,"我以为有了劳保部的文件,我的问题应该不难解决了。"

然而,残酷的现实再一次击碎了蒋乃群短暂的喜悦。

当蒋乃群拿着上述文件再次来到深圳市社保局讨要自己的养老金时,该局工作人员却说,该文件发出日期是2002年5月30日,而他的退休日期是2002年4月7日,文件内容对其不发生效力。

当年11月,深圳市社保局在《关于蒋乃群养老保险待遇问题的答复》中更进一步表示,劳社厅函2002190号文件和《深圳经济特区企业员工社会养老保险条例》的规定"直接相冲突","按照《立法法》第65条规定,特区法规在经济特区范围内适用",而该文件"仅是劳动和社会保障部办公厅对上海社保部门发出的一个复函,并非具有普遍约束力的法规,在法律效力上远远低于作为特区法规的《条例》"。因此,对于蒋乃群的养老保险待遇问题,"只能适用《条例》,而不能适用劳社厅函2002190号文件"。

绕了一大圈,蒋乃群的养老金问题又回到了原地。

两地社保机构都引法据规,而个人的无奈和愤懑,在政策法规面前,显得苍白无力。但蒋乃群还是要问:"那我该去哪里领养老金呢?"

【被逼上法院】

多次碰壁之后,蒋乃群想到了仿效上海市社保部门的做法,向劳动和社会保障部反映自己的问题,并咨询处理意见。

2002年7月18日,蒋乃群将反映自己情况的材料发往国务院法制办以及劳动和社会保障部。

同时,在南京市社保局养老处单副处长的要求下,蒋乃群咨询了劳动和社会保障部的专家田春润。这位专家告诉蒋乃群:深圳特区有法规规定,他的户籍在南京,个人缴费不足15年,不符合在深圳退休的条件。

看来在深圳退休已是"此路不通",蒋乃群只得又把希望寄托到了南京方面。

当年9月12日,一直关注此事的《深圳特区报》刊载《南京市社保局解决蒋乃群老人养老金问题》一文,称"南京的社保机关部门负责人"表示"可以解决蒋乃群的养老金问题",由于"蒋乃群来深前已在南京汽车制造厂工作30年,来深后其档案一直托管在南京人事局人才服务中心。因此,蒋乃群只要将档案从劳动人事部门转到社保局办理退休手续,并补齐从南京汽车厂工作30年后至退休前这段时间的社保费,就可以在南京取得社保号并享受养老待遇"。

山重水复疑无路,柳暗花明又一村。蒋乃群以为这一次自己的问题总算可以解决了。

2004年1月20日,蒋乃群将上述报道先后传真给南京市劳保局和南京市人才服务中心,并于2月8日再次来到南京,与市人才服务中心的郑科长一起会见了市社保局的单处长。

没想到,单处长只是重申了根据劳社厅函2002190号文件的精神,强调蒋乃群在深圳参加社会保险，就应该在深圳办理退休养老。

单处长还告诉蒋乃群："你在南京没有社保号，现在已超过了退休年龄，我们不好给你办退休养老。你应该向国家劳动保障部写信反映。你要到书面回复后，我们才能按批示办理你的退休手续。"

2月10日，蒋乃群上访到南京市劳保局监察室。该室的金主任要他去南汽"把参加统筹的证明开出来"。

2月16日，南汽向南京市社保局开出证明称，"蒋乃群自1962年10月至1989年4月期间任南京汽车制造厂全民固定工，1992年9月调入南京市人事局人才服务中心"，并强调，南京市1987年起实施企业养老统筹时，南汽"同步加入，并按规定缴纳养老保险费"。

拿到这个证明，蒋乃群才知道，他早在1987年就已参加了社保，应该属于"在南京确有社保关系"，而且作为全民固定工有视同缴费30年，符合国务院的规定，完全可以在南京办理退休。因此，他再次要求南京市劳保局为他解决养老金问题。

面对蒋乃群的质问，南京市劳保局这回拿出的法宝是《江苏省城镇企业职工养老保险规定》（省政府139号令）第20条的规定："参加我省养老保险规定的职工达到国家、省规定退休年龄的，企业和个人按照规定缴纳养老保险费的，缴费年限满10年以上的，可以按月领取养老金。"该局认为蒋乃群于1995年在深圳参加社会保险，一直缴费到退休年龄（2002年4月），不符合在南京市办理退休的条件。

这个回复，让蒋乃群刚刚燃起的希望又一次像肥皂泡一样破灭了。

"难道我真的领不到养老金吗？"蒋乃群愤懑地对记者说，"看来只有通过法院来讨回我的权益了。这是我最后的希望了，希望我能在有生之年看到问题的解决。"

【意料中的败诉】

今年3月29日，蒋乃群向南京市白下区法院递交了诉状，起诉南京市劳保局不履行办理退休手续的法定职责。同时，他还将市人才服务中心作为第三人起诉到法庭，认为"当年人才中心和其签订的托管合同中有'代办社会养老保险'的规定。但10年来，该中心只管每年收取管理费，没有尽到通知义务，致使原告在不知情的情况下，只在深圳参加了社会养老保险"，因此，该中心对他领不到养老金的问题应负主要责任。

蒋乃群要求法院判决南京市劳保局立即为他办理在南京的退休手续并按月计发养老金，同时补发拖欠的养老金本金和利息及精神损失费10 000元。

4月，白下区法院开庭审理了此案。6月9日，该院做出一审判决：驳回了蒋乃群的诉讼请求，因为他没有证据证明他及相关企业按规定为其缴纳了养老保险费用。

"我预料到自己会败诉。但是我就是要这个判决，要这个书面的证据。"蒋乃群告诉记者，"两年来南京劳保局话说了一大堆，但始终不给我任何书面回复。有了判决即使输了，我还可以上诉，还可以上访。总会有地方讨回公道啊！"

目前，蒋乃群已提出了上诉。他在上诉书中写道："按照国务院决定，我有视同缴费年限30年，个人缴费年限7年，累计满37年，完全符合中华人民共和国企业员工退休养老的条件。我的退休养老问题直接关系到我的生存，南京政府主管部门必须从'国家尊重和保障人权'的角度出发，为我解决退休养老问题。"

5月底，记者在深圳再次见到蒋乃群。距今年1月初次见面仅过了几个月，他又憔悴了很多。

蒋乃群的代理人徐小芬告诉记者："蒋乃群是高级工程师，上个世纪80年代是南京汽车制造厂常驻意大利业务代表，负责南汽依维柯有关技术引进的项目；2000年作为中方首席设计师，负责上海APEC会议主会场的照明工程。现在，由于退休养老没有解决，他不得不继续工作，参加西部开发建设，2003年全年长期出差。就这样还要到北京去上访，身体受损很大。谁不想有个安闲的晚年，但他工作了一辈子，到头来还是老无所养啊！"

蒋乃群不服，上诉到南京市中级法院，依然未能挽回败局。

2005年，《南京市跨统筹区流动就业人员社会保险关系转移接续实施办法》出台。按照这个规定，曾在南京市参保的本市户籍人员，不管跨统筹区到什么城市、什么企业就业，只要在流动就业地参保并建立了个人账户，南京市企业职工养老保险结算管理中心应当依法转移接续申请人的个人账户返回南京市。

蒋乃群第二次将南京市社保局告上法庭。一审、二审一败涂地，理由与第一轮诉讼几乎如出一辙。

2007年，蒋乃群出现在北京市二中院，与原劳动与社会保障部对簿公堂。他认为，应当追究原劳动与社会保障部行政不作为的责任。最终仍然败诉。

从2007年起诉原劳动与社会保障部败诉后，蒋乃群仍不屈不挠，不断地向中央相关部门邮寄信访材料，至少每月寄一次，从不间断。如今，在蒋乃群的家里，依然保存着一米多高的书面资料。

2008年11月，国家人力资源和社会保障部派人找到蒋乃群，协商解决他的问题。从2009年1月1日开始，蒋乃群可以每月从南京社保局领取1 500元的养老保险，并享受医保待遇。

"数不清的行政申请、复议？人大代表的重视？"直到现在，蒋乃群也不知道到底是哪个环节起了作用。

2009年12月29日，由国务院制定的《城镇企业职工基本养老保险关系转移接续暂行办法》规定，从2010年1月1日起，包括农民工在内，参加城镇企业职工基本养老保险的所有人员，均可自由转移养老金账户。

（二）案例评析

如何应对"蒋乃群式"的问题？

国家建立社会养老保险制度的目的，就是要实现"老有所养"的社会理想。但作为具体执行机构的南京和深圳的社保部门为什么要把蒋乃群老人的养老金问题推来踢去呢？

深圳市社保局政策法规处的一位工作人员认为："蒋乃群的问题的根源，在于户籍制度及依附在户籍制度之上的社保制度。即使户籍制度取消了，但依附在其上面的其他制度并不会随之自然取消，城乡二元结构以及内地落后地区和沿海发达地区的差距也无法消除。"

她还告诉记者："目前国务院关于养老保险制度只有一个原则性的规范，并没有具体的实施细则。所以像蒋乃群这样的问题，只能由各地方自己制定实施细则来解决。"

据了解，《国务院关于建立统一的企业职工基本养老保险制度的决定》（国发[1997] 26

号文件）虽然明确要求"具体办法，由劳动部会同有关部门制定并指导实施"。但7年过去了，劳动部并没有制定出任何实施细则。

对此，深圳市社保局的这位工作人员分析说："这是由于全国各地的情况太过复杂，劳动保障部无法制定出可供具体操作的细则。"

结果，各地纷纷以地方立法（如深圳）或政府令（如江苏）的形式制定出实施细则，而本应由国家统一认定的如"视同缴费"等问题，也都由各地按对自己有利的解释来执行了。

但情况复杂并不能阻止千千万万个蒋乃群在全国各地流动。如果蒋乃群的问题不能得到解决，那"蒋乃群式"的问题就会越来越多地出现。

"蒋乃群的事情要想在深圳解决，除非养老保险的政策全国统一，养老保险的基金全国统筹。但这一点现在还无法做到，近年内也无法做到。"深圳市社保局政策法规处沈华亮处长告诉记者，"现在的养老保险都是地方统筹，多养一个人就多一份负担。但如果改由国家统筹的话，地方又没有积极性，工作一样做不下去。"

有资料显示，现在全国每年的社保缺口高达一千多亿元，其中养老保险的缺口有三百多亿元。既然各地的养老保险基金是地方统筹、自负盈亏，那么可想而知，各地肯定都希望交钱的人多一点，而领钱的人少一点了。

"深圳现在的户籍人口只有一百多万，而非户籍人口高达300万至400万。如果在深圳工作的人都在深圳退休而不加以限制的话，深圳肯定养不起。"深圳市社保局办公室副主任张学泰说，"但在深圳工作、在深圳纳税、在深圳缴费，却不能在深圳领取退休金，这对蒋乃群个人来说是不公平的。"

张学泰因此提出了一个解决问题的思路："鉴于各地经济水平的差距，是否可以对以前在内地的缴费或视同缴费以打折的方式来处理，从而解决这部分人群的问题，以体现公平的原则？"

三、任务实训

1. 实训案例：个体户如何参加社会养老保险

李某是长沙一家国有企业职工，2002年企业改制，单位和秋某有偿解除了劳动合同。秋某用这笔钱开了一个小商店，也还能赚不少钱。但是小商店不能开一辈子，现在糊口是可以，但是老了，靠什么来养活自己呢？秋某希望能把以前的工龄续上，继续缴纳养老保险，但是又不知道可不可以办理，也不知道如何去办理。于是他拨打了劳动保障局的咨询电话。

2. 案例分析

（1）秋某希望能继续参保，并把以前的连续工龄续上，是符合国家有关政策规定的。1997年《国务院关于建立统一的企业职工基本养老保险制度的决定》（国发[1997]26号）明确规定，城镇个体劳动者也要逐步实行基本养老保险制度，其缴费比例和待遇水平由省、自治区、直辖市人民政府参照本决定精神确定。

按这个文件的规定，秋某以个体户的身份是可以继续办理社会养老保险的。其缴费的基数和比例按湖南省有关规定，应按照当地上年度职工月平均工资为基数，按用人单位缴费比例与职工个人缴费比例之和缴费。

（2）对类似情况的处理意见。此案主要涉及的是个体工商户参保的问题。近几年来，我国国有企业在进行改制分流，从企业分流出来的人员很多。他们中有很多人都从事了个体经营，大都希望将以前的保险接续起来。对于类似情况的人员，可以在当地社会保险经办机构办理养老保险的登记或者接续手续。

3. 实训作业

如果你是接案社工，请谈谈你的处理方案。

四、巩固提高

1. 知识回顾

（1）退休、离休、退职与养老保险的内涵。
（2）养老保险的基本原则。
（3）养老保障制度的主要模式。
（4）我国城镇养老保障制度。
（5）农村养老保险制度改革的基本取向是什么？

2. 任务实训

朱某是长沙某玻璃厂职工，1964年参加工作，1973年开始一直病休。1998年，朱某满60岁，达到法定退休年龄。在办理退休手续时，劳动部门却不给办理，说朱某缴费年限没有达到15年，不能领取养老金。朱某很不理解，觉得自己为企业付出那么多心血，而且听说以前的工作年限可以视同缴费年限，怎么就说缴费年限不够？而且还影响到退休金的领取，朱某觉得很委屈。

请谈谈你的看法。

3. 问题思考

你认为我国的退休年龄是否需要提高？退休之后是否就应该领取养老金？

项目八　老年文化工作

> **项目简介**
>
> 本项目介绍了老年文化工作的含义、老年文化工作的原则，说明了老年文化生活建设的特点及意义，为科学引导老年人的学习生活、老年人的文体生活、老年人的兴趣爱好，做好老年文化服务工作提供了方法指南。
>
> **学习目标**
>
> 知识目标：通过本项目的学习，使学生掌握老年文化工作的含义、老年文化工作的原则，掌握老年文化生活建设的特点及意义。
>
> 技能目标：通过本项目相关理论知识的运用，使学生可以科学引导老年人的学习生活、老年人的文体生活、老年人的兴趣爱好，做好老年文化服务工作。

一、基础知识

（一）老年文化工作的含义与原则

老年文化工作是指根据老年人的生理和心理特点，组织和引导老年人开展各种各样的文化娱乐活动，丰富老年人生活，使其老有所乐。

根据老年人身心特点，老年文化工作要遵守下列基本原则：

（1）以动中取静，修身养性为主，尽量避免剧烈的运动和激烈的竞技；

（2）以娱乐、消遣为目的，尽量减少成败输赢给老年人带来的心理压力和精神刺激；

（3）偏重传统的内容和形式，以挖掘和弘扬他们积累多年的宝贵经验、技能、专长等民族文化财富，不要求他刻意求新，标新立异。

（二）老年文化与中国传统文化

建设老年文化学，就有必要认识中国传统文化。一个民族、一个时代有一个独特的文化，文化是物质文化和精神文化的结晶，从意识形态审视，它属于"更高地悬浮于空中的思想领域"。建设老年文化学，从多种思维指向，多种逻辑规则，多种评价标准，达到多元思维层次，使老年文化学具有传承性、富有开放性，就要力求准确把握和全面认知中国传统文化，在继承中求发展、求创新。

考察古往今来中国传统文化的理论与现象，可知中国传统文化大致有如下特征。

（1）中国传统文化历史悠久，源远流长，虽多次面临各种危机和挑战，其历程跌宕起伏却始终没有中断，表现出强健的生命力和鲜活的延续性。"天行健"，君子以"自强不息"，它展现了中华民族和中华文化生命不息、奋斗不止的精神。

（2）中国传统文化崇尚人的尊严和价值，历来强调"天地之间人为贵"。尊重和关爱人生而轻视鬼神，是中国文化宗教色彩淡化、入世意识较强的体现。

（3）中国文化重伦理、重道德。伦理思想，道德言行是衡量和维系社会秩序的精神支撑点，是文化的重要组成部分。

（4）中国传统文化以"求善"为目的，以"求活"为特征，形成了"伦理—道德—文化"的链条。同时，中国传统文化与政治关系密切，依附于政治，效力于政治。

（5）中国传统文化的思维方式，注重整体思维和矛盾辩证思维的统一与协调，重视事物彼此间的相互依存和关联，重视事物动态的生存和演变。"天人合一"、"阴阳五行"、"修身、齐家、治国、平天下"、"中庸之道"等，就是这种思维方式的具体呈现。

（6）中国传统文化是多元构成的。"大一统"的中华文化是动态的、复杂的、庞大的体系，有原始文化、奴隶社会文化、封建社会文化、半殖民地文化、资本主义文化等。从社会生活角度看，它包括农耕文化、畜牧文化、农业文化、工业文化等；从56个民族看有巴蜀文化、回文化、苗文化……从不同历史分期来审视，有夏文化、商文化、秦汉文化、隋唐文化、明清文化和近现代文化、当代文化等。

有的历史学者根据不同时期、不同地域文化的演变和差异，把中国传统文化的发展综合概括为10个阶段：

第一阶段为原始文化，主要以神话传说和原始宗教为特征的传说时代；

第二阶段是夏商周文化，主要以甲骨卜辞为特点的"小学"时代；

第三阶段是春秋战国文化，是以诸子百家，兴学争鸣为特征的"子学"时代；

第四阶段是两汉文化，是以罢黜百家、儒术独尊的"经学"时代；

第五阶段是魏晋文化，是以崇尚老庄为特征的"道学"时代；

第六阶段是隋唐文化，以热衷佛教，内儒外释为特征的"佛学"时代；

第七阶段是宋明文化，是诠释义理、侈谈心性为特点的"理学"时代；

第八阶段是清代文化，是以倡导考据、求证索引为特征的"朴学"时代；

第九阶段是近代文化，是鼓吹进化、倡导民主、科学为特征的"新学"时代；

第十阶段是现代文化，是以传播马列、兴学科技、发展生产为主要特征的"科学"时代。

这10个阶段，前后传承，渐进发展，不断变化，文明升华，由旧文化向新文化演进，是由传统文化向现代文化演进的过程。

中国传统文化记录了中国文明的进步，也记录了中华文化曲折的发展历程。它是以儒家文化为核心的文化，是以儒家和道家共同构成主干的文化，儒、道、佛汇流融合成中国文化主流。今天，发展和构建中国老年文化学，离不开对传统文化的继承。鉴古知今，只有批判传承中国传统文化，才有坚实的文化基础，才有肥美的文化土壤，这是我们回眸中国传统文化的目的所在。

（三）老年文化生活建设的特点及意义

人到老年，体力及精力都日渐衰微，离开工作，告别事业，或子女成家离去，或亲友老伴亡故，或社会交往的冷落等诸多因素，都会使老年人或轻或重地产生失落感。这些不良心态皆会对身心健康产生危害。因此，全社会不仅要重视和满足老年人的物质生活需求以及物质生活方式的建设，更要重视老年人文化生活的需求和文化生活方式的建设。老年人的文化生活是老年精神生活的重要内容。老年人的文化生活丰富与否，是衡量一个社会物质生活水平高低和社会文明进步程度的标准。与其他年龄段的人群相比，老年人的文化生活表现出一些独有的特征。首先，老年人的文化生活以修身养性、寄托精神、娱乐消遣为主要目的，而少有其他年龄层人的功利性。其次，老年人的文化生活因受其年龄、身体条件限制，较其他年龄人口缺少随意性。再者，老年人的文化生活以普及性、群众性为主，偏重于传统的内容与形式，不要求他们成绩突出或刻意求新。

老年人如果有着丰富的文化生活，对其增强体质、减少疾病、提高健康水平十分有益。首先，它使老年人心理上感觉自己还年轻，生命力旺盛，从而对生活充满信心。其次，它调剂和丰富了老年人的生活内容，使老年人感受到生活的无穷乐趣，认识到自己对社会仍有价值，从而不断产生新的追求和寄托。再者，在群体活动中，可以增进老年人之间的思想与感情的交流，改善老年人的精神状态，增进老年人对社会的认识与接触，获取更多的社会信息，从而跟上时代发展的步伐。

（四）老年文化生活的内容

1. 老年人的学习生活

"老有所学"是老年文化生活中最重要的部分。老年人的学习生活内容十分广泛，从学习的目的来看，大体有三种类型：一是颐养型，以锻炼身体、陶冶性情为主；二是知识型，以掌握知识为主；三是实用型，以实用为主要目的。老年人可根据自己的文化程度和兴趣爱好、学习目的来选择合适的内容。就颐养性情、延长寿命而言，老年人适宜选择以下的学习生活。

（1）上老年大学。

老年大学的课程大都根据老年人的兴趣和特点来开设，老年人可根据自己的兴趣与需要来选修相关课程，以增长知识，获得心理满足。同为老年族，相聚一起能交流感情沟通关系，改善孤独失落的情绪。通过学习还可使思维得到锻炼，推迟大脑的衰退。但不足之处是，目前我国只有大中城市才兴办老年大学，无法满足更多老年人的需求。如何更广泛、更便捷地满足广大农村乡镇老年人学习生活的需要，创办更多、更好的老年大学，是今后中国老年文化建设的重要课题和任务之一。

（2）学习书画。

书法和绘画是一门艺术，从事书法和绘画能使人们在艺术的境界中寄托情感，陶冶性情。在进行艺术创作时，全身心都沉浸在良好的情景之中，处于美的感染与创造之中，创作的过程即是审美享受的过程。此外书画创作时要求姿势端正、悬腕提肘、运力全身，其本身就是一种良好的运动方式。可见书法与绘画是老年人进行脑力活动与体力活动的最佳组合。

（3）学习音乐。

音乐可以养生、增寿；音乐通过其旋律、节奏、情调的变化调节人的情绪，使其处于安宁、欢乐、轻松的状态，因而摆脱精神困扰，净化心灵，陶冶情操。音乐旋律、节奏的起伏跌宕、快慢疾徐的变化,可以调整人体的生物节律,从而提高人防病抗老的能力。另一方面,引吭高歌或演奏乐器,能使肺活量增加,使胸腔以至全身都得到舒展,使身体器官得到锻炼。现代医学证明,音乐疗法对许多疾病尤其是老年病,具有显著疗效。

(4) 学习医学。

一般老年人都很关注自己的健康,重视养生之道。因此,学习相关的医学知识,既可提高老年人防病治病、养生健身的科学性,又能满足老年人"老有所学"的文化需求,活跃思维,调谐身心,有助于老年人的健康长寿。

(5) 读书看报。

读书看报无疑是老年人最简便易行的学习方式,也是最主要的学习方式,更是一种延年益寿的方法。其他种类学习往往要受到一些条件的制约,而读书看报,几乎不受任何条件的限制。读书能获取知识,又可涵养老年人的性情,使人获得精神享受;阅读报刊则可以使老年人及时了解国内外新闻和社情民意,与时俱进,和社会保持同步而不脱节。有条件者还可利用电脑上网阅读浏览,通过现代科技手段获取社会资讯。

"活到老,学到老"。坚持学习可使老年人紧跟时代步伐,开阔心胸,有助于提高生活乐趣,并以学习所得及知识经验,参与社会活动,置身集体之中。坚持学习,可进行脑力锻炼,增进老年人心理功能,有助于消除紧张心理,特别是可以提高记忆力和智力。坚持学习可以推迟和延缓衰老,保持心智处于积极状态,有利于提高老年人精神生活的质量。

但是老年人在学习生活中应注意避免两个误区。一是妄自菲薄,不愿学习。认为自己已年老体衰,大脑退化,什么都学不来。二是学习目的不正确,过于追求功利。老年人的学习生活应以怡情养性、益寿延年为主要目的,不必追求什么名利或达到什么标准。如果废寝忘食、不顾自身健康状况孜孜以求,不达目的誓不罢休,则与老年学习生活的正确目标相悖,使自己身心健康受到损害。

2. 老年人的文体生活

老年人的文体生活包括文娱与体育活动。退休后适度的精神追求和文体生活,可以帮助老年人树立起积极生活的信念,使老年生活充满着希望与乐趣,促进身心的健康发展。可供老年人文化娱乐和体育锻炼的项目很多,相对而言,比较有益于老年人身心健康的文体项目大约有以下几种。

(1) 跳舞健身。

舞蹈是融音乐、运动和娱乐为一体的一项文体活动,老年人经常跳舞既可活跃老年生活,促进老年人际交往;又可锻炼身体,陶冶性情,有益于身心健康。跳舞以优美的动作、造型和旋律给老年人美的享受,伴着优雅悦耳的舞曲,踏着富有节奏的舞步,可使老年人沉浸在轻松自如、愉快和谐的气氛之中,能激发调谐他们美好的心态和情感,达到强身健体、延年益寿之目的。老年医学证明:经常参加跳舞可消除疲劳、舒筋活血、增加肺活量、延缓肌肉细胞的衰老,使大脑处于最佳休息状态;跳舞还有助于睡眠,减缓神经衰弱、消化不良、肥胖、高血压、动脉硬化等症状。

当然,老年人的舞蹈不宜是动作强烈的摇滚或青少年喜爱的迪斯科等,而应选择节奏缓慢、曲调优雅、竞争性小、群体性强的适合老年人的舞蹈。

(2) 游泳健身。

游泳健身是非常适合老年人的体育活动。由于水温的作用,能使老年人的血管扩张,促进血液循环,增强人体对气温变化的适应能力。游泳时胸廓要承受 12~15kg 的压力,长期锻炼可以大大增强老年人的呼吸功能,加大肺活量,使呼吸变得深沉有力,有利于老年人长时间保持旺盛的精力。若在江河湖海中游泳,人体长时间与水、日光、新鲜空气接触,有利于皮肤健康。

(3) 太极健身。

太极拳(剑)是中华民族的传统体育项目之一,它汇集了我国古代保健体操之精华,具有健身祛病的功效,是我国宝贵的民族文化遗产。练太极拳(剑)能改善神经系统的功能,因为它要求人们做动作时精神要高度集中,能增强神经对各器官系统的营养作用。经常打太极拳对心血管系统也有良好的影响,是改善血液循环,消除肝脏淤血,改善肝脏功能的有效方法。此外,它还能提高呼吸系统的功能,改善消化系统,增强肌肉、骨骼、关节、韧带的活动能力。所以说,练太极拳(剑)是特别适宜高龄老年人的一种健身运动。不过练太极拳(剑)不必追求套路的差异,只要能熟练掌握套路就行,贵在熟能生巧,长年坚持不懈。

(4) 散步健身。

散步是老年人最简便易行地健身运动。"饭后百步走,活到九十九"。从传统民谚可见,散步是古今长寿的妙法之一。现代医学研究也证明,散步有益于老年人的身心健康,可以锻炼下肢肌肉和关节,促进身体的新陈代谢和血液循环,活筋骨,助消化,减脂肪,强心肌,预防心脑血管疾病。到户外散步锻炼,漫步在田野、公园、林间、水畔,沐浴阳光,呼吸新鲜空气,可使人身心放松,神情爽快,怡情养性,有利于老年人的心理健康。

(5) 垂钓健身。

钓鱼是国际上重要的体育项目之一,也是一项非常适合老年人的健身运动。外出垂钓,可以远离市区,远离喧闹和污染。或步行,或骑车,这本身就是一种很好的锻炼。垂钓可以养神,在垂钓过程中,全身心得到放松,对治疗失眠、神经衰弱、心情紧张、焦虑或抑郁等疾病都有良好的作用。垂钓时,又需要眼、脑、手相配合,动、静、意相协调,因此,经常垂钓能增强体力、提高大脑、手眼及肢体动作的灵活性、灵敏性和协调性。钓鱼还能培养锻炼细心、耐心等心智能力,有助于克服焦虑、浮躁等不利心理,增加乐趣,活跃情绪,减缓或避免某些不良情绪导致的身心疾病的发生及加重的可能。

3. 老年人的兴趣爱好

兴趣爱好是老年文化生活中不可缺少的重要组成部分,它可以使老年人生活充实、情绪愉快、增长知识、活跃思维、陶冶情操,有利于老年人的身心健康。老年人的兴趣爱好种类非常丰富,涉及面也十分广泛,但在选择时,应考虑适合老年人特点的项目。一般适宜老年人兴趣爱好的项目有如下几种。

(1) 欣赏音乐。

音乐对人的神情具有特殊的影响力,健康优美的音乐能使人精神焕发,心情舒畅,老年人欣赏适宜的音乐(或戏曲),可以丰富情感生活,享受美的乐趣,促进身心健康。从心理角度来说，音乐的节奏、旋律、和声、配器可使欣赏者产生丰富的联想和想象，调节老年人情绪，使之精神焕发，保持良好心境，忘却生活中的孤寂与烦恼。从生理的角度来说，人的各种生理活动都存在节律，特别是心脏的跳动和呼吸的进行。在优美的音乐刺激下，老年人会产生许多兴奋点，影响肌肉、血液和其他器官的活动，还可调整大脑的功能，使呼吸平稳，脉动富有节奏感，促进新陈代谢，增强生命活力。

（2）收藏集邮。

收藏或集邮是丰富多彩的老年文化生活当中重要的组成部分。老年人可利用自己充裕的闲暇时间进行收藏，不仅可以排解孤独与空虚之感，而且能大大丰富自己的文化生活，扩展知识，欣赏审美，陶冶情操，并因收得新藏品而获得成就感，心理和精神生活都得到极大的满足和享受。在收藏过程中，老年人应按照自己的兴趣爱好、自身条件和环境，选择1～2个门类，有计划、有系统地进行收藏、研究、整理和欣赏，其目的应是丰富精神生活，提高文化修养，促进身心健康。如果为渔利而收藏，或不顾自身条件而东奔西忙，或千方百计必欲收得某藏品而后快，以满足强烈的占有欲，则与老年人收藏活动的正确目的相悖，反而会严重影响老年人的身心健康。

在众多的收藏活动中，集邮是更适宜老年人的一项收藏活动。通过集邮，老年人可从"方寸天地"中学习古今中外、社会自然诸多知识，获取丰富的精神食粮，更好地认识世界，了解社会。同时，邮票画面设计精巧，色彩美观，千姿百态，具有很高的艺术价值与品位，欣赏邮票，可使老年人获得审美享受，提高艺术修养，消除不良心境和精神压力。通过整理、鉴赏多年收集的邮品，还可活跃思维，增强记忆力，促使老年人更加热爱生活，从而达到延年益寿之目的。

（3）下棋打牌。

下棋打牌也是深受老年人喜爱的休闲方式，更是一种有益的社交活动。下棋打牌可以锻炼思维，保持老年人智力，延缓脑细胞的衰老。棋盘牌桌之上，需凝神静思，全神贯注，心平气和；棋局牌势，瞬息万变，要经过反复谋略，方能投子落牌。老年人通过棋牌博弈，既可享受极大乐趣，又能提高记忆力、判断思维能力。以棋会友，以牌交友，切磋技艺，增进友谊，通过棋牌之乐，可消除孤独、抑郁之感，保持乐观心态，有助于延年益寿。但老年人下棋打牌应注意勿时间过长，应该不计较输赢，注意劳逸结合，保持心平气和。

（4）种花养鸟。

种花养鸟是非常适宜老年人的活动。种植花草，对老年人的身心健康具有良好的调节作用。鲜花美丽芬芳，色彩缤纷，赏心悦目，充满生机，能增添生活乐趣，引人积极向上，提升文化艺术修养，平和性情。种花既可丰富和调剂老年人的精神世界，得到美的享受，又能美化环境，净化空气，一举多得。侍弄花草，需要付出一定的劳动，对于平素运动较少的老年人来说，这恰好是一种非常适宜的、经常性的运动锻炼。许多花草树木本身也有保健治病作用：或花香以醒脑安神、清热降压、驱虫杀菌；或花叶以吸收毒气，净化环境；或花叶籽实以入药，祛病保健。

养鸟赏鸟对老年人身心健康也十分有益，既可锻炼身体，又可健脑养心，给老年人的生活带来无穷乐趣。养鸟需要学习相关知识，阅读、查询图书资料，有助于老年人积极用脑。养鸟还要每天遛鸟，有助于老年人更多接触自然，同时收到锻炼身体、吐故纳新之效果。鸟儿斑斓的色彩、婉转的啼鸣、优美的姿态、可人的性情,都会使老年人心情舒畅,乐趣无穷,祛除烦恼,远离喧嚣,进入鸟语花香的幽雅境界,享受一份自然天趣。研究证明,种花养鸟的确有助身心健康,延年益寿。

适合老年人兴趣爱好的项目还有许多,如篆刻、根雕、摄影、剪纸、抖空竹、打陀螺、演奏乐器、扎制与放飞风筝等。但应当指出,无论选择哪一项活动作为兴趣爱好,都必须是以颐养性情、充实生活为主要目的。如果带有强烈的功利意识,如想通过收藏赚大钱等,反而身为心役,有损老年人的身心健康。即便是态度端正、目的正确,在从事自己的兴趣爱好活动时,也应讲究"张弛有度",绝不可以夜以继日、乐此不疲,使身心过于劳累,从而容易导致发生意外。另外,从事自己的兴趣爱好活动,也要遵守法律,决不能干违法乱纪的事情,如通过下棋打牌进行赌博等,将有可能受到法律的制裁。

(五)社会工作者对老年文化生活建设的介入

1. 怎样指导老年人看电视

看电视是一种文娱活动,老年人闲暇时间很多,大都爱看电视。通过收看电视,可以了解世界、学习知识、丰富生活。看电视本是一件好事,但如果没有节制地看电视,反而会给老年人的身体健康带来不良影响,甚至会危害健康。因此,老年人看电视要注意以下几点。

(1)老年人看电视时间不能过长。

老年人看电视要有节制,每次看的时间不要太长,以1小时左右为宜。如果长时间看电视,会压迫坐骨神经,造成血脉不畅,加之电子辐射等因素会引发诸如腰酸背痛、腿脚麻木、躯体不灵、尾骨疼痛、静脉栓塞、视力下降、血压升高、头昏脑涨等症状,对老年人健康十分不利。由于荧光屏会产生静电荷,对空气中的灰尘有吸附作用,长时间观看电视,身体上、皮肤上也会吸附很多灰尘和微生物,容易导致皮肤及呼吸系统疾病。

(2)电视机放置位置要合适。

电视机放置的位置应以屏幕的中心比老年人就座时双目平行的视线略低一点儿为宜。眼睛与电视屏幕的距离不要太近,应是荧光屏对角线长度的4~6倍。

(3)电视机亮度及环境光线要适宜。

由于老年人的视觉较敏感,电视机过强或过弱的亮度都会对老年人的眼睛造成不良的影响。所以,电视机的亮度要适宜,白天对比度可强一些,晚上可弱一些。晚上看电视最好在老人身后或一侧开一盏小灯,灯光不要直射荧光屏和人的眼睛,以减轻眼睛对明暗变化的不适应,使眼睛减少疲劳。如用一盏小红灯则更好,因为红光下眼睛的杆状细胞中视紫红质不会减少。

(4)老年人看电视应多饮茶。

进入老年期后,人的视觉感官的调节功能会逐渐减退而出现不同程度的视力障碍,如远视(即老花眼)、视野狭窄、对光亮度的辨别力下降以及老年性白内障等。过度看电视无疑会加快老年人视觉功能的退化而导致视力障碍。所以,看电视时可多饮茶,因为茶叶中含有多脂糖物质,对造血功能有显著的保护作用,能抗辐射。茶叶中还含有各种维生素和胡萝卜素等营养物质,其中胡萝卜素在人体内会转变为维生素A,是维护眼生理功能的有用物质。此外，多饮茶有利于紫红质的合成，有利于恢复与防止老年人视力衰退。

（5）饭后不宜马上看电视。

有不少老年人一吃完饭就看电视，或者边吃饭边看电视，这样做对健康不利。因为刚吃完饭，胃肠要进行食物消化，血液也集中于肠胃中，大脑的供血量会减少，如果饭后马上看电视，既会加重大脑疲劳，又会影响肠胃消化。如果是边吃饭边看电视，精力会集中于电视画面上，容易忘记咀嚼或咀嚼不细；还会影响食欲，使人体内的消化液也分泌减少，妨碍消化。所以，老年人饭后休息一会儿再看电视为好。

（6）电视内容要适宜。

老年人忌看情节惊险、刺激的电视节目或场面激烈火暴的体育竞赛，因为这会导致老年人情绪急剧波动，从而可能诱发老年人心脑血管病的发作。因为过度的紧张、兴奋会刺激人体内的交感神经，使心跳加快，血管收缩，血压升高，以致引起高血压伴有动脉粥样硬化，甚至脑血管破裂而脑卒中，冠心病患者可能因心肌缺血而出现心绞痛，甚至心肌梗死。

2. 怎样指导老年人欣赏音乐

欣赏音乐是个人的审美活动，是与欣赏者的个人经历、思想修养、文化艺术水平、审美能力等密切相关的。音乐欣赏对于欣赏者本身的音乐知识水平、文艺素养等都有较高的要求，否则是不可能对所欣赏的作品有全面的理解和完美的艺术享受的。老年人欣赏音乐主要是为了主动休息，充实和丰富生活，增添生活情趣，得到美的享受，陶冶情操，使精神开朗豁达，充满欢乐，以使自己的晚年生活充实、愉快、幸福。所以欣赏音乐，要从实际出发，不能要求太高，否则得不偿失。

（1）要学会欣赏音乐。

老年人要培养对音乐的兴趣，可先选一些自己喜爱的歌曲或音乐，如轻松愉快、悦耳动听的民歌、小调、群众歌曲、轻音乐等；或是由浅入深地先选择一些声乐作品进行欣赏。结合欣赏，进一步学习一些音乐知识，逐渐提高自己的欣赏水平，特别是对古典音乐的欣赏水平。对音乐知识掌握得越多，欣赏水平就越高。有了"音乐耳朵"就能进一步理解、把握音乐作品，听出门道，从而得到完美享受，进而更加喜爱音乐，促进身心健康。

（2）要有欣赏音乐的条件。

要欣赏音乐就要具备基本的条件和设备，若有音响设备固然是好，若不具备，有多媒体电脑或起码有一台收录机也可以，自己可以选购所喜爱的光碟或磁带，随心所欲地加以欣赏。如果上述条件都不具备，有个收音机（最好能听调频立体声的）也行，也能收听到优美的音乐。

（3）养成欣赏音乐的良好习惯。

有了设备，还应养成欣赏音乐的良好习惯，每天都找出一段时间，舒适地坐下，静心聆听，使自己的心境和情绪与音乐的情感和旋律达到和谐共鸣。好的曲子、名曲要经常听、反复听，才能更多理解其丰富内涵，获得更多审美享受。若养成静心听、经常听的欣赏习惯，则可使老年人经常处于愉快、乐观、积极、向上的生活状态，从而达到延年益寿之目的。当然，老年人欣赏音乐不必刻意追求专业水准，不必当成负担，不必设定功利性目标，以免未能达到而徒增烦恼，欣赏音乐要方便、灵活、无拘无束、随心所欲，只要能达到轻松愉快、心情开朗的目的即可。

（4）要培养高尚的审美情趣。

通过音乐欣赏，培养高雅的审美情趣对老年生活十分重要。高雅的审美情趣可以有效抵御身心疾病，延缓衰老，保持健康，提高生活质量。高雅的审美情趣和正确的审美观点，须通过较长时间的音乐学习、音乐欣赏才能确立起来。因此，要提高审美情趣和审美能力，除了多听音乐、多学音乐知识外，还要多看一些音乐介绍、音乐评论、音乐赏析的文章、书刊等，注意鉴别是非、美丑，特别要多赏析经久不衰的、经典的音乐，而拒绝颓废的、不健康的、格调低级的音乐。

（5）欣赏音乐要有所选择。

老年人欣赏音乐时，并非可以来者不拒，而应根据自身的生理、心理特点加以选择，节奏过快或过于缓慢的音乐都不适合。那些节奏频率超过人的正常心率的音乐会令老年人心跳加快，情绪紧张，出现不适，甚至会成为某些疾病发病的诱因；而过于节奏缓慢的音乐，则会使老年人出现胸闷、憋气、压抑，甚至消极悲观等感觉；某些大型交响曲、大型乐器的合奏、重金属音乐、打击乐等长时间、高分贝的激烈音响效果，也很不适合老年人欣赏，这一类音乐轻则会使老年人听力受损、坐立不安，重则会使老年人心情烦躁、记忆力减退、头痛、失眠，甚至诱发某些严重的疾病。另外，欣赏音乐时，音量要适中，一般不要超过60分贝，没有噪声干扰。还要注意环境场所，不要只顾自己欣赏音乐而影响他人的生活。

3. 怎样指导老年人跳舞

跳舞对于大多数老年人来说，是一种很好的运动和文化娱乐的方式。它不仅能促进老年人的生理功能，同时还能有利于改善和加强良好的人际关系，调整和维护身心健康，从而提高整体的综合智力水平。但是老年人跳舞也应该遵循一些基本原则，否则就会适得其反。

（1）跳舞要注意舞姿美。

跳舞不仅要舞步正确，同时还要求舞者挺胸、收腹，头、颈、背、腰、胯、腿、脚各部位要协调一致，通过身体各部位的联合运动，使动作挺而不僵，柔而不懈，实而不松，使人感到一种美的享受。舞步的大小、快慢、进退都要稳健，每一步都要踩上音乐节拍。不耸肩、驼背、挺腹、屈身、八字脚等。

（2）跳舞要讲究风度。

跳舞要讲究风度。舞姿指人跳舞时的外在动作，而风度是指除了姿态以外，还应讲究的内在感情，包括举止、仪表等。尤其是在比较高雅的娱乐场所，那里的情调是和谐、温馨的，因此，衣冠不整、大声喧哗、横穿舞池等都会给人以粗鲁、失礼、格调低下甚至令人厌恶之感。因此，跳舞应自觉遵守舞场的礼仪，应该让喜欢翩翩起舞的人在文明礼貌、高雅温馨的环境场合中得到美的享受，感受到生活的乐趣。另外，在跳舞时，面部应保持微笑，神态应优雅自若，谦和有礼。

（3）跳舞要张弛有度。

跳舞虽然是一项有益活动，但也必须坚持适度的原则。无节制的狂舞，无疑有害于老年人的身心健康。长时间呆在舞厅中,舞厅的激光设备对视力会造成伤害;快节奏、强动感的迪斯科或摇滚以及跳秧歌舞时敲锣打鼓产生的噪声都会扰乱心神,使老年人血压升高,心率呼吸加快、精神亢奋,肌肉紧张。所以,老年朋友一定要学会在跳舞时调节和保持心理平衡,避免长时间处于兴奋状态,跳舞时间不宜过长。

(4) 患有某些疾病的老年人不宜跳舞。

跳舞虽是健身益寿的活动,但有些老年人却不宜参加,否则可能诱发疾病,有损健康。如患有感冒、肺结核、病毒性肝炎等疾病的人不宜跳舞,跳舞会使身体疲劳,加重病情;此外,在公共场合与人密切接触,可导致上述疾病的传播。患有高血压、动脉硬化或冠心病的老年人最好不要跳集体舞,更不要跳快步舞,以免情绪强烈波动而诱发高血压、心绞痛,甚至发生心梗。有癫痫病史的老年人不宜跳舞,以免引起癫痫发作。患有胃下垂、肾下垂、子宫脱垂等内脏下垂病的老年人,不宜经常跳舞,否则会使内脏下垂加重。另外,喝酒后特别是酒醉后的老年人不宜跳舞,以免酒后失控造成自身伤害或给人带来不快。

4. 怎样指导老年人下棋打牌

弈棋打牌是老年人喜爱的娱乐活动,但如果娱乐不当,则会适得其反。因此,应指导老年朋友下棋打牌时注意如下几个方面。

(1) 选择合适时间。

饭后或疲劳时不宜马上下棋打牌,因为下棋或打牌必然使大脑处于紧张状态,从而减少消化道的供血,导致消化不良和肠胃病。另外,饭后下棋打牌,会使老年人得不到正常休息,强打精神玩下去,一旦有事突然起身,就会觉得头重脚轻,出现头晕、眩晕等不适感,如果是高血压患者,极易引起脑卒中。

(2) 时间不宜过长。

老年人下棋或打牌,长时间坐着不活动,下肢的血液回流减少,会出现肿胀、有麻木感。久而久之很容易形成下肢静脉内血栓,下肢静脉曲张,诱发痔疮,易患结肠癌。长时间处于坐姿,也可引起腰背酸痛,造成腰部肌肉慢性劳损,有可能诱发坐骨神经痛及腰椎间盘突出等。

(3) 不要计较输赢。

下棋打牌,有输有赢,老年人切不可斤斤计较,以免为此情绪失控或激动过度,出现心梗、脑卒中等心脑血管意外。有高血压、心脏病及脑血管病的老年人尤要慎重,应控制情绪、笑对输赢,并减少棋牌时间,以免发生不测。

(4) 讲究卫生,娱乐有度。

下棋打牌,特别是打麻将、扑克,多人聚局,摸牌出牌过程中也往往容易传播多种细菌和病毒,因此,老年人应注意手的清洁卫生。下棋打牌后一定要认真洗手,不要在未洗手的情况下,用手抓东西吃,或接触入口的物品,也不可未洗手就随意揉眼睛、挖鼻孔等,以免把病菌带入体内。另外,多人一起聚在室内下棋玩牌,一旦通风不畅,极易造成空气污染,如果再有人抽烟,则会更加重对人体的危害,严重影响老年人的呼吸系统。因此,老年人下棋、打牌一定要注意开窗通风,保持室内空气流通。

总之,老年人下棋打牌一定要适时有度,切不可过分沉迷其中或过于争强好胜、计较得失,应避免因此而引发的激烈的情绪波动。

5. 如何指导老年人种花养鸟

（1）种花指导。

养花种草对老年人大有裨益，既可适当地运动筋骨气血，又能调剂精神，怡悦性情。要把花养好，并使之利于老年人的身心健康，应注意如下问题。

① 注意合理利用空间，疏密有度。在室内养花，应合理安排空间。如果摆放太多花花草草，不仅会影响室内采光，而且会遮挡视野，使人产生拥挤感而使心情不悦。在夜间，众多花卉会大量吸收室内氧气，放出太多二氧化碳，造成空气污染，危害人体健康。

② 注意品种的选择。在选择花卉莳养的品种时，应考虑选择那些适合老年人栽培的品种；即易栽培、易成活、抗病力、适应性较强的品种，适宜老年人的体力，如石榴、腊梅、瑞香、菊花、米兰、山茶、君子兰等。

花香有赏心怡情、保健治病的效能，所以，宜选择那些花香宜人、赏心悦目、强身健体、杀菌驱毒、有益于老年人身心健康的花卉品种。这样，在养花种草的同时，还可享受到"花香疗法"带来的益处。据研究证明：玫瑰花的香味儿能调节情绪，使人心情愉悦，是最适于放置在客厅中的鲜花种类；石榴花的香气能降低空气中的含铅量；腊梅、桂花、玉兰花的香气能大量吸收空气中的汞蒸汽；紫薇、茉莉、兰花的香气能分泌大量的植物杀菌素，是痢疾、白喉杆菌的克星；菊花、丁香花的香气对感冒病毒有明显的抑制作用；柠檬和夜来香的气味有明显的驱除蚊虫效果。天竺花的香味能安神、镇静，促进睡眠，迷迭花的香气能减轻气喘病患者的症状；菊花的香味能清热祛风，平肝明目，治头痛；金银花的香气可防止高血压；桂花的香气能解郁除烦、化痰生津、温通经脉；熏衣草的花香对牙痛病人有安定作用。此外，种植吊兰、芦荟、龟背竹、仙人掌类植物能大量吸收室内家具以及因装修产生的甲醛、苯类等有害气体，有利于净化空气，减少现代生活设施对老年人的危害。

但有些花草会对过敏性体质的人产生不良反应，如哮喘、鼻炎、皮肤过敏等。所以，应对致敏花卉有所了解，避免栽种。

③ 注意管理方法。在管理方法上，首先要控制浇水，一般掌握不干不浇的原则，在雨季则要注意少浇水，宁干勿湿。同时还要注意松土除草，并创造较为良好的通风条件。如果木本花卉枝叶过密，应进行疏枝摘叶，以保证光照透气。另外，还要注意防治病虫害，一旦发生病虫害须及时用手工或药物杀灭，并剪除病株，以防其蔓延。

④ 注意公共道德。在城市楼宇中，大部分家庭都利用阳台和窗台养花种草，稍有不慎就会影响到左邻右舍，产生不必要的纠纷。如浇花或松土时可能会使水滴或泥土溅落到下层邻居家晾晒的衣物上；施肥时处理不当会散发出恼人的气味令周围人不悦；发生病虫害时，会有虫子飞、爬到邻家室内等。尤其是老年人，可能会动作缓慢，手脚不再像年轻人那么灵敏，或保持有一些农村生活的习惯等，都有可能在莳弄花草时，有意无意地影响到他人。因此，一方面要提示老人注意公共道德，浇水施肥要避免影响他人，教给老年人正确的方式方法；另一方面要改造和完善养花的设施和环境，防渗漏、无污染、安全、卫生、整洁、美观，更便于老人操作。

（2）养鸟指导。

养鸟是一项非常有益并适宜老年人的活动。小鸟是老年人的健康之友，其清润婉转的鸣叫、活泼灵动的舞姿以及丰富斑斓的色彩都给老年人的生活带来无限乐趣；其生动可人的灵性以及蓬勃鲜活的生命力，有效驱除了老年人的孤独感和衰老感，而大大激发了他们对生活、对生命的无限热爱，从而积极面对人生与社会，热情创造老年新生活。要帮助老年朋友饲养好小鸟，从中受益，首先要指导他们掌握一些必备的常识。

① 家庭饲养观赏鸟要有适合的鸟笼和器具。首先须准备笼养设备。只有先置备好合适的鸟笼和其他附属器具，才能将鸟儿养得健康活泼，鸣唱动听。笼有圆形、方形及长方形等。在我国最讲究的是圆形竹笼，它没有死角，富于弹性，鸟儿不易撞伤，攀扒舒适。其大小高低可根据鸟儿的身体和动作特点而定，一般体形较大的观赏鸟，应选用宽大的疏丝笼喂养，使鸟儿有足够的活动空间；一般体形较小的观赏鸟宜选用体积较小的密丝笼来饲养，便于把玩和管理。但体形娇小尾羽却较长的鸟儿如寿带鸟、红嘴蓝鹊等则应选用高大一些的笼子来喂养，以免损坏其尾羽，影响观赏。还有一些鸟儿虽然体形较小，但有高飞鸣唱的习惯，如百灵、云雀等也应顺应其习性，选用高大的鸟笼来喂养。其他如鹦鹉、腊嘴等口喙坚硬发达且喜欢啄剥笼具的鸟儿，则只能用金属笼饲养。除鸟笼外，还需要配备其他各种附属器具，如水食缸、食插、栖棍、笼罩等。

② 要懂得合理调配饲料。笼养鸟的饲料配制是否合适，是能否养好观赏鸟的关键之一。饲料的蛋白质、碳水化合物、维生素、脂肪和矿物质等各种营养成分既不可缺少，又要合理调配，并应根据不同鸟类的食性和不同生长时期的需要，合理配比，饲以不同的饲料。

③ 鸟类的选择。鸟的种类繁多，应该选什么样的鸟进行饲养，这是初养笼鸟的人最关心的问题。如果喜欢五彩斑斓的羽裳，可选择相思鸟、寿带鸟、蓝翡翠、黄鹂、红嘴蓝鹊、戴菊、戴胜等品种加以饲养。如果喜欢婉转动听的妙音，可选择画眉、百灵、红点颏、蓝点颏、鹊鸲、半顶红、柳莺、山雀等。如果喜欢聪明伶俐、会学人语的，则可选择八哥、鹦鹉等。如果喜欢善解人意、技艺高超的，可选择黄鹃、金翅、朱顶雀、腊嘴雀等。

品种确定之后，选购时还必须仔细鉴别其优劣。挑选时应注意以下几方面：

A．挑选幼鸟：因为幼鸟成活率高且容易进行训练；

B．挑选体格健康者：注意羽毛要丰满、有光泽；脚爪完整，无伤残；体形匀称健壮，性情活跃，好鸣好动；食欲旺盛，排出的粪便呈条状；体羽整洁，尾部和肛门处无鸟粪污染；

C．选择善于鸣唱者：观赏鸟只有雄性才能鸣唱，固饲养鸣禽必须挑选雄性鸟。鸟类善鸣者其鸣声清脆洪亮，而且婉转悠扬，音节多变，十分悦耳。

（六）老年文化服务

随着老年人口的迅速增加以及人民群众生活水平的不断提高，尤其是新加入的老龄人口中受教育程度高的人所占比例越来越高，老年人的文化生活需求也日益增加。特别是城市老人的服务需求不仅表现在物质生活方面，而且越来越多的表现在精神生活方面。尤其是近几年在城市老人构成中，退休职工和离退休干部逐年增加，他们离开了原来的单位、职业乃至领导岗位，回到社区居民之中，往往会有一种失落感、孤独感甚至否定自我价值。如何为他们创造条件扩大社会联系，建立新的社交圈子，使他们继续参加社会生活，达到精神上新的平衡，已经成为老年人以及社区老人服务的一个重要课题。

为适应这种新情况，各城市基层社区纷纷兴办老年活动中心、老年茶社、老人之家、寿星园等。这类活动中心，一般都设有游艺室、阅览室，有的还举办书画展览、老年舞会等。如武汉市的老人茶社星罗棋布于大街小巷，把老人们从路灯下、马路边、摊亭前吸引到这里来品茶怡神、打牌下棋、欣赏戏曲，十分开心。有的老人一清早就来茶社等着开门，直到晚上才带两瓶开水回家，一日三餐还可在这里享用。各茶社座无虚席，茶社吸引着老人，老人离不开茶社。

除了上述大众化普及性的老年活动中心，在一些知识分子、领导干部比较集中的社区，还举办了适宜于文化、收入、职业层次较高的老人的活动场所，以保证这些老年人按照多年形成的习惯和意愿度过自己的晚年。在这些老年人活动中心里，成立了书法、围棋、桥牌、台球等协会；组织老年人就某些学术问题、理论问题进行探讨；还举办诗歌欣赏、音乐欣赏、楹联猜谜、老人交谊舞会等活动。如闻名全国的青岛市老年时装模特队，就是由一批离退休的老知识分子、老干部等组成的，他们活跃在T形台和演艺舞台上，银发红装，仪态高雅气度不凡，多次获得全国老年时装模特赛事的桂冠。这些在科学、文化、领导岗位上工作了一辈子的老人，在这里既是活动的组织者，也是活动的参加者；既发挥了余热，又得到了享受。由时装模特以及文艺活动的表演，他们甚至打造并发展起中老年时装品牌，全心全意地为老年人服务，更使自己的晚年生活快乐、充实、富有朝气。

然而，与城市相比，广大农村地区（除少数富裕乡镇外）的文化生活普遍较贫乏。一般农村老年人的生活需求还只是停留在物质生活的满足上，除了看电视、听新闻、打牌、下棋外，其他文化活动的内容和形式都非常欠缺。其原因一方面是因为农村的物质生活水平比较低；另一方面是由于目前农村社会工作的重点主要是放在解决养老问题上，为老年人提供的文化设施太少，或者完全没有。由此可见，加强农村文化建设、重视和解决农村老年人文化生活问题任重道远。

（七）老年文化的产业化发展

发展老年文化产业，是整个老年文化事业当中重要的一环，也拥有十分可观的广阔市场。发展老年文化产业，丰富老年人的业余文化生活，包括以下一些基本内容。

1. 老年体育保健

根据条件，兴建各种老年体育活动场所或健身中心，吸纳广大老年人参与其中，既可以满足老年人锻炼身体、预防疾病的需求，又可以满足老年人与他人交流的需求。此外，还可以开发一些适合老年人特点的保健用品和相关体育运动项目，以满足老年朋友日益增长的体育文化需求；开发老年活动场馆及赛事的广告媒体业务或举办其他有影响力的相关活动等，以提高本产业的商业价值，维护体育场馆的良性运行。

2. 老年教育

老年教育是一个前景非常广阔的空间。新世纪进入老龄行列的老年群体，文化水平及教育程度越来越高，离退休后求知的愿望和要求也非常强烈，因此，要加大力度，开办老年教育事业。在城市或有条件的地方，扩大老年大学的规模和数量，更应充分利用广播、电视、函授、特别是网络等多种方式，广泛开办老年教育，努力满足老年人的教育需求。

　　3. 老年旅游

　　稳定的社会养老保障、便捷的交通条件、完善的服务系统以及充足的闲暇时间等因素，使老年人周游全国甚至周游世界不再只是梦想。在欧美发达国家，老年旅游者甚至成为旅行社最大的客源。日益富裕起来的中国，老年旅游的潜在市场之广阔，是一个令人吃惊而兴奋的天文数字。因此，根据老年人的身心特征及相关条件，设计开发老年旅游产品，提供优质服务，既能丰富老年人的晚年生活，利于他们的身心健康；又能获得很高的商业价值，是一项社会效益和经济效益都非常可观的"朝阳"产业。

　　4. 老年文化设施

　　建设老年文化设施应"两条腿走路"。一方面是各地各级政府、文化、体育、广播电视等部门和工会、妇联、老龄委等群众团体应进一步加强老年文化工作；发展老年文化体育事业，建立社区老年活动中心或活动站（室）。现有图书馆、文化馆、群众艺术馆、文化站、公共场所等应为老年人提供优先、优惠服务，组织老年人开展体育健身和文化娱乐活动，提倡科学、文明、健康的生活方式。各级文化部门应积极组织创作老年人喜闻乐见的优秀作品，组织开展丰富多彩的老年文化活动。出版部门应组织出版适合老年人特点的图书、音像制品和电子出版物，满足老年人的精神文化需求，丰富老年人的精神文化生活。各地还应重视老年教育事业，发展广播、电视、网络和函授教育，兴办各类老年学校，以满足老年人日益增加的精神文化需求。另一方面是积极开拓老年文化设施及服务发展的社会化、产业化道路；鼓励和引导社会各方面力量积极参与、共同发展老年文化的服务行业。鼓励和指导社会力量按照有关规定兴办各类老年学校，逐步形成政府宏观管理、社会力量兴办、老年文化服务机构按市场化要求自主经营的管理体制和运行体制。同时，应积极研究、培育和开发老年文化消费市场，不断创新，研制开发更适合老年人特点的、更为人性化的老年文化产品和服务项目，引导老年人合理进行文化消费，满足老年人不同层次、不同类型的文化消费需求。

　　5. 老年文化专业人员培训与队伍建设

　　随着老龄人口的不断增加，全社会也急需建设和壮大一支专业化老龄工作者队伍，特别要加强老年文化工作干部的业务培训，提高其自身素质，使之能合格地肩负起领导基层老年文化服务工作的重任，为老年人群体提供较高水平的文化服务，这也是我国老龄事业所面临的一项重要任务。有条件的普通院校可开设相关的老年学专业和社区文化服务专业，培养一大批热爱老龄事业，全心全意为老年人服务的专业人员，来从事这项光荣而有前途的事业。同时又可为普通院校毕业生就业开辟一条新的门路。

二、案例示范——老年社区活动项目策划书

老年社区活动项目策划书范文[①]

项目目标：中国老年化的速度在加快，老年人口在增加，老年人的生活和权利需要被越来越多地关注。一部分老人的养老医疗日益成为问题，还有一部分老人衣食无忧，但他们的精神文化领域极度缺乏。前者更需要政府政策的倾斜与支持，而后者则是我们社会诸多力量可以一起改变的。我们希望通过大学生走进老年社区的形式给老人提供一种健康多彩且又积极科学的老年生活，打造出南京市第一家老年社区活动中心的模型，并以此为基础向其他社区扩展。

项目总负责人：×××

项目协理：××

主办方：××××

承办方：××××

活动内容：

目标：通过文艺娱乐、保健养生、书法写生、法律课堂四种形式丰富老人的日常生活，使老人在养生中娱乐，在学习中娱乐。

活动安排：每月 4 次活动，每月一循环。

第一周：音乐吧

第二周：保健养生大广场

第三周：书法写生大展示

第四周：法律课堂

具体内容：

1. 音乐吧

负责人：××

时间：每月第一周周六（日）下午 1：30—4：00

地点：社区大厅（或户外）

方式：第一次活动——初进社区"老少大联欢"

活动准备：

（1）宣传方面。提前在社区内做好各种宣传（包括时间、地点等），联系南京媒体"打造老人社区第一站"。

（2）器具会场准备方面。乐龄（社区）准备好音响、茶水、纸箱等。

（3）内容准备。"健康中国"选好主持人；"健康中国"联系好校剧社最好进行义演，"健康中国"所有志愿者也准备好节目（与老人贴近的），老人现场即兴准备表演。

活动流程：

（1）乐龄（社区）对此次社区打造发表讲话（安排在 5～10 分钟左右）。

---

① 资料来源：http://www.cai8.net.cn/bencandy.php?fid=41&id=20532

(2) 由"健康中国"学生负责人向老人澄清此次社区打造活动的相关内容与规则。

(3) 老少大联欢正式开始（具体内容略）。

(4) 乐龄（社区）出面向老人说明门口红色纸箱的作用和意义（解决学生志愿者车费和午饭费用）。

(5) 此次活动结束，再次提醒以后活动的时间地点。

后三次活动：老人歌咏比赛（模仿"超女"）——具体策划待定。

2. 保健养生大广场

负责人：××

时间：每月第二周周六（日）下午1：30—4：00

地点：户外（待定）

方式：通过现场演示和解说等形式将健康饮茶、健康饮酒蕴涵其中，使老年人从中获得正确方法。

健康演示员（三种途径）：志愿者中有能力胜任者；寻找社会资源；在社区老人中寻找有兴趣和知识者，让老人自己传授。

活动流程：具体流程略。

3. 书法写生大展示

负责人：×××

时间：每月第三周周六（日）下午1：30—4：00

地点：社区大厅（或户外）

活动准备：准备笔墨纸砚、音乐；提前宣传，让有条件的老人自备材料。

活动后续：从中挑出精美字画等进行义卖（最好能联系某些义卖活动）。

4. 法律课堂

负责人：×××

时间：每月第四周周六（日）下午1：30—4：00

活动内容：向社区老人讲授最基本的有关老人维权方面的法律知识（也可针对老人的具体情况决定课堂的内容）。

活动准备：由"健康中国"联系法学院同学进行义讲。

（具体略）

三、任务实训

1. 实训案例：老年行走俱乐部[①]

为进一步增强老年人体质，丰富老年人的生活，使老年人老有所乐、健康长寿，社区准备筹备成立老年行走俱乐部，为广大老年运动爱好者提供一个平台，以期通过各种活动增加老年人对运动的喜爱，达到锻炼身体的目的。

---

① 资料来源：http://www.cai8.net.cn/bencandy.php?fid=41&id=20532

2. 案例分析

本案例操作流程如下：

确定俱乐部的基本任务→拟定参加人员条件→拟定入会手续→拟定老年行走俱乐部章程→执行→评估。

3. 实训作业

请按照操作流程，拟订具体实施方案。

【提示】

（1）俱乐部的基本任务。

① 加强对行走运动的宣传，增强老年人对正确行走健身的意识。
② 开展技术培训、野外练习，增强老年人对健康行走的认识。
③ 组织老年人参加行走的各项活动，开展小型多样的竞赛活动，提高老年人的参与能力。
④ 加强与市内外其他老人俱乐部的交流，扩大老人的活动交友圈。

（2）参加人员条件。

凡热爱行走运动的 55 岁以上的男性和 50 岁以上的女性，身体能承受户外行走运动，愿意参加老年行走俱乐部的同志均可入会。

（3）入会手续。

持身份证、一寸照片及会费 50 元/年，到（指定地点）办理入会。老会员需每年 9 月 1 日开始到俱乐部登记注册换卡，旧卡于 10 月 1 日停用。热烈欢迎广大群众加入老年行走俱乐部！

（4）老年行走俱乐部章程。

老年朋友们，我们所做的一切都是为了您。您快乐、我高兴。老年行走俱乐部将给中老年人提供一个自娱自乐展示自己的舞台。伴您一生是心情，过好每一天，让自己天天都有好心情。学会善待自己，您就活得开心、活得潇洒、活得有滋有味、活得年轻。这里是心情释放的天堂，这里是您放飞希望的地方，这里是您实现梦想的加工厂，这里是快乐的家园、让我们的歌声飞扬。

告别昨天、珍惜今天、珍惜人生每一秒、快快乐乐度时光。

第一章　总则

第一条：老年行走俱乐部是由×××组织并领导的，由××组成的群众团体。
第二条：老年行走俱乐部的宗旨是以服务会员为核心，以提高老年人生活质量为目标。

第二章　任务

第三条：组织经常性的老年活动，丰富老年人文化娱乐生活。
第四条：提高老年精神文明生活的质量。
第五条：组织参加各类比赛活动。

第三章　会员

第六条：老年行走俱乐部采取个人会员制，凡女性50周岁以上、男性55周岁以上，承认老年行走俱乐部章程，均可自愿入会，没有身份限制。

第七条：入会程序。

（1）填写俱乐部申请表。认真阅读俱乐部章程，如实填写会员详细的资料及提供相关身份证明复印件，附一寸免冠近照2张（会员电话和通信地址如有变动，需及时通知老年行走俱乐部）。

（2）老年行走俱乐部对申请人提供的相关资料进行审核，审核时间不超过1周。

（3）向会员颁发会员卡，并为会员建立档案资料，对个人资料给予保密。

第八条：会员的权利与义务。

会员的权利：

（1）对本俱乐部的工作安排有建议、批评权；

（2）优先参加俱乐部举办的各项活动；

（3）有选举权和被选举权；

（4）享受俱乐部的各种福利；

（5）可自行组队代表俱乐部参加各级比赛；

（6）优先取得俱乐部的各种资料；

（7）可自愿申请退出俱乐部。

会员的义务：

（1）遵守俱乐部章程；

（2）积极参加俱乐部开展的各种活动；

（3）执行俱乐部的决议，承担俱乐部所委托的工作；

（4）积极宣传俱乐部，为俱乐部的发展作贡献；

（5）代表俱乐部参加各类比赛；维护俱乐部合法权益，不得以俱乐部名义谋取私人利益，不对外散布有损于俱乐部形象的言论；

（6）按时交纳会员费。

会员退会：

（1）会员自由退会；

（2）凡违反本章程的，老年行走俱乐部可以劝退或除名；

（3）退会人员不退本年度会费。

第九条：信息公告。

老年行走俱乐部会员均有资格自由选择参加各项活动。每次活动前，俱乐部将与会员之间通过论坛（未定）或电话方式进行交流联络。

第十条：会员类别与会费标准。

三种会员类别：

（1）普通会员；

（2）银卡会员；

（3）金卡会员。

老年行走俱乐部向每位新加入的会员提供会员卡，会员卡为会员参加老年行走俱乐部组织的各项活动的身份证明，并享有相应的权益。会员卡为1人1卡，参加俱乐部活动时，原则上只允许会员本人使用，不得转借或分享。

会员卡有效期为1年。期满后，会员如未提出变更会员类别，视为下一年度仍保持同类别会员身份，不必换卡，但必须在老年俱乐部进行注册。会员可随时提出变更类别，办理变更手续。

会费标准：
（1）普通会员（待商定）；
（2）银卡会员（待商定）；
（3）金卡会员（待商定）。
会员类别服务内容如下。
普通会员：
（1）参加俱乐部主办的各种活动。
（2）参加老年行走俱乐部会员AA制旅游、娱乐活动。
（3）参加老年行走俱乐部举办的各项联谊、健康讲座等大型活动。
银卡会员：
（1）享受普通会员的全部服务内容。
（2）享受俱乐部会员AA制旅游、娱乐活动费用10%的优惠政策。活动地点以外会员往返差旅费、食宿费自理。
（3）享受老年俱乐部其他培训，培训点以外会员往返差旅费、食宿费自理。
（4）享受俱乐部提供的健康知识讲座、免费医学检测、免费保健理疗、优惠的商品等。
（5）会员生日赠送精美礼品一份。
（6）组织会员倾吐心声、交友活动。
（7）免费参加俱乐部举办的各类活动。
（8）获邀参加俱乐部组织的歌舞晚会活动。
金卡会员：
（1）享受普通会员、银卡会员的全部服务内容。
（2）享受俱乐部会员AA制旅游、娱乐活动费用10%的优惠政策。活动地点以外会员往返差旅费、食宿费自理。
（3）享受俱乐部其他培训，培训点以外往返差旅费、食宿费自理。
（4）享受俱乐部提供的健康知识讲座、免费医学检测、免费保健理疗、优惠的商品等。
（5）会员生日赠送精美礼品一份。
（6）组织会员倾吐心声、交友活动。
（7）免费参加俱乐部举办的各类竞技活动。
（8）不定期组织"单身会员等你来见面会"。
（9）享受名医专家定期在老年俱乐部进行的咨询会。
（10）获邀参加老年俱乐部组织的歌舞晚会等活动。

第十一条：经费来源及使用。
（1）会员会费收入。
（2）争取社会的赞助。
（3）以上经费全部用于俱乐部的活动和日常工作经费。
第十二条：会员活动及服务。

随着老龄化的加剧，以及生活节奏的加快，亲人忙碌无暇与老人接触。空巢老人面临着精神孤独、失落、郁闷等现象。许多老人往往以散步、晒太阳、看电视度过难挨的时光。

为了消除老年人的孤独感，全社会都来关爱老人，树立敬老、爱老的社会新风，让老人感受到整个社会大家庭的温暖，关注今天的老人、就是关注明天的自己。

老年行走俱乐部不仅为老年朋友提供了一个锻炼身体的好场所，同时它还是一个驱散孤独、向外宣泄、向人倾吐心声、能使老人得到心理上满足的活动园地。

（1）关爱老年人身心健康：组织专家咨询、医学检测、保健理疗、健康知识讲座等活动。
（2）组织会员参加各种休闲娱乐活动：有计划的举办有益于老人身心健康的益智、竞技活动，为老年人提供一个展示自我的舞台。
（3）组织会员休闲旅游、交友活动。
（4）时装模特培训，提高老年人的气质、品位。（待定）
第十三条：老年行走俱乐部组织机构。

老年行走俱乐部设主任1名，副主任2名。老年行走俱乐部的管理人员全部从愿意为老年人义务服务的志愿者中，通过适当的形式选拔产生。

第十四条：附则。
（1）老年行走俱乐部可根据情况对本章程进行修改或补充。
（2）本章程的解释权属于"健康中国"。
（3）老年行走俱乐部会址：×××××。

四、巩固提高

1. 知识回顾

（1）老年文化工作的原则。
（2）老年文化生活建设的特点及意义。

2. 任务实训

中秋节到了，你所在的社区要筹备一个老年趣味运动会，请谈谈你的建议。

3. 问题思考

请拟订一个社区老年趣味运动会的活动计划，并思考有哪些需要特别注意的事项。

项目九　老年婚姻与家庭

> **项目简介**
>
> 　　本项目介绍了婚姻对老年人生活的重要性、我国老年人婚姻状况、当代老年再婚的新变化、我国老年人口家庭结构现状、空巢家庭的含义、现状及空巢老人存在的普遍问题。重点说明了老年婚姻关系的处理技巧、老年人的再婚问题及处理技巧、空巢老人的社会服务。
>
> **学习目标**
>
> 　　知识目标：通过本项目的学习，使学生了解我国老年人婚姻状况、影响老年人婚姻关系的因素、老年人的再婚问题，掌握当代老年人再婚的新变化、我国老年人口家庭结构现状、空巢家庭的含义及现状、空巢老人存在的普遍问题。
>
> 　　技能目标：通过本项目相关理论知识的运用，使学生可以掌握老年婚姻关系的处理技巧、老年人的再婚问题及处理技巧，空巢老人的社会服务，帮助老年人用积极的态度对待家庭关系，进行自我调节，尽快建立起新的生活规律和生活方式。

一、基础知识

（一）婚姻对老年人生活的重要性

愿所有的老年人都能有幸福的晚年生活，是社会的共同愿望。但何谓幸福老年，判断标准不是单一的。老年人的生活要过得幸福、充实，除了一定的经济保障，身体健康或无重大疾病，有若干的知心朋友，与家庭人际关系协调和睦等以外，婚姻的作用也是无可替代的，美满婚姻对提高老年人晚年生活质量具有重要的意义。

1. 老年婚姻是老年人家庭关系的基础

对于老年夫妇而言，老年婚姻关系经历了结婚、生育和抚养后代的过程，已经进入家庭生命周期的最后阶段，这时由于老年家庭的社会功能变化较大，如人口再生产功能已不复存在了，教育功能也相应减退了，社会交往功能也随着年老退休而大为削弱，但家庭的感情功能却由于老年夫妇逐渐或相继退出社会工作圈，子女也已离开另立家庭，从而变得较为突出。老年婚姻关系，作为老年夫妇感情的重要维系，必然成为老年家庭的基础。

2. 老年婚姻是老年人生命过程中的重要支柱

就人的生命周期考察，老年是人的生命周期的最后阶段。从退休至死亡，一般约20

年的时间,这一时期的老年人,社会角色变迁和年龄变动较大,将面临一系列心理和生理的不平衡问题需要调适。而老年婚姻关系,特别是其中居于核心地位的老年爱情维系,是调整老年人口心理失衡的可靠良药。老年婚姻中自然和社会的内容,会逐渐转变为以相互调适生理和心理状态为主,以适应老年阶段的需要。这种历经人生的磨难和考验,互谅互信而获得的爱情硕果,对老年夫妇来说,是异常珍贵的,有了它,就可以得到相濡以沫,共度老年期的力量;有了它,就可以克服由于老化过程的发展而出现的衰老病现象,减少或者减轻各种困扰,使功能得到调适,焕发生命活力。所以说,老年人美满的婚姻是老年人口生命过程中极为重要的支柱。

3. 老年婚姻有利于老年人身体健康和情绪满足

根据国外老人问题专家的研究,有36%的男女单身老年人在结婚交友前,希望早日了此残生;而找到对象和结婚之后,这一比率几乎降到了零。不少老年人都自我感觉"返老还童"了,"皮肤光洁"了,"不再受病魔折磨"了,"生活得更有活力"了。可见美满的婚姻是提高老年人生存意义与生活质量的"灵丹妙药",有利于老年人身体的健康。

据调查,许多长寿老人,除了在生活上有良好的习惯以外,绝大多数是由于夫妻和睦而白头偕老。家庭和睦,夫妻互敬互爱,共享高龄,这在古今中外都是屡见不鲜的。如我国著名科学家严济慈和他的夫人张宗英,夫妻皆属高寿,这固然有诸多因素,但夫妻间相敬如宾,心情舒畅,无疑是重要原因之一。现代医学认为,人在精神愉快时,可以分泌出对身体健康有益的激素,使血液的流量、神经细胞的兴奋调节到最佳状态;相反,当人孤独悲伤时,则会使各种有益的激素分泌紊乱,内脏器官失调,以至发生胃痉挛、出现血压升高、冠状动脉闭塞等病状。医学家们也认为,在一切对人不利的影响中,最能使人短命死亡的莫过于恶劣的心境。美国的调查资料表明,中年丧偶者的发病率比较高,他们的住院时间为同类患者的2倍,死亡率也明显偏高。老年人丧偶后再婚,不仅在生活上可以互相关照,而且在心灵上也是一种安慰,有利于健康。任何年龄组的人,都需要感情。老年婚姻可以促使老人精神上互相支持。子女、亲友以及社会的爱护、帮助,都无法取代配偶的感情及照顾。可以说,正常的老年婚姻是保持老人健康愉快的一个基础。

人到老年,随着生理上的衰老与变化,心理上也会发生很大的波动,而美满的婚姻,除了给予老年人性欲上的满足以外,更重要的是老年夫妇之间的那份情感融洽,那种亲密无间、相互关心和爱护,相互间能够鼓励和帮助,共同分享欢乐与痛苦。这样的婚姻关系,可以使老年人生活更加幸福与愉快,使退出社会生活主流的老年人,可以在家庭中感受温馨,消除孤独感,增添自信心,达到延年益寿的目的。

总之,老年婚姻之于老年人口的地位,在某种意义上,比中青年时期更为重要。当前社会,尤其是在城市中,有很多中青年并不重视婚姻;即使是重视者,其对配偶的依赖性较老年人来说也弱得多,那份恩爱毕竟没有经过太多的岁月积累,生离死别之时的痛楚也没有那么刻骨铭心。因此,如果有人问,人生最大的悲剧是什么?那回答应该是晚年失去配偶。几十年的相濡以沫,会悄悄积淀一种巨大的力量,这种力量平时淹没在琐碎的生活中,只是在失去时才会爆发出来,给人以致命打击。对老年人来说,一旦失去配偶,疾病衰老都将会接踵而至。因此,老年人口的婚姻问题,不仅关系老年人的生活质量与欢乐,而且也是影响老年人健康长寿的重要因素。

（二）我国老年人婚姻状况

老年人口婚姻状况，一般是指婚姻结构及其变动状况，其内容包括未婚、有配偶、分居、离婚、丧偶等方面。老年人口的婚姻状况受多种因素的制约和影响：一方面老年婚姻受老年人口自身的年龄变动、性别差异、生命过程等影响；另一方面，社会的文化传统、风俗习惯、道德观念，甚至不同的文化程度和不同的经济收入水平也将影响到老年人口婚姻结构的变动方向和变动规模。综合我国第五次人口普查的资料，我国老年人口婚姻状况呈现如下特点。

1. 老年人中未婚率低、离婚率低

第五次全国人口普查显示，我国 60 岁及 60 岁以上人口有 1.29 亿人，而其中未婚者仅 212 万人，约占 1.6%；老年离婚者所占比例更低，只有 84 万人，占老年人口的 0.7%，婚姻关系相对稳定。

2. 老年人中初婚有配偶的比例高，再婚有配偶的比例低

从老年人口婚姻的现状看，超过老年人口总数三分之二的老年人有配偶，约 8 615 万人；在有配偶的老年人口中，属于初婚的，约 8 106 万人；再婚有配偶的约 509 万人。初婚有配偶的高比例是与我国家庭关系的总体和睦与稳定相吻合的，而再婚有配偶低比例则从一个侧面反映出，老年人口中再婚者面临的各方面阻力还是不少。

3. 高龄老年人中女性老人丧偶率高

老年人中，丧偶者约占老年人口总数的 30.6%，而其中女性老人的丧偶率高出男性老人的 2 倍以上。由于传统文化、社会风尚等多种因素的作用，我国人口婚姻关系从总体上看是稳定的，家庭健全程度较高。我国老年人口的婚姻状况，与我国人口婚姻总体稳定状况相吻合。但值得关注的是老年婚姻的发展趋势，因为随着年龄的增长，老年人口（尤其是女性老年人口）丧偶率增高，将给老年人的晚年生活带来一系列影响。因而社会应该更加关注丧偶后的老年人，尤其是丧偶后的老年女性和没有社会保障的老人。

（三）老年人的婚姻类型

"少年夫妻老来伴"，老年人口的婚姻状况和类型正如老年人各自的经历，反映着老年人的生活状态，千差万别，千姿百态。而不同的婚姻状况，对老年人口的晚年生活有着截然不同的影响，成为老年人口晚年生活质量的重要变数之一。

老年人口的婚姻一般可分为下面几个类型。

1. 亲密无间型

夫妻两人经过生儿育女，风雨同舟，在几十年来的生活旅途中，相互之间已经变得十分了解和熟悉，一个眼神一个动作都知道对方的心思。在感情上互相慰藉，在生活中互相依赖，相濡以沫，心心相印，亲密无间，到了谁也离不开谁的地步。这是理想的老年婚姻类型。据专家调查，这样的婚姻关系约为 48%，占老年人夫妇总数的一半。

2. 感情融洽型

夫妻两人经过长期的共同生活，朝夕相处，已基本磨合，虽然偶有矛盾，但很快就会因一方的妥协而消除。双方之间互相信任，互相关心，感情融洽。这样的婚姻关系约占老年夫妇总调查人数的29%。

3. 得过且过型

夫妻两人经常产生矛盾和争吵，而且互不相让，最后以一方主动和解而结束。双方仍可做到互相尊重，或考虑子女等其他因素，不愿扩大矛盾，只是凑合着过日子。这样的婚姻关系也占老年夫妇总人数的20%。

4. 势同水火型

夫妻两人经常争吵，互不相让，势同水火，甚至大打出手。或者因关系不好经常互不理睬，处于冷战状态，甚至长期分居。这样的老年夫妇约占调查人数的4%左右。

从缔结婚姻、组成家庭到生儿育女，风雨同舟数十年，长期的共同生活、朝夕相处，绝大多数老年夫妇形成了相依为命的心理和相互依存的关系。这种积极健康的夫妇生活对老年人家庭的巩固和生活的幸福，有着相当重要的作用。但是，极少数婚姻关系恶劣的老年夫妇，虽然是极少数，仍然值得社会和老年人自己重视。人到老年后，朝夕相处的不是别人，而是自己的配偶。如果婚姻关系势同水火，长期不和，经常争吵，对老年人的心情和健康是很大的损伤；甚至可能引发社会问题，殃及他人。

（四）影响老年人婚姻关系的因素

不同的婚姻关系对于老年人口的生存质量显然是不同的，探讨影响老年人婚姻关系的因素的主要目的，是促进老年人良好婚姻关系的形成，以度过温馨的晚年。

老年人口的婚姻关系受很多因素的制约，既有社会的、经济的、环境的因素影响，更有进入老年期后，老年人生理、心理变化的原因。处理不当，将会使老年人的感情产生危机，甚至导致老年婚姻破裂。

1. 人到老年生理、心理的变化

人到老年，由于更年期的干扰，生理心理上不可避免要发生一系列的变化，如忧虑、多疑、情绪烦躁，容易发火等，特别是女性表现得更加异常。有的甚至产生精神性疾病，这是导致老年婚姻危机的重要因素之一。只要老年人口懂得自身生理心理的特点，学会自我调适，同时对老伴宽容大度，体贴关心，就会相安无事。如果不懂得上述特点，以为老伴有意"像换了个人似的"，采取火上加油的行动，对方的反应就会越来越大，双方的感情裂缝也会越来越深，最终酿成悲剧。

2. 老年夫妻性格、兴趣、爱好的差异

这是影响婚姻生活的常见因素，但由于人到老年，生理上、心理上发生的变化，使得老年夫妻之间的性格、兴趣、爱好的差异，会较年轻时表现得更为突出；同时由于环境的

变化也使这种差异的反差更加明显,反差太大必然影响到双方的关系。退休前,夫妻俩白天都在各自的工作岗位,忙于业务,献身事业,晚上才回到家里来,相对来说,互相磕碰的机会少,互相交流的话题多。退休后,从庞杂的社会回到狭小的家庭,空余时间多了,接触频繁了,可能会发现老伴做事这也不顺心,那也不称意,于是引起争吵,使感情产生裂痕。一般感情好的老年夫妻往往性格相近,兴趣爱好相同,有共同语言;而关系不好的老年夫妻,则很少有共同的兴趣爱好。对于老年夫妻双方来说,经过几十年的共同生活,感情大多已经融洽,只是人到老年,才又使这些差异凸现出来,因而加强沟通,相互理解,弥合差异,同样是处理老年婚姻关系的重要原则。

3. 老年家庭中的经济矛盾

经济基础决定上层建筑,婚姻关系的牢固与否,很大程度上受家庭经济基础的制约。某种意义上家庭经济生活中的矛盾,更能破坏夫妻关系。比如,夫妻双方的消费不平衡问题,如果一方消费太多,必然会引起另一方的不满。经济支配的对象、方式与数量的意见不统一,往往也会使夫妻之间发生分歧。有的家庭还会因为储蓄与开支的安排问题而产生矛盾;或由于爱好兴趣不同,从而花钱方式的不同而闹意见。这些因素看似小事,但对老年人夫妻关系有很大影响。

4. 老年夫妻双方相互尊重与体贴的程度

夫妻双方应该相互体贴与尊重,这似乎不应该是一个问题。但是,影响老年婚姻关系的因素中,虽然有些表面上看是一些小事,但其折射出来的却是夫妻相互尊重体贴等深层次的问题。比如家务劳动的分担问题,如果家务全由一人包揽,另一人则无所事事,必然影响到夫妻关系的融洽。如果夫妻缺乏必要的尊重与体贴,缺乏理解,互不相让,争吵不断,必然会给夫妻双方的感情投下阴影。

另外,人的一生中,感情分配是会不断发生变化的。结婚前,感情寄托在父母身上;结婚后,爱人成为感情倾注的主体;有了孩子,大部分的感情都会奉献给孩子。老年人家里有了小孙子,往往会将其捧作"宝贝",从而把感情转移到第三代身上,这可能会削弱老年夫妻之间的感情。倘若彼此对此缺乏理解,甚至认为自己被冷落了,产生失落感,夫妻的感情关系必然受到影响。这都说明互相尊重、体贴、理解的重要性。

5. 性生活的和谐程度

作为一种自然的生理活动,性生活是婚姻生活中的主要内容。老年人随着生殖功能的逐渐萎缩,构成性活动能力的生理、心理因素也大为削弱,婚姻生活中的性生活的地位可能较中青年人有所区别。但其对老年婚姻的重要性仍然是不容置疑的,可以肯定,性生活和谐程度与老年夫妻关系存在一定的相关性。性生活和谐的夫妻感情好的或比较好的居多,而性生活不和谐则夫妻关系很难好起来。

(五)老年人的再婚问题

老年人再婚,指老年人丧偶或离异后,再择偶婚配,继续婚姻关系。在我国,绝大多数老年人都结过婚,终身未婚或有不同婚史、离婚和分居的比例都很少,多数老年人都处在夫妻家庭构成之中。但作为自然规律，随着年龄的增长，死亡率的不断升高，老年人尤其是女性老年人丧偶率高，婚姻结构开始发生变化，这将给老年人的生活带来一系列的影响。据中国老龄科研中心1992年的一次调查，中国60岁至64岁的城市低龄老人丧偶率为16%，农村为20%，而80岁以上的城市高龄老人为63%，农村为76%。家庭空巢化，年龄高龄化，再加上丧偶，老年人的生活将更加孤独无助，雪上加霜。如何从丧偶的悲剧中走出来，重新找到生活的支点，这是摆在部分老年人面前的现实问题。与中青年群体相比，再婚成为老年人群相对敏感的现实话题，日渐为社会所重视。作为我国婚姻家庭生活领域中出现的新现象，老年人再婚已成为我国婚姻家庭研究的热点。

1. 老年人再婚的意义

（1）再婚有益于老年人的健康长寿。

我国婚姻关系从总体上看是稳定的，因而涉及老年再婚问题时，丧偶老人是老年再婚者的主体。

老年人离退休后，原本要适应社会角色、工作环境等巨大变化，如果再加上丧偶，更是个重大的精神打击，对老年人情绪的严重影响是无可估量的。这类老年人要比配偶健在的老年人更孤独、更寂寞、更容易在身心方面受到损害。失去伴侣，身边没有说知心话的人，缺少精神支柱。丧偶者原来从配偶那里得到的支持、安慰、体贴和照料突然消失了，势必影响老年人的健康长寿。国外专家研究后发现，老年人丧偶后死亡的危险增大，比如66~70岁的女性丧偶后的死亡率是同龄未丧偶者的2.16倍。同时，研究发现老年人丧偶后2~3年内的死亡危险最大，是同龄未丧偶者的2.76倍。据黎巴嫩专家的研究，由于丧偶造成精神上的创伤和心理上产生孤独感而使丧偶老年人死亡的明显增多。苏联对长寿者的调查和日本对百岁以上老年人的调查都表明，长寿的人，其配偶大多还健在；相反，在未婚与丧偶者中，体弱多病者很多，其寿命也相应缩短。有人对丧偶老年人进行调查，发现老年鳏夫的死亡率比寡妇之夫高40%。对各种老年精神障碍者的调查中，离婚者或配偶一方死亡者患病率高，这类老年人的自杀率，则更高于家庭美满、夫妻健在者。

人到老年，生理、心理、性格、脾气等方面都发生了很大变化，尤其是在丧偶后，这种变化更为明显。但这种变化却又往往不为子女、亲属所理解，老年人内心有自己难言的苦恼，感到许多事情不便叫子女做，许多话又不便向子女说，与子女之间的感情也不能代替老伴之间的那种特殊感情。至于那些子女不在身边或者体弱多病的老年人，尤其是受到子女的冷淡、歧视和虐待的老年人，为了解除孤独，得到精神上的慰藉，对再寻伴侣，重新建立幸福家庭的愿望，就更加迫切了。丧偶老人再婚后，有了商量谈心、生活上互相体贴和照顾的伴侣，消除了丧偶老人的孤独感，这对身心健康是有利的。

老年人丧偶或离异后再婚，能够缓解老年人的孤独与不幸，可以消除消极的情绪；可以使那些经济上无依无靠或经济来源不足的孀居妇女在生活上有了保障；可以使那些不会理家，生活狼藉的鳏居老年人得到照顾；可以使那些鳏寡老年人在精神上得到慰藉，愈合已濒于崩溃的心理创伤，激发起生的乐趣；可以使老年人获得业已失去的大自然赐予人类的夫妻生活，重新获得老年夫妻特有的爱情，从而摆脱孤身生活的困境，增强老年人追求幸福生活的信心。从这些意义上说，老年再婚是消除孤独感，提高生存意义的"特效药"。

上海市某街道对退休老年人的调查表明，生活满意感高的老年人中，有配偶的明显地多于无配偶者，前者是后者的 4.3 倍，而且前者的满意程度更高。根据日本"品茶之友"婚姻问题咨询的经验来看，老年人找到了恋爱对象或结婚时，会异口同声地说，"返老还童了"、"不再受病魔折磨了"、"生活得更有活力了"等。在恋爱、结婚以前，曾希望早日了结残生的人，男女都为 36%，而恋爱、结婚后，这一比率几乎降到了零，全部消失了。这是因为原来的孤独感消除了，生活乐趣被激发出来了。

（2）老年人再婚具有社会意义。

从社会的角度看，老年人再婚不仅激发了老年人口的生活乐趣，从而对老年人口精神和物质生活产生重要影响，对社会也同样具有重要的意义。老年人再婚，老年人口婚姻关系的恢复和家庭的建立，有利于老年人社会活动的开拓，扩展老年人际关系；老年人之间相互照顾，相互慰藉，许多由于孤独或缺少亲人照顾而发生的疾病，可能就会避免，一定程度减轻了社会的负担，节省了家庭成员的精力；老人之间相互倾听和诉说，心理问题得到排解，也促进了社会的稳定。

2. 老年人再婚的阻力

老年人再婚有利于老人的身心健康，但并不是每个丧偶或离异的老年人都愿意或能够再婚，老年人再婚，所遇到的问题比年轻人复杂得多。由于老年再婚的利益取向将与再婚老人原有家庭发生冲突，从而引发了来自各自社会关系和家庭的不利老年再婚的阻力，以及老年人的自我心理障碍。尽管不少孤身老年人有再婚意愿，但其中付诸行动的却不多。现实生活中多种因素相互作用形成的阻碍老年人恋爱和结婚的森严壁垒，导致不少老年人对再婚问题还处在所谓的"做梦都在想，醒来不敢讲"的状况。据调查，我国有三分之一的老年人丧偶或离异后有再婚的可能，但实际上再婚率还不足 3%。老年人的再婚率并不高，其中原因值得探讨。

（1）封建陈腐的道德观念。

在我国，几千年封建文化传统及其习俗，形成了巨大的社会舆论压力。鳏夫再娶，寡妇改嫁，历来名声都不那么好，在农村尤其如此。不少人总以"好女不嫁二夫"的封建陈腐观念进行评头论足，老年再婚常常成为街头巷尾、茶余饭后的热门话题，而且说起来总带有几分讽刺的味道，使那些想再婚的老年人望而生畏、闻之却步。就像一张看不见摸不着的网，使人左冲右突不易扯破。

老年人特别是老年妇女的再婚，往往还会受到社会舆论的压制。人们从旧的观念出发，认为结婚娶嫁是年轻人的事。中年人丧偶而子女还小，需要经济上支持和照料，再婚也情有可原。至于老年男女，再婚就是"老风流"、"色心不死"。特别是老年妇女，若是到了六七十岁还嫁人，往往被人嗤之以鼻，认为不守"妇道"，亲戚熟人也要与之断绝来往。还是"安分守己"，心如枯井地度过晚年为好。

（2）子女或晚辈们的反对。

某市的民政部门调查了 1 811 位有再婚意愿的老人，因子女强烈反对而未能结婚的占 78%，子女干涉和阻止老人再婚的具体原因也很多。有的是缺乏对父母的理解，说："咱们现在生活得很好，为什么还要找老伴呢？是不是嫌我们照顾得不好。"有的是受封建思想和世俗偏见的影响。例如，担心父母再婚会让人说闲话，认为晚辈不孝，长辈才会出此下策；会愧对已故的老伴；不愿照顾护理后母（继父）等。在农村，子女特别担心的是受社会舆论的耻笑，自己无法在熟人面前抬头。而且，受社会上存在着对继母的习俗偏见，即使子女已成家另立门户，也对继母有一种莫名其妙的反感。更多的子女则是出于经济方面的考虑。例如，从利己主义动机出发，为房子，为票子，怕遗产"外流"而对老人再婚横加干涉。或者怕老人再婚后影响对自己的资助，要求老人再婚前将积蓄拿出来给子女们平分，甚至向另一方老人以要嫁妆为名索取钱财。

（3）老年人自身的原因。

老年人再婚不同于年轻男女初婚，也不同于中年人再婚。因为老年人再婚往往不是出于性生活、生儿育女、生产劳动和积蓄财产的动机。在走过漫长而曲折的人生路途之后，老年人已进入生命的黄昏时期，丧偶或离异后再婚，主要是希望通过组建新家庭弥补自理能力和应变能力逐步减弱的缺陷，寻求精神上的安慰，但对于再婚能否实现自己的愿望也顾虑重重。他们都是大半辈子在一个稳固的家庭中生活，形成了一种比较固定的人际关系以及心理结构，要他们打破这种固有的平衡，变换一下自己在生活中的角色，从再婚中寻求晚年的幸福，是件极不容易的事情。反映在现实生活中，我国丧偶和离婚老年人大多是在再婚的门槛外左顾右盼，犹豫徘徊。

有些老年男性由于缺乏医学知识，认为再婚有性生活会短寿，甚至可能连性命也送掉。老年妇女更是顾虑重重，担心被人耻笑，在社会上抬不起头。有的老年人担心再婚对不起已故的配偶，或担心不被子女所容；有的老年人担心再婚可能遇人不淑、再闹离婚等；还有的老年人因受封建伦理道德的影响，认为对性恬淡无欲是高尚的修养，"都这么大把年纪了，还谈什么恋爱"，所以，即使有这方面的欲望，也是进行自我压抑。甚至一些具有一定文化修养的老年人，也用不容反驳的语气说"老年人恋爱是老年痴呆的表现"，因而强压心中的欲望。

（4）老年人的经济状况。

经济状况决定了老年人在家庭中的地位，并在很大程度上决定了老年再婚的可行性。有些老年人和子女生活在一起，没有住房，甚至没有足以维持独立生活的经济收入来源，在主要依靠子女赡养的情况下，如果没有子女的支持和理解，再婚的困难可想而知，经济状况是阻碍老年再婚的极为现实的问题。

（5）社会服务滞后的原因。

我国老年人口为世界之最，但形成鲜明对比的是，目前我国老年服务机构发展的相对滞后，而专门为丧偶老人设立的、能够对丧偶老人提供心理上的援助和生活上的照料的救助机构，如老年心理危机干预中心，就更为缺乏。社会服务的滞后和欠缺，一定程度上限制了老年人之间联系和了解的机会，更不可能为老年人恋爱、结婚、性问题提供有效的咨询、服务。尽管目前国内不少城市已开设了老年婚姻介绍所，但面对着庞大的孤独老年人群体来说，仍是少得可怜。

3. 老年人再婚的特点

（1）老年妇女丧偶者多，再婚者少。

可能由于传统观念的原因，现实生活中，老年家庭中男性年龄一般都比女性年龄大，而从生理特征来看，女性一般又比男性长寿。因此，老年丧偶者以女性居多，而对于再婚问题，老年女性比老年男性有更多的顾虑。所以，老年女性再婚者也少，一定程度上影响了老年人口中再婚者的比例。

（2）子女对老年人再婚阻挠者多，同情者少。

老年再婚，子女的意见举足轻重。老年家庭经济条件好的，男方子女往往担心家庭财产被女方刮走；经济上不富裕的，担心再婚后，自己的子女不愿继续赡养。由于受传统观念的影响，女方的子女则往往认为，再婚是对不起死去的父亲，所以对老年人再婚也多有阻挠。

（3）年龄差距较中青年群体大。

男女双方年龄差距在中青年群体中也存在，但比较而言，老年再婚者的差距更大，也更普遍，一般是男方年龄比女方大，有的甚至相差 20～30 岁，老夫少妻的家庭模式非常普遍。

（4）择偶多偏重于经济和住房条件。

不可否认，老年再婚，感情是很重要的因素，但其择偶条件的选择也相对更现实一些，对于经济和住房条件的考虑更多一些。持这种想法的主要是女方，想找个晚年可靠的饭票，拥有舒适的住所。

（5）再婚成功率低，离婚率高。

有资料表明，老年人离婚现在呈上升趋势，而再婚老人离婚的案件占所有老年离婚案件的 90%，有的调查认为现在有三成的再婚老人最后又分手了。他们往往只相识不久就草草成婚，结婚速度快，婚礼简单，婚后矛盾较多，甚至结婚不久就离婚。

4. 老年人再婚的动机

老年人再婚的动机不外乎以下几种。

（1）因生活起居需要。

这部分老年人因体弱多病，原来靠配偶照顾。丧偶后，晚辈照料不过来，迫切需要有人照料做伴。有这类动机的老年人人数最多，占总调查人数的 48%。

（2）因居住条件需要。

这种情况主要发生在城市，而且以女性老年人为主。由于儿孙辈成长后住房特别紧张，为了腾出房子给晚辈，她们选择再婚之路，有些人甚至单纯为了能有住处就草率结婚。这类老年人约占调查人数的 20%。

（3）因心灵上孤独需要。

这部分老年人一般文化修养程度较高，他们觅知音以重调琴瑟，弥补心灵上的空虚感。他们约占调查人数的 20% 左右。

（4）因性生活需要。

这些老年人身体健康，性欲旺盛，甚至有的单纯是为了满足性需要而找伴的。这类人约占调查人数的 7.5%。

（5）因经济困难需要。

有这种动机的几乎全部是老年女性，她们原是无业的家庭主妇，或是退休工资特低的街道老职工。也有些人日子还过得去，但是为了吃好穿好而再婚，约占调查人数的 4%。

(6) 因家庭关系不和睦需要。

此外,还有与小辈关系不和睦而再婚,也有的是几种原因兼而有之的。

5. 当代老年人再婚的新变化

在中国人传统的观念中,老年婚姻也就是找个伴而已。而当代,随着经济的发展,生活观念的变化,部分老年人的爱情观开始与年轻人趋同,敢于大胆追求爱与性。注重婚姻的质量和活力,越来越成为老年人婚姻的新要求,表现如下。

(1) 可为爱情舍亲情。

物质的丰富,经济的独立,引起了老年婚姻观念的现代化。从以前封建的"从一而终"到现在的愿意再次结婚;从重视经济因素发展到更加关注情感问题。许多老人甚至表示可能为爱情舍亲情,认为现在不愁吃穿,找老伴就图个精神交流,为了"能擦出火花"的爱情,可以背离故土,远走他乡。

(2) 代际婚姻开始出现。

以前女方找男方,主要是找经济依靠,是找"饭票";男方则是找个能照顾自己的人,是找"保姆"。而现在老年人再婚,选择的条件与年轻人已经没有太大差别,女方要求老头长相潇洒,身材高大;而男方则希望老太太漂亮、体贴、身段好。专门从事性学研究的专家指出,"代际婚姻"的背后,有性的原因。以往人们难以启齿的夫妻"性生活",如今已成为衡量婚姻质量的一个重要标准。但男女生理结构不同,老年男子在 70 岁时还有性要求甚至还较为活跃,而此时老年女性因卵巢功能退化等原因,几乎没有这方面的需求,"代际婚姻"却能弥补这一不足。

(3) 未婚同居现象越来越多。

老年人除了老有所养、老有所医等生存意义的需求外,追求精神满足也成为越来越多的当代中国老人关注的内容。老年男女关系当中,除了结发夫妻再婚等婚姻关系外,还有一种固定朋友关系,即高龄情人:老年男女双方并不结婚,双方有各自的生活基地,但有性行为甚至是同居。可见,对懂得老年人的专家的培训是当务之急,机构的发展状况也是不容忽视的方面。如果这种需求得不到很好的满足,老年人的婚姻就很容易出现矛盾。有的再婚老年人为了躲避子女的无理取闹,不得不分居两地,偷偷相会。据统计,老年人离婚案近年来呈上升趋势,而其中"婚外情"也是一个重要原因。

6. 老年再婚后的关系状况

老年再婚虽历经周折,冲破重重阻碍,走到了一起,但其结果却不尽相同。有的婚姻美满,感情幸福;有的过得去,可以将就;也有的反目成仇,无法继续共同生活。老年再婚后主要有以下几种类型。

(1) 恩爱型。

再婚双方性格接近,互敬互爱,相敬如宾,感情融洽,有真正的爱情,过着比较美满幸福的生活。他们或是女顺男意或男随女意,改变自己的生活习惯,整天伴随对方,厮守一起,情深意笃;有的是志趣相投,如退休老教师与退休干部组建的家庭,女的酷爱诗词,男的才气横溢,以诗传情,婚后共同研究诗词;有的是夫敬妻爱,并且坦诚相待的,如财产公开,互不隐瞒,双方都教育自己的子女尊重对方,满意对方待人接物的方式等;有的是子女对老年人极尽孝心，家庭和睦促使老两口恩爱相处；有的是老夫少妻，老夫爱娇妻，因为妻子年轻漂亮，比对待前妻更多一分爱，处处依顺妻子，而妻子也十分体贴丈夫，相亲相爱，生活美满。

（2）和谐型。

双方对结合都比较满意，夫妻和睦相处，偶有争吵也能互相谅解，平平安安过日子。这样的再婚老人约占调查人数的一半。双方都能珍惜晚年的婚恋，认为自己找到这样的伴侣可以了却终生。生活中总有些矛盾，有的为了经济，有的为了子女，因看法有分歧而有争吵，可是他们都能以家庭大局为重，正确处理好夫妻关系。这类再婚老人有三个共同的特点：一是老两口对经济互相交底，二是双方子女处理关系正确，三是住房等生活条件尚好。也有的老年人认为年纪一大把，已经成一家，只要求大同，能宽容就宽容，相聚而终罢了。

（3）凑合型。

婚后感情不够融洽，但能勉强过日子。这类老年再婚者约占十分之一。由于双方结合的感情基础稍差，由于客观条件，婚后尽管发现对方生活习惯、性格志趣各异，但一方因经济、住房等有求于另一方，委身于人不得不凑合过。也有的老年人还认为这是命运安排，无法逆转，只能凑合过下去。双方感情冷淡，经常唠唠叨叨互相责怪，夫妻关系较紧张，但仍然可以过日子。

（4）反目型。

双方矛盾尖锐，只要相聚就唱不成一个调，走不上一条道，甚至分居。这些反目夫妻结合之初基础就差，有的贪图对方的金钱；有的以貌取人，一见倾心，相识几天就草草成婚，婚后发现双方无共同语言，以致反目；也有的婚后因女方挥霍无度或因子女关系处理不好；也有因性生活不协调或因嫌女方服侍不周而反目。这些老年夫妻都属性格暴躁型，一经争吵就无法抑制，互不相让，越演越烈，最终导致离婚。

（六）我国老年人家庭结构现状

老年人口的家庭结构，主要指老年人口家庭的人数构成和代际组合。家庭结构的差别，不仅在一定程度上决定了家庭中的人际关系和养老方式，而且家庭结构的状况对家庭成员的精神和心理也产生很大的影响，特别对老年人来说，影响尤其明显。因而，考察老年家庭问题，首先要分析老年人口的家庭结构状况。

对于家庭类型的划分，社会学上依照不同的标准，有几种划分方法：如按照家庭中的代际层次，可以划分为一代家庭、两代家庭、多代家庭等；按照家庭中的权利，可以划分为母权家庭、父权家庭、平权家庭等；还可以从家庭结构、家庭成员的组合形式及其相互作用形成的关系状态的角度分为核心家庭、主干家庭、联合家庭、其他家庭等。无论何种类型的家庭，从形成到解体都要经历一个周期，经过形成、扩展、稳定、收缩、空巢、解体六个阶段。综合几种划分标准，我国老年人的家庭结构有以下几个类型。

（1）单身家庭。

单身家庭指老年人独居一室，独立生活。出现单身老年人家庭的原因很多，有的老年人终生不结婚，这种情况以农村男性为常见。有的老年人离异或丧偶后不再结婚，没有子女或子女不在身边，造成单身独居。这类家庭占全国老年人家庭的3.4%。

(2) 一对夫妇的家庭。

家庭中只有两位老人一起生活。他们或者没有子女，或者子女不在身边，两人相依为命。这类家庭占全国老年人家庭总数的12.9%。

(3) 二代人的家庭。

二代人的家庭包括老年人与子女同住和老年人与孙辈同住两种情况。老年人与子女同住的原因可能是子女或最小的子女还未成家，或者成家还未生育，仍与父母同住。而老年人与孙辈同住的原因多是子女外出工作，将下一代托付给老人照顾和管教。二代人的家庭占老年人家庭总数的29%。

(4) 三代人的家庭。

三代人的家庭即老年人与子女以及孙辈一起共同生活。这类家庭人数最多，占全国老年人家庭的50%。其中农村人数远远多于城市。

(5) 四代或以上的家庭。

这类家庭人数极少，只占全国老年人家庭的3%左右。还有极少部分老年人是独身寄居于亲戚家或采取其他居住形式。

家庭结构的变化可以通过家庭规模表现出来，家庭户内的人口数量关系（即规模的大小）可以反映出家庭结构变化过程中的平均人口数水平。

新中国成立后我国家庭户规模的发展趋势是先上升（1953—1962年）后下降（1974—2000年）的过程。在1982年时我国平均家庭户规模为4.41人；1990年下降到3.97人，突破了新中国成立以来一直处于4人以上的局面；2000年，第五次全国人口普查时家庭规模下降到3.46人。其中1人户、4人户、6人户、7人户和8人户分别比1990年下降了3.07、0.82、0.71、0.29和0.97个百分点，而2人户、3人户和5人户分别上升了2.15、4.199和0.25个百分点。和1990年一样，2人户和3人户明显增加，这标志着核心家庭和主干家庭模式在我国仍然是最主要的家庭模式。

全国家庭户中二代户占的比重最高，几乎达到60%；其次是一代户为21.7%；而五代户在镇和县均占0.001%，在城市中已经见不到了。家庭户内的代数，反映家庭户内的人际关系。由于我国人口普查对于户内人际亲属关系的调查只局限于以户主为参照，其他家庭成员按照与户主的关系进行申报，而且分类比较笼统，三代以上户比较难区分。三代及以上户在中青年阶段中一直占有十分显著的地位，特别是进入老年阶段后逐渐成为主要的家庭户类型。这标志着一个家庭中有两代以上（每代只有一对夫妇）的主干家庭模式在我国仍然占有主要地位，尤其是在农村地区，绝大多数老年人是在这种模式的家庭中生活并度过晚年的。老年女性在四代以上家庭中的比例明显高于男性，这一方面反映女性的平均寿命水平较高，同时也反映了女性老年人终身未婚的比率低，老年女性更倾向于与晚辈共同生活，尤其是高龄阶段。

各种类型的家庭结构由于各自条件的差异，会对老年人口的生活产生不同的影响。单身独居对老年人身心健康不利，这是不言而喻的。如果老年夫妇两人一起过日子，感情融洽，身体还健康，能互相帮助和扶持，对老年人来说是再好不过的。但是他们仍然有子女不在身边的孤寂感，因此，如果两人关系不太好或者身体条件都很差，与子女同住对他们更有利。两代人同住的家庭，父母与子女仍然维持着中年期的生活，父母在家操持家务，子女回家能有一口可心的饭菜，舒适的环境，对双方都有利。问题是这样的家庭不能维持太久，因为子女长大后结婚生育是免不了的。与孙辈同住，如果身体条件好，孙子女还未成人，这对三代人都有利，但如果老年人年老体衰，连自己也需要照料，与孙子女同住便变成了负担。三代或四代同堂，这是我国大多数老年人家庭的居住结构，其中农村占的比重更大。

从上面的分析可以看出，哪种家庭结构更适合老年人和子女的意愿，更有利于老年人的养生，应该具体情况具体分析。专家调查也发现，如果经济和居住条件允许，大多数老年人愿意与配偶而不是子女共同生活。因此，组成什么样的家庭，除了经济住房条件外，还必须尊重双方的意愿。

社会学家为我们提出设想：子女成家后应分开居住另立家庭，但不能住得太远，最好是像新加坡提倡的"一碗汤"的距离，即子女煮汤送给父母分享时，汤还热着；而子女节假日应经常回家团聚，与父母共享天伦之乐；当老年人生活无法自理之后，应由社会照顾，住进老人院；子女应经常带上孙辈去探望，以慰老人孤独之心。

（七）老年人在家庭中的地位

1. 在传统社会和家庭中老年人的地位

在传统社会和家庭中，老年人一直占有重要的地位。由于家庭是中国传统社会的生产和生活单位，父祖辈是生产资料的所有者，同时，在生产力不发达的条件下又是生产经验、知识技能的传播者，因而老年人在当时被视为财产和知识的源泉，在家庭中起着决定性的作用。中国传统的"父为子纲"的伦理道德观念，更进一步稳固了老年人的这种地位。但随着社会经济的发展，特别是工业化、城市化的进一步发展，当代社会家庭结构发生了很大变化，家庭规模日趋缩小，家庭关系也发生了微妙的变化，家庭变迁无疑对老年人的家庭地位是个冲击。目前家庭虽仍是老年人的生活基地，是生活照顾和精神慰藉的主要场所，但如前所述，老年人可能不再处于家庭中的主宰地位。在家庭规模和结构类型的演变过程中，家长式的权威统治已逐渐消失，老年人与子女的关系趋向平等，青年人自主程度日益增强，老年人也不完全依靠养儿防老了。

2. 老年人在家庭中的经济地位

老年人在家庭中的经济地位，即老年人在家庭经济中的支配权问题。老年人在家庭中的经济地位主要由两个因素决定。一是家庭类型结构。调查中发现，无论是农村还是城市，家庭结构越简单，老年人在家庭中的支配权就越高；相反，随着家庭代际层次的增多，支配权则日益下降。二是老年人的经济收入。经济收入与经济地位呈现正相关关系，从根本上说，老年人口在代际层次较多的家庭结构中地位的下降，也是由于其经济收入在家庭中所占比例下降的结果造成的。据调查，我国城市老年人在家庭中的经济地位还是相当高的，在家庭经济中起支配作用或有支配权的比例达77.56%；而在乡村，这一比例为50.3%。这说明老年人口在家庭中的经济地位存在着明显的城乡差异，乡村老年人口中有近半数的人在家庭中的经济地位较低。

3. 老年人在家庭中受尊敬的程度

老年人口在家庭中的地位，还可以从老年人在家庭中受尊敬的程度反映出来。敬老、爱老、养老是中华民族的传统美德，随着社会经济的发展，老年人在家庭中，虽已不再享有自然经济时代的绝对权威，但也并未因社会与家庭的变迁而遭抛弃。从总体上看，老年人在家庭和社会中仍然受到尊敬。老年人口受虐待的仅为个别现象。

4. 老年人在家庭中的作用

在农村，由于家庭联产承包责任制的实施，农业生产主要是以家庭为单位进行，随着大批农村青年进城打工，老年人口实际上成了当前家庭农业生产中的主要劳动力。除了从事繁重的体力劳动之外，还要替外出打工的子女照顾孩子，看家护院，负担较重，在家庭中的作用举足轻重。

在城市，老年人口离退休后，在家庭中的体力劳动较农村轻，从社会劳动岗位退下来，却承担了几乎所有的家务劳动。据估计，每天用于家务劳动的时间，老年人平均是青年人的2倍以上，买菜、做饭、看孩子已成为不少老年人生活中的"三部曲"。老年人不仅有效地分担了青年人的生活压力，解决了子女的后顾之忧，而且在有固定收入的老年人中，不少还向家庭成员提供资金帮助，比如直接给子女钱或子女在家吃住不给钱等，老年人是家庭生活中的重要经济支柱。

总之，无论是城市还是农村，家庭生活中老年人都发挥着不可或缺的作用。当然，这要以老年人的身体健康为前提。

（八）空巢家庭

1. 空巢家庭的含义及现状

家庭生命周期理论认为，自某一家庭的最后一个子女长大成人并离家开始单独生活起，就标志着这个家庭生命进入了空巢期；自老年夫妇的其中一方死亡，剩下的老人单独生活起，家庭就从空巢期进入到消亡期；当最后的老人去世时，也就意味着这个家庭的解体。"空巢"是一个形象生动、寓意深远的词，它说明了似水流年中代际关系的演变突然到了某一个关键时刻——进入这样一个阶段，其最本质的特征就是家庭的代际关系发生了重要的变化，就是父母和子女在居住上开始分离。

所谓"空巢"是指子女长大成人后从父母家庭中相继分离出去后，只剩下老年一代人独自生活的家庭。就像两只大鸟共筑了一个爱巢，哺育了一窝小鸟，小鸟们慢慢地翅膀硬了，一个个都飞了。那个巢穴虽然还在，大鸟却已经变成了老鸟，看着空荡荡的巢，老鸟就盼着小鸟回来。但小鸟已经长成了大鸟，有了自己的天空和自己的巢，并也有了嗷嗷待哺的小鸟，就不能经常回来了，而原来的巢穴中只剩下夕阳中孤独的老鸟。空巢老人是对没有子女在身边共同生活的老年人形象的比喻。在统计上，通常将只有夫妇两人的家庭户及老年人独居的一人家庭户合计统计为空巢家庭户的数量。

空巢家庭可以细分为以下几种类型。

（1）纯空巢家庭：指的是单身独居的空巢家庭和配偶共居的空巢家庭。

（2）准空巢家庭：指的是子女虽不在身边，但其他亲属在身边的空巢家庭。

（3）短期空巢家庭：这是根据两代人相处的时间进行的分类，如子女上班或出差时，老年父母孤身在家，特别是在老人的健康状况不佳时，家庭实际上就处在一种短期的空巢状态。

（4）年轻的空巢家庭：只是相对于传统的年老空巢家庭（父母到了老年时子女离开家庭）而言的，由于现代独生子女家庭中不少孩子少小离家外出求学，造成了家庭空巢期的提前到来并使得家庭空巢期延长。

一般而言，对于那些低龄、健康、有配偶、经济收入较好、文化层次较高的空巢家庭来说，由于其经济方面的问题不是十分严重，因而这类空巢家庭的问题主要是集中在精神和亲情方面的需求。

因此，在这四类空巢家庭中，有较大问题、面临多种挑战的是那些传统的、年老的纯空巢家庭，其中，最需要提供服务的是那些高龄的单身独居的空巢老人，而这些高龄单身独居的老年人绝大多数是女性。根据美国学者的研究，大多数70岁的老年妇女是寡妇，但是大多数老年男子要到85岁以后才成为鳏夫；到75岁以后，67%的妇女是寡妇，而男性成为鳏夫的比例是34%。

在发达国家，空巢家庭出现较早而且目前也十分普遍，老年人与子女同住的只占10%～30%。除了日本，大多数国家的老年人均与子女分居。第二次世界大战前，美国52%的老年人与子女同住，到了20世纪80年代，与子女同住的只有百分之十几。在比利时、丹麦、法国和英国，20个世纪80年代初，65岁以上独居者占11%。瑞典独居老年人达到40%，即每10个老年人中就有4人独居。就我国而言，最近十多年来空巢家庭一直呈增多之势。我国正开始进入人口老龄化快速发展期，老年人口由年均增加311万人发展到年均800万人。伴随快速增加的老年人口，高龄老人和失能老人也大幅增加。同时，随着第一代独生子女家长进入老年，我国已开始进入少子老龄化的新阶段。目前我国城市空巢家庭已达到49.7%，农村空巢和类空巢家庭也达到48.9%。

"父母在，不远游"是许多中国人代代相传的孝道之本，"三代或四代同堂，儿孙绕膝，含饴弄孙"是无数家庭津津乐道的"天伦之乐"。然而，客观地讲，随着经济社会的快速发展，工作变动日益频繁，人口流动和迁移加速，现代人生活工作的节奏也越来越快，社会竞争力和生活压力越来越大，对家庭规模的要求是核心化、小型化，促使大结构家庭向小结构家庭转变。而且，从主观角度来看，随着社会转型加快，物质生活水准提高后，人们更加追求精神生活，与多数子女追求时尚和新潮思想相对照的是，多数空巢老人存在传统和保守观念，使两代人的思想观念存在较大的差异，家庭成员间的代沟问题越来越突出，老少两代人都要求有独立的活动空间和越来越多的自由，传统的大家庭居住方式已经不适应人们的需求，小家庭被普遍接受。

归纳而言，空巢家庭形成的原因主要有：老人希望过独立生活；老人不愿离开久居的社区环境；老人与子女的生活方式、价值观念上的差异，为避免冲突而选择独立生活；子女由于生活、工作压力无暇照顾老人；住房结构或住房紧张导致老人无法与子女同住；子女不愿同老人同住；住房制度的改革和住房条件的改善，许多子女与老人分居；由于人口的流动，子女在外地就职或求学等。

除以上因素之外，从另一方面来讲，我国实行计划生育政策已二十多年，随着独生子女逐渐进入中年，他们的父母进入老年，空巢家庭将越来越多，并将成为老人家庭的主要形式，所占比例有可能达到90%，空巢老人已成为一个迫切需要关注的社会问题。

2. 空巢老人存在的普遍问题

空巢家庭是社会发展的一种必然趋势，体现了社会的发展与进步，因为社会的进步决定了家庭结构必然发生变化。但与此同时，也给社会、家庭及老年人个人带来了方方面面的问题。具体而言，主要表现在以下几个方面。

（1）经济供养问题。

很多空巢老人居住条件差、身患多种疾病、经济收入低，造成他们的生活质量不高。经济困难突出的老年人主要是那些没有养老金收入或是退休早且养老金收入低以及身患重、慢性病的高龄空巢老年人。主要表现在以下三方面。

① 经济收入低。对一般的低龄老年人而言，社会保障制度和家庭支持网络所提供的双重保证，构成了一种相互补充的关系，基本保证了大多数老年人的基本生活来源。但是，对于那些没有养老保险金收入，或者因为退休早而养老金收入较低的高龄空巢老人而言，经济收入的低下严重地影响到了老年人的生活质量。

② 医疗需求大。由于老年人医疗需求的特殊性，反映出一些空巢老人家庭在生活与医疗的双重压力下，陷入了"因贫致病、因病致贫"的恶性循环，医疗费用支出的巨大压力直接影响了老年人的生活状况与生活质量，因此，对老年人贫困的理解不能只局限于纯经济收入方面。

③ 养老负担重。目前全国养老机构的收费标准与一些贫困空巢老人的收入形成了强烈的对比，无论是接受生活照料的经济负担，还是高额的护理费用对于他们都是沉重的负担。

（2）心理、情感问题。

不少空巢老人存在精神空虚、心理寂寞、情绪低落、孤独感和衰老感，表现为情绪上低落不稳、急躁不安、孤僻，生理上机能失调、食欲减退、睡眠不好等综合症，这一般被称为"空巢综合症"，这种"空巢综合症"又极易引发抑郁症、焦虑症等心理和精神问题，严重时甚至会转变为老年精神障碍或老年痴呆症，给老人及其子女带来不尽的痛苦。

"空巢综合症"是一种思念、自怜和无助等复杂的情感体验。有空巢感的老人，大都心情抑郁，惆怅孤寂，行为退缩。他们中许多人深居简出，很少与他人交往。究其原因，一是对离退休后的生活变化不适应，从工作岗位退休后感到冷清、寂寞，特别是一些离休的老干部会深感"世态的炎凉"；二是对子女情感依赖性强，有"养儿防老"的传统思想，当老年人需要儿女做依靠的时候，儿女却不在身边，不由得心头涌起孤苦伶仃、自卑、自怜等消极情感；三是一些老人可能由于本身性格方面的缺陷，生活兴趣索然，缺乏独立自主、振奋精神、重新设计晚年美好生活的信心和勇气。

一方面老年人存在着这些心理问题，另一方面许多子女的养老观还是传统的，或是工作较忙没有时间，认为父母不愁吃住就没事了，而普遍忽视与老年父母的精神交流和心理慰藉。"常回家看看"其实并不是要求子女们必须抛开自己的工作常常回家与父母相聚，空巢老人也不希望影响子女们的事业和前途。他们唯一的奢望只不过是子女能多关心父母，发自内心地做一些有益于身处"空巢"的父母的事情。

(3) 疾病医护问题。

人到老年，健康状况有所下降，生病就在所难免。由于年龄段的不同，自身身患疾病的差异，形成了老人们不同的医疗保健需求。国际上的调查资料显示，高龄老人是最需要医疗护理照料的群体。由于高龄老年人生理机能抵御外界的干扰能力减弱，健康较其他低龄老年人群体脆弱，需要经常性特别照料的比例相当于65～79岁老人的5倍左右。如果高龄老人患病不能得到及时治疗，就意味着可能会耽搁治疗疾病的最佳时期，为疾病的恶化埋下隐患，大大有损于他们的健康长寿。但事实却是高龄和孤寡的空巢老人身边无子女，一生病要去医院看病就非常困难，经常遇到"久病床前无孝子"的情况，患有高血压心脏病的空巢老人更时时存在着危险。因此，可以说高龄老人患病后能否得到及时治疗与护理与其个人拥有的照料资源有相当大的关系。新闻媒体的报道中常有空巢老人去世几天后才被发现的案例，不能不说是社会的遗憾。

(4) 日常生活照料问题。

当空巢老人身体不适或行动不便，需要照料的时候，子女亲友不能及时给予老人照料，会给空巢老人带来极大的生活不便，并有可能引发老人和邻居生命财产安全的社会问题。一件不起眼的生活小事，就常常会让空巢老人手足无措，陷于困境。诸如电灯保险丝断了，自来水龙头坏了，还有日常生活中买菜做饭打扫等小事，对高龄、患病的空巢老人都是大事。特别是有健忘症和老年痴呆症的空巢老人，有的因忘记关水龙头而酿成"水漫金山"；有的因忘记关煤气阀门而引起煤气中毒或爆炸；有的因使用电热器不当而引起火灾等，这不但危及空巢老人的生命安全，还殃及左邻右舍。

(九) 社会工作者对老年婚姻与家庭关系的介入

1. 老年婚姻关系处理的基本原则

(1) 思想上要互相尊重、互相理解。

这是处理好老年婚姻关系的前提和基础。在家庭中，夫妻关系是平等的，要尊重对方的人格，理解对方的爱好，不要强求什么都与自己一致。老伴的事业和爱好要珍视，多加赞誉和支持，如果多加挑剔，甚至嘲弄，就容易损伤对方的感情。

(2) 生活上要互相照顾、互相关心。

人到老年后，子女或自立门户，分居他处，或忙于工作，早出晚归，老年家庭基本上处于"空巢"状态，这往往会使老年人产生空虚感。朝夕相处的只有老伴，因此，老年夫妻之间的互相照顾，互相关心，不仅能增进夫妻间的感情，更是老年精神生活所必需的。尤其是人到老年后，往往体弱多病，比较健康的一方更应提供较好的营养和医疗条件，为另一方排难解忧，使之保持愉快的心态，安度晚年。

(3) 经济上要互相商量、互相公开。

经济问题是家庭的基础，对于老年人来说尤其如此，如果经济基础不解决好，就可能影响夫妻感情，甚至可能祸及代际关系。处理好家庭经济，一是老年夫妻在经济上要互相多商量，合理安排，民主解决，千万不可不顾家庭经济条件任意挥霍钱财；二是财务要公开，家庭收入的使用合理、平等、透明，不能瞒着对方私设"金库"，以免造成误会，给夫妻生活蒙上阴影。

2. 老年婚姻关系的处理技巧

夫妻关系的协调在家庭生命周期的不同阶段有不同的要求。在家庭生命周期的不同阶段，不仅夫妻"角色"会发生变化，而且随着年龄的增长，夫妻双方在生理和心理上也会发生这样那样的变化。因此，夫妻只有根据不同阶段的变化特点，对相互之间的关系进行协调，才能收到较好的家庭生活效果。老年阶段发生的变化，首先表现在夫妻"角色"的变化上。人到老年，子女先后成家立业，一个个离"巢"而去，夫妻作为父母的角色出现了中断，在家庭中只剩下老两口的情况下，相互之间的感情更需要增强。人们常说"少年夫妻老来伴"，这生动地显示出夫妻间的变化，这变化也就突出在"伴"字上面。其次，是生理上发生了变化。人到老年，体弱多病，动作迟缓，记忆力衰退，因此，特别需要相互之间的扶持和帮助。再次，心理方面也发生了变化。有的老年人讲话啰嗦、任性固执，喜欢责备别人；有的则猜疑心重，总认为别人在讲自己的坏话，怀疑别人嫌弃自己。倘若夫妻不能正确认识这些变化，不能双方配合，采取积极措施进行协调，势必带来夫妻关系的不融洽，不和谐。例如，有的人疑心较重，对自己的老伴不信任，长此以往，就会引起老伴的反感；有的人动辄指责老伴，这也很容易伤害对方的感情；有的人固执任性，强人之所难，对老伴不体贴、不尊重，这自然也会伤老伴的心。夫妻双方需要正确认识老年期出现的变化及其特点，一方面要注意严于律己，避免责怪、猜疑老伴等毛病的出现，另一方面要对老伴的这类毛病予以理解、容忍、谅解。一般说，即便夫妻双方产生了较大矛盾，只要能以积极态度协调，是完全可以和好如初的。双方毕竟共同生活了那么多年，有着深厚的感情基础，因此，只要能使相互之间的疙瘩解开，在今后的生活中共同努力，积极遵循互敬、互爱、互信、互勉、互帮、互让、互谅、互慰的准则处理夫妻关系，夫妻生活就一定会和谐美满。老年夫妻生活中发生矛盾是不可避免的，但处理矛盾应讲究技巧，根据老年人的生活特点，应学会以下几种技巧。

（1）善于以情动人。

感情是婚姻关系的基础，老年婚姻更需要感情的交流。如果老伴与自己产生隔阂，应以情动人，以真情去改变对方的态度。年轻人常用的方式，老年人也可以用，或者送上一束玫瑰，或者来一个亲吻，或者找理由讲些对方喜欢听的话，打消对方的成见。如果认为老夫老妻，没有什么了不起，对老伴不理不睬，甚至一走了之，只会使矛盾越来越深。

（2）要把矛盾冷处理。

夫妻在生活之间的矛盾是不可避免的，关键是有了矛盾之后的处理方式。采取"冷处理"的方法不失为一种有效的方式。一方发火，另一方应避其锋芒，做些让步，待到对方冷静后，再动之以情，晓之以理，问题不难得到解决。如果不是冷处理，以热对热，针尖对麦芒，谁也不肯让步，或得理不饶人，其结果只会激化矛盾，酿成悲剧。

（3）巧用幽默解矛盾。

幽默可以给人欢乐，可以消除人的烦恼，也可以产生良好的心理效果。在老年夫妻关系中，幽默可以使金刚怒目的紧张空气化为轻松愉快的气氛，是夫妻关系的稳定剂和兴奋剂。家庭中有了矛盾，一句幽默的笑语，一个幽默的动作，往往使矛盾化险为夷，化凶为吉。

(4) 琐碎小事要糊涂。

相传宋代名相吕端有"大事谨慎，小事糊涂"的美誉，在老年夫妻关系中，也应有这种气度和襟怀。老年夫妻朝夕相处，难免会有摩擦，对于那些日常小事，诸如一根菜，一盏灯，穿什么衣服，抽什么烟等尽可能糊涂些，不必斤斤计较。吃些小亏，受些小气，尽量装糊涂，把矛盾的锋芒躲开。要学会以德报怨，不需要睚眦必报。

(5) 换位思考。

老年夫妻之间出现矛盾，应学会换位思考，多从对方的角度想一想，多替对方考虑考虑，彼此间就更容易相互理解。

老年夫妇只要做到以上几点，不断加强思想与感情的交流，就能在白头偕老、情深意浓中度过自己的晚年。

3. 老年人的再婚问题及处理技巧

人到老年之后，无论是生活习惯还是身体状况，都很难再适应新的改变。而再婚将打乱原有的生活，如果是年轻人，磨合一段时间就习惯了，但老人却很难做到，两个习惯完全不同的老年人突然生活在一起，就算一方想适应另一方，身体也不允许，甚至可能会因此而病一场。因而，对待老年再婚，一定要慎而又慎，既需要老年人自我调适，学会一些处理问题的技巧，也需要社会做大量的工作。

(1) 坚持以爱情为婚姻的基础。

幸福的婚姻都是以爱情为基础的，老年再婚也不例外。那种"找小老婆侍候我"和"找个老头养活我"的观念都是错误的，"享受晚年幸福"才是"找老伴"的目的。因此，在择偶时，一定要破除"老来结婚，马虎凑合"的思想，树立老年婚姻同样要以感情为基础的观念，这样才能防止陷入再婚离婚的"短、平、快"的泥潭，减少或避免日后的纠纷。这里指的"短"就是认识时间短；"平"就是婚后感情平淡，纯追求婚后得到照顾的思想。要树立婚姻的责任义务观念，在具体择偶条件方面，除了考虑对方的收入、地位、学历、体质、能力、容貌等条件外，最重要的还是要做到互相理解、互相体贴，互相扶持，只有这样，才能保证晚年幸福。

(2) 做好宣传工作。

《中华人民共和国宪法》和《中华人民共和国婚姻法》中都明确规定，要保护老年人的合法权益，老年再婚，不仅合情、合理，而且合法，理应得到社会的理解、尊重和保护。任何人包括子女在内，都不得干涉，否则就是侵害老年人权益的违法行为。为此，要做好宣传工作，改变对老年再婚问题的偏见，为老年再婚撑起法律和道德的保护伞，支持有再婚意愿的丧偶离异的老年人再婚。老年人也应该勇于拿起法律来保护自己追求幸福的权利。

(3) 注重婚前的充分了解。

对于再婚老年人来说，婚姻同样是终身大事，关系到老年人晚年的幸福生活，因而应该采取慎重态度。双方在婚前要充分了解，获悉诸如性格、脾气、兴趣爱好、身体健康情况、子女及亲戚对婚姻的态度、经济条件、住房情况、文化水平、职业及过去的经历等情况。只有全面详尽地了解对方的情况，才能做出正确的选择与决策。要做到"日久见人心"，而避免"一见钟情"。否则，或与合适的人失之交臂，或结婚后又闹离婚，这些都会带来无尽的烦恼，在人生暮年留下无尽的遗憾。

(4) 做好双方子女思想工作。

据有关调查发现，当前老年人再婚最大的障碍来自子女的阻挠和反对。不少老年人就是因此打消了再婚的念头。对待这一问题，作为父母，要避免走极端，应耐心做好子女的思想工作，不能操之过急，尽量避免闹翻，造成家庭反目。如果经济条件允许，可以先分割部分财产，也可先行立下遗嘱，向子女公开。另外，有关人员也应尽量做子女的思想工作，晓之以理，动之以情，让他们从父母的晚年幸福着想。如果子女的工作仍无法做通，也可租房另住，减少双方产生摩擦的机会。当然，也有不少的子女对老人再婚是关心支持的。如有些子女亲自替老人到婚姻介绍所去登记；有的热情接待对方老人来家做客，促成老人的姻缘。我国老年人的再婚权是受法律保护的，《中华人民共和国婚姻法》明文规定："禁止干涉婚姻自由。"这不仅适用于青年人，对老年人也不例外。父母无权干涉子女的婚姻自由，子女也同样无权干涉父母的婚姻自由。希望年轻人能尊重老人再婚的权利和自由。对那些为争夺财产或怀有其他卑劣企图而不择手段干涉老人的婚姻自由以至虐待老人的人，有关部门应予以教育直至追究法律责任。

(5) 必须量力而行。

老年人再婚可能出于多种动机，但一定要考虑自身的具体情况，量力而行。如在经济条件方面，有的老年妇女生活无所依靠，想找个老伴当靠山，男性老年人应考虑自己有无经济条件。在健康条件方面，有些老年人身体并不十分健康，缺乏性欲，应考虑自己能否适应对方的要求。在生活照顾方面，有些男性老年人希望生活上得到照顾和关心，作为女性老年人思想上应该有充分准备，考虑自己能否承担这项任务，以免结婚后力不从心，遭到对方不满意而影响双方感情。

老年人的再婚，意味着两个单身老年人作为夫妇一起生活直到终老。美满的婚姻会给老年人带来幸福与快乐，不理想的婚姻则会使双方倍感痛苦和不安。所以，切不可轻率从事。

4. 空巢老人的社会服务

社会养老中，社区照顾服务是为空巢老人提供社会服务的主要形式，具体应当强调空巢老年人自我照顾为主、社区为老服务为辅；夫妻照顾为主、子女照顾为辅；子女照顾为主、亲属照顾为辅；社会照顾为主、政府照顾为辅；居家养老为主、院舍机构照顾为辅的方针。在这样的方针下，为空巢老人提供社会服务，就是要尽可能扩大其社会支援网络，并且以空巢老人自我照顾为基础，一方面为老年人提供支援性服务，另一方面为其照顾者提供辅助或喘息式服务。目的就是为了增进、维持或恢复老人的健康，或将老人的疾病和残疾程度减至最低影响程度，使其达到生活上的独立自主，使老人在享有连续性照顾的同时，能够保持一个正常的居家生活。

解决空巢家庭老人的问题不仅子女有责，政府、社会也都有不可推卸的责任。就个人方面而言，空巢家庭老人问题，老人自己也有一份责任。空巢老人首先要未雨绸缪，有充分的心理准备，逐步减少自己对子女的心理依恋，增强心理上的自立程度。空巢老人不仅要解决好自己所面对的现实问题，而且还要从实际出发，体恤到儿女的时间、精力，不能对儿女有过高的要求。老年人自己要走向社会、参与社会，即使高龄和行动不便的老人，也要以可能的方式参与社会，与社会保持联系。克服空巢感的有效途径就是寻找自己的精神寄托,以充实新的生活内容,提升自我价值和生命意义,例如增强人际交往,向朋友倾诉自己的苦闷与烦恼,抒发感情,开阔视野;参加各种社区活动。空巢老人也可以通过参与帮助其他老年人的活动等,把自己融到社会之中,丰富自己的晚年生活。其次,空巢老人要善于安排好自己的生活,保持良好的生活方式和健康的心理,以良好的心理、个性,良好的处世能力,适应复杂的社会环境,建立起良好的人际关系。此外,空巢老人应对自己身体突发不适有思想准备,可以事先与子女、亲友、邻居,以及社区为老服务组织人员等打招呼,以便在紧急时刻求得帮助。

就家庭方面而言,作为子女,除了帮助老年父母安排好他们的日常生活,保持与父母的联系外,还要在精神上关心父母,常回家看望,多听听他们的要求和需要。对于身在异地与父母天各一方的子女,即使不能回家,也要经常打电话问候,更加要注重对父母的精神赡养,以加强彼此之间的交流和沟通。在居住方式上,应该大力提倡老少两代人"一碗汤式"的就近居住,缩短相互之间的空间距离,以方便彼此照顾。作为配偶,要关心老伴,不仅在日常生活方面,而且更要在心理、精神健康方面给予关心和安慰。

就政府方面而言,在相关的家庭养老政策上,国家应当采取财政支持或税收减免等政策,鼓励子女和老年人共同生活,承担家庭养老责任;而不是像目前只是流于宣传和提倡,而缺乏任何政策方面的实际支持措施。除此之外,还应当大力完善老年福利政策,兴办老年福利服务事业,进一步发展和完善养老机构,安排确有困难的空巢老人入住养老机构,实行社会化养老。

就社会方面而言,针对空巢老人普遍存在的问题,社会服务可以在以下几个方面进行开展。

(1) 经济援助。

从以上空巢老人存在的问题分析中可以得知,有相当一部分的空巢老人都需要经济方面的援助。但是,由于为空巢老人提供经济援助是在国家政策规定的范畴内进行的,因此,需要将空巢老人问题纳入政府老龄工作的议事日程,制定长远规划,进一步完善老年养老保险、老年医疗等制度,从根本上解决空巢老人的生活和心理问题,满足他们的需求,提高他们的生活质量,促进社会的安定团结。

在具体的操作层面,需要对有经济需求的老年人进行分类,根据老人不同的需求提供现金、代金券或各种照顾服务。居家养老目前是一种最经济、最能够对社会资源进行整合的养老方式。因此,应当在注重加大政府对养老事业投入的同时,更积极地鼓励社会各方面参与养老事业,发挥市场调节的作用,充分和有效地利用养老资源。可以发展社区经济,走福利服务与经营服务相结合的道路,吸收、安置尚有劳动能力、身体状况良好、经济支持能力不高的低龄空巢退休人员,让他们为一些失去自理能力的空巢老人开展照顾服务,或者从事一些其他社区服务。同时,又可以为促进空巢低龄老人的再就业,使他们在为社区提供服务、创造效益的同时,也能获得必要的劳动补偿,这既是对生活费用的一种补充,同时又体现老有所养、老有所为,对消除失落感意义重大。而且这也有助于建立良好的社会支持网络,使个人在有时间和能力照顾他人的同时也为自己进入老年生活提前做好准备,使老年人产生价值感和尊严感。

(2) 情感慰藉服务。

空巢老人最大的特点是老人们的空巢感,因此,社会工作者可以直接针对社区空巢老人开展各种专业性的介入活动和非专业的娱乐活动,包括组织老人开展团体活动,针对部分老人的个案活动和心理治疗活动。通过各项活动，以及与老人的接触交流，鼓励老人们扩展社会交往领域，积极加入户外社会活动，以此减轻或消除由于空巢而产生的"空巢感"和其他心理问题，提高空巢老人的生活质量。如开展一些团体活动来讨论有关空巢方面的话题，帮助空巢老人转变认知观念；引导老人们正面看待空巢现象，从而达到心理上的自我调节；还可以设立专业的老年人心理咨询站点并开通服务热线，及时排解老年人的心理压力。社会工作者在个案和心理治疗过程中，可以就老人的某一困惑提出专业的见解和帮助，例如积极提倡与鼓励丧偶单身老人的再择偶，并做通其子女的工作，让他们理解丧偶老人的择偶心理需求，鼓励人们去寻求黄昏恋，支持、提倡单身老人积极地择偶。在开展老年文化娱乐服务活动方面，可以在社区内因地制宜地增设各种老人活动场所及设施，根据空巢老人的特点开展各类群众性文化、体育、娱乐活动，还可以提供一些适合老年人的再就业岗位来丰富老年人的精神生活，保障老年人的身心健康。

(3) 疾病医护与生活照料服务。

根据空巢老人所普遍存在的疾病医护和生活照料问题，对空巢老人的服务介入应包括以下方面。

第一，建立空巢老人信息库。通过开展统计调查，掌握空巢老人的信息，建立空巢老人档案，向空巢老人提供反映问题的机构，并协调有关部门，使空巢老人的问题得到及时、有效地解决。

第二，对空巢老人的生活状况及生活环境做出评估，以此为基础并运用个案管理的方法为空巢老人制订社区照顾服务计划，具体包括家庭居住环境的改善、上门服务、陪同聊天、陪同就医、生活照顾、保健康复等内容。

第三，协助空巢老人加强家庭内部成员的支持网络系统，充分发挥家庭照顾的功能。也可以成立一个社区家居照顾支持中心，提供家庭照顾的各种咨询服务；适时开办一些空巢老人的家庭照顾者训练项目，以此加强家庭照顾者照顾空巢老人的技能和责任感。

第四，号召社会各界、单位、街坊邻里多加关爱空巢老人，大力发展社区服务，鼓励低龄老人帮助高龄老人，鼓励老年人互助，以提高社区空巢老人的自助、互助能力。以独居老人作为空巢老人工作的重点，采取包干负责、联络关照制度（如电话联系或委托邻居关照，定人、定时、定项走访慰问）、每日探望制度、在家中安装应急求助设施等，落实安全保护措施。动员社区内的商店、医院、餐饮等服务单位，通过契约方式签订"帮扶空巢家庭老人"的合作协议，确保将照料、服务工作落实到人，服务到户。在社区中成立专门的家政公司，为老人们提供交通、陪伴、老年食堂、法律服务等。为居家的体弱老人提供家务、家庭保健、送饭上门、定期探望、电话确认、紧急呼应系统等服务。发挥志愿者组织的作用，通过组织社区的青年志愿者、少年儿童参加社会实践的方式，串门与老人聊天，增加老人与社会的接触。

第五，改善老年人的居住环境，在交通出行，居家设施等方面的设计上充分考虑老年人的特殊需求，开发能够增强老年人自理能力的器材，普及应急铃、紧急呼叫系统等防范老年人出现意外事件的装备。通过提供这些服务，一方面降低空巢老人由于家务消耗过多的空余时间以及可能面对的危险，为老人创造可以独立、自主生活的条件；另一方面在服务过程中，增加他们与外界接触的机会，也把空巢老人从繁杂的家务劳动中适当地解放出来，提供一个增加社交生活、参与社会活动的机会，让老人自由选择相应的服务和有时间参与合适的活动。

第六，建立完善的社区服务体系，设立方便、快捷的社区医疗机构，建立老年人健康状况监测卡片，设置家庭病床并提供上门服务等。在医疗护理照顾方面，社会工作者可以协助当地医疗组织在社区开展医疗保健服务，开设社区医疗服务站；也可以运用专业知识，逐步开展各种针对老年人的物理康复训练，维持其各项基本的生理机能。社会工作者还应加强对老年病预防的知识宣传和普及健康保健知识，组织当地医疗机构的志愿者进社区实行义诊，送医送药，减轻社区空巢老人看病难的现状，以维持他们最高程度的自我照顾能力。根据社区情况可开设暂时的社区福利机构，建立日托和全托中心，开设老人的托管服务，分担家庭照顾者的责任。随着分居独居老人的增多，以及空巢老人的生理条件的逐渐退化，自理能力越来越差，单一的以上门服务为主的社区养老模式已不能满足社区空巢老人养老的需求。社区建立托老所，对家庭扶养照顾有困难的老人以及独居老人实行集中统一的管理服务，以满足老年人不离开熟悉环境的心理需求。

第七，在舆论上，大力发扬中华民族尊老、养老的光荣传统，鼓励和支持子女关心、爱护老年父母。表彰孝敬、赡养老人的模范子女，谴责虐待、歧视，甚至遗弃老人的行为。

二、案例示范

（一）"老年生活趣多多"案例描述

老年生活趣多多[①]

1. 工作理念

凯文的活动理论认为，活动水平高的老年人比活动水平低的老年人更容易感到生活满意和更能适应社会，主张老年人应该通过新的参与、新的角色来改善老年人由于社会角色中断所引发的情绪低落，在新的社会参与中重新认识自我，从而把自身与社会的距离缩小到最低限度。

空巢老人最大的特点就是老人们的"空巢感"，社会工作者可以直接针对社区空巢老人开展各种专业性的介入活动和非专业性的娱乐、学习活动，如开展空巢老人小组活动，与老人接触与交流，鼓励老人们扩展社会交往领域，积极加入户外社会活动，以此减轻或消除由于空巢而产生的"空巢感"和其他心理问题，提高空巢老人的生活质量。

2. 目的及特别目标

目的：要了解空巢老人的兴趣爱好，根据他们的兴趣开展相关主题的学习、分享小组，丰富老年人的兴趣爱好，减少空巢老人的"空巢感"，让他们拥有健康的、丰富多彩的老年生活。

特别目标：使参与小组的老人更多的认识社区内的老人，扩大他们的社交领域，从而使他们的老年生活更加丰富多彩。

---

① 资料来源：http://blog.sina.com.cn/s/blog_6a4baadd0100k5qs.html

3. 活动内容

小组性质：学习型、分享型小组
工作对象：空巢老人
参加者人数：8人
小组周期：一周2次
聚会次数及主题：
第一次：
（1）彼此相识，了解老人日常生活安排和兴趣爱好；
（2）介绍小组活动目的。
第二次：分享、学习老年保健知识。
第三次：分享、学习生活小常识。
第四次：
（1）浅谈养花知识，交流养花经验；
（2）总结小组活动；
（3）照相留念。

4. 招募及宣传

由居委会主任推荐，工作人员挑选了8位空巢老人作为小组成员。

5. 工作时间表（参见表9-1）

表9-1 "老年生活趣多多"工作时间表

时间	活动主题
2007-7-10 上午9：30—10：30	（1）彼此相识，了解老人日常生活安排和兴趣爱好 （2）介绍小组活动目的
2007-7-13 上午8：30—9：30	分享、学习老年保健知识
2007-7-16 上午8：30—9：30	分享、学习生活小常识
2007-7-19 上午8：30—10：00	（1）浅谈养花知识，交流养花经验 （2）总结小组活动 （3）照相留念

6. 每次聚会计划（参见表9-2）

表9-2 "老年生活趣多多"聚会计划表

次数	日期和地点	目标	活动主题	社工角色	所需物质
第一次	7月10日 居委会会议室	老人互相认识，了解老人的作息安排和兴趣爱好，与老人们建立友好的关系	（1）彼此认识，了解老人日常生活安排和兴趣爱好 （2）介绍小组活动目的	创始者 引导者	纸、笔、茶水果

续表

次　数	日期和地点	目　标	活动主题	社工角色	所需物质
第二次	7月13日 居委会会议室	老人们一起分享自己所知道的生活保健知识，带着老人一起做保健操，促进小组沟通，活跃小组气氛	分享学习老年保健知识	鼓舞者 引导者	纸、笔、茶 水果 健身操材料
第三次	7月16日 居委会会议室	鼓励老人们反响生活小常识、小窍门，提高生活质量	分享学习生活知识	观察者 记录者	纸、笔、茶 水果
第四次	7月19日 居委会会议室	迎合老人们爱养花的兴趣，谈谈他们各自的养花体会。最后照相留念，总结小组活动	(1) 浅谈养花知识，交流养花经验 (2) 照相留念 (3) 总结	评估者	纸、笔、茶 水果 花卉知识材料，数码相机

7. 预计会出现的困难及解决方案

由于小组活动要进行几次，老年人如果参与度比较低的话，可能会影响小组的连贯性和完整性。可以送给老年人一些小礼物，以吸引他们继续参与活动。小组中可能有的老人性格较内向，不爱说话，工作人员要善于观察，给予积极的引导和鼓励，使小组中的每个成员都能积极参与小组活动。

8. 财政预算（参见表9-3）

表 9-3　财政预算

内　容	预算/元
纸、笔、茶	50
水果	100
打印相关材料	20
照片	20
合计	190

9. 评估方法

在小组最后一节进行评估，评估指标包括：组员参与度，小组成员对小组活动的满意度，活动内容的趣味性、发展性、适切性，主题是否明确，方法是否有效等。

（二）案例实施及评估

1. 第一次小组聚会记录

（1）背景资料。

小组名称：老年生活趣多多

小组聚会日期及时间：2007-07-10 上午9：30—10：30

小组聚会次数：第一次

出席人数：8

（2）聚会的目标：让老人相互认识，了解老人每天的作息安排和兴趣爱好，与老人们建立信任、友好的关系。

（3）预备工作：

① 学习小组工作的类型及小组工作的方法技巧；

② 学习老年人社会工作的技巧方法和常见主题；

③ 了解空巢老人的心理和常见情绪问题。

（4）小组过程：工作人员首先介绍自己，介绍小组的目的，然后让老年人简单进行自我介绍；工作人员与老人们建立友好的关系；每个老人都谈谈自己从早晨到晚上的作息安排和闲暇活动；每个老人都谈谈自己的兴趣爱好，有的老人有共同的兴趣爱好，引起共鸣。具体过程如下：小组成员一起围坐成一个小圈，营造轻松和谐的气氛；在工作人员引导下老人依次进行自我介绍；工作人员真诚地称赞老人，对他们的兴趣爱好做出积极回应，如点头、微笑等支持性的非语言行为；及时关注老人情绪变化，防止其脱离团体，引导较沉默的老人积极发言；第一次见面，老人们不太认识，在工作人员引导下，依次进行简单自我介绍，大家也都认真倾听；在聊到兴趣爱好时，有相同兴趣爱好的老人就引起了共鸣，小组气氛开始活跃；其中杨奶奶因事早退，其他老人在工作人员的安抚下，情绪都能保持稳定，小组进行还比较顺利。

2. 第二次小组聚会记录

（1）背景资料。

小组名称：老年生活趣多多

小组聚会日期及时间：2007-07-13 上午8：30—9：30

小组聚会次数：第二次

出席人数：8

（2）聚会的目标：老人一起分享自己所知道的生活保健知识，尽可能使老年人少生病。带着老年人一起做"十二招健身操"，促进小组的沟通，活跃小组气氛。

（3）预备工作：搜集关于老年保健方面的资料，整理了一套"十二招健身操"。

（4）小组过程：首先在工作人员的引导和示范下，老人们依次介绍了自己知道的保健小知识，也提出了自己的困惑，其他老人们都积极提出解决的办法。杨奶奶上过老年大学，科学、系统地为其他老人介绍了养生保健知识。然后工作人员带着老人一起做健身操，加强沟通，活跃气氛。在活动过程中，工作人员运用了开启技巧，如活动之初，老人们不知道从何说起，工作人员就示范举例，开拓老人的思路；运用了支持技巧，例如杨奶奶总说自己讲不好，工作人员就说："您讲得好着呢，我们大家都等着听呢。"其他老人也频频点头，支持杨奶奶，增强了她的自信。此外，工作人员还运用了积极倾听的技巧，并给予了充满鼓励、理解的眼神注视、点头、倾身聆听等非言语技巧。一下子提到老年保健，老人们不知从何说起，工作人员首先示范，老人们思路开阔起来，积极分享自己所知道的保健知识，气氛活跃。邀请杨奶奶系统、全面介绍时，老人们听得仔细，还拿出纸和笔记录，小组进行顺利。

（5）跟进计划及需做出的活动调适。

由于老人不知道这次小组活动的主题，没有准备，一上来不知道从哪里说起，所以工作人员以后应该在小组聚会结束前，告诉小组成员下次聚会的主题，以便小组成员做一些准备，使他们在有限的时间内能更多地分享和学习相关知识。

3. 第三次小组聚会记录

（1）背景资料。

小组名称：老年生活趣多多

小组聚会日期及时间：2007-07-16 上午 8：30—9：30

小组聚会次数：第三次

出席人数：8

（2）聚会的目标：鼓励老人积极地分享自己所知道的生活小常识、小窍门，以帮助他们提高老年生活质量。

（3）预备工作：搜集一些生活小常识，如家用电器省电节能的方法等，并做好记录。

（4）小组过程：首先由杨奶奶介绍了"半字歌"、"六老歌"，李奶奶介绍了食物搭配禁忌，其他人也分享了自己知道的小常识，最后工作人员也将自己搜集到的一些生活小常识和老人们一起分享。工作人员运用了再陈述技巧，如李奶奶说啤酒不能和猕猴桃、橙子和维生素 C 含片一块吃，工作人员说："哦，原来啤酒不能和一些含 VC 比较多的食物一块食用。"还运用了整合技巧，如工作人员说："今天我们的小组活动中，杨奶奶给我们讲了'半字歌'，'六老歌'，李奶奶给咱们讲了食物搭配禁忌，大家还分享了自己知道的小常识，大家都做得很好，相信这些小常识对大家的生活也会有很大的帮助。" 老人们在上次小组活动结束时就询问了这次小组活动的主题，他们还做了准备，带来了自己的记录、剪报和笔记，大家相互交流学习，气氛活跃，大家的参与度都很高。

4. 第四次小组聚会记录

（1）背景资料。

小组名称：老年生活趣多多

小组聚会日期及时间：2007-07-19 上午 8：30—10：00

小组聚会次数：第四次

出席人数：8

（2）聚会的目标：迎合老人们爱养花的兴趣，让他们谈谈各自的养花心得体会。最后给老人们照相留念，总结小组活动。

（3）预备工作：

① 搜集关于养花方面的资料，整理了一份"花卉保健之歌"；

② 准备数码相机，预备给老人们照相留念。

（4）小组过程：首先让老人们谈谈各自的养花心得，工作人员给每位老人准备了一份"花卉保健之歌"，带领大家一起学习。之后总结小组活动，询问对活动的意见，最后参观了老人们养的花，并照相留念。工作人员运用评估技巧，了解小组成员对活动的满意度，了解他们的收获。例如工作人员问："爷爷奶奶对我们的活动满意吗？"老人们都很满意，说他们不仅学到了知识，还结交了朋友。经过几次活动，老人们熟悉了彼此，聊天也更为随意，气氛活跃又融洽，最后照相都很高兴，还结伴一起去其他老人家里参观。活动结束了，老人们都依依不舍，刘奶奶还邀请工作人员去家里吃饭。工作人员婉言谢绝，并祝老人们身体健康，老人们也祝我们好好学习，有好的前途。小组工作顺利结束。

5. 小组评估报告

（1）背景资料。

小组名称：老年生活趣多多

小组性质：学习型、分享型小组

小组周期：一周2次

小组聚会次数：4

小组聚会密度：比较密集

每次聚会所需时间：1小时

出席人数：8

（2）小组的目的及目标是否达到：达到。

（3）小组的聚会进程：（略）。

（4）评估。

小组目标及目标是否达到：达到。

招募及宣传：由居委会主任推荐，工作人员挑选了8位空巢老人作为小组成员。

小组结构：小组的组员均是65岁以上的空巢老人，每次小组聚会都是隔2天一次，一周2次。考虑到小组活动时间太长会使老人感到疲累，因此每次小组活动时间都控制在1小时左右。

活动的适应性：第一次聚会，选择浅层次的主题，即轻松简单的相识活动，适合初次进行的小组活动；第二次聚会选择老年人比较关心的主题开展小组分享和学习，能够很快地调动他们的积极性，达到小组预期目标；第三次聚会选择与老人生活息息相关的主题，调动他们讨论的积极性；最后一次聚会，选择他们喜爱的轻松话题，并总结小组活动，最后为老人照相留念来结束此次小组活动，有助于老人们积极回忆小组活动经验。

个别组员的表现/改变：第一次聚会杨奶奶一直催促工作员开始小组活动，自己首先发言，因有事还早退了一会儿。第二次聚会她就准时并且完整地参与了小组活动，并且积极为大家讲解生态养生知识，带动大家参与活动的热情。第二次聚会时，庞爷爷在听生态养生时，认真地做笔记，为其他老人起到了积极示范的作用。第三次聚会时，在庞爷爷的影响下，好几个老人都带了笔记来做记录。另外，杨奶奶和李奶奶还特意带来了她们的剪报和笔记，和大家一起分享学习。最后一次聚会，刘奶奶和庞爷爷都热情地带着其他老人和工作人员去他们家里参观她们养的花和鱼，庞爷爷还送给其他老人薄荷草，老人们都建立了很好的友谊关系。

小组互动：通过言语或非言语的沟通，进行分享学习和讨论。

小组气氛：由最开始的比较拘束，到慢慢活跃，最后小组气氛非常活跃。

小组规范：工作人员向小组成员提出希望与要求，规范小组成员的行为，鼓励小组成员形成相同的交流方式，发展积极的小组文化。

小组凝聚力：较强。

决策的方式：征求所有人的意见，协商一致通过。

小组发展阶段及方式、工作人员角色、工作人员之专业态度及所运用的知识和技巧：

① 开始期。小组成员开始聚集，相互认识，了解小组目的，探索各自的兴趣爱好，彼此吸引。这一阶段成员彼此尚未熟悉，成员心情可能比较焦虑、封闭，对工作人员的信任也有限。工作人员以创始者的角色，为成员说明小组的目的和功能，启发小组展开话题讨论和互动，催化小组气氛，与小组成员建立良好、信任的关系，使小组成员敞开心扉。小组刚开始，对于小组成员的焦虑、担心、防卫、拘束、感到陌生、缺乏安全感等，工作人员除了发挥温暖、真诚、关怀、尊重等特质，还运用了同理、反映、支持、倾听等技巧。首先通过轻松的自我介绍使成员彼此熟悉，进而澄清小组目的和小组发展的方向。

② 中期。小组成员彼此熟悉，沟通良好，小组气氛较活跃。这一阶段小组成员虽然不再拘束，但发言也并不十分积极踊跃，不敢充分表现自己。此时，工作人员以鼓舞者的角色，随时给予成员鼓励、赞美和肯定，增强小组成员的自信与参与的意愿。另一方面做好引导者，引导每个成员都能积极参与到小组活动中。这一阶段工作人员除了以更开放、包容、耐心、尊重、温暖等特质和小组成员进行互动之外，还运用了开启、支持、积极倾听、非言语等技巧。另外在设计小组主题时，也选择小组成员感兴趣、适合的主题来发展小组，如通过第一次小组活动了解到老人们普遍关心"医保"问题，担心以后生病，所以开展以老年保健为主题的小组活动，以此增进小组活动的动力。

③ 中后期。小组成员相互信任、有很大的团体凝聚力及较强的归属感。这一阶段工作人员以观察者的角色，对小组内气氛、过程和成员反应等进行观察，使每位成员、每个小组过程都被关注，另外做好记录者角色，将小组过程、成员发言做好记录，以便改进。这一阶段工作人员仍旧运用包容、耐心、尊重等特质与小组成员互动，并运用了支持、反映、积极倾听、再陈述、整合等技巧。小组主题选择与老人生活息息相关的生活常识，使小组气氛活跃。

④ 后期。小组成员的需要能在小组活动中得到满足，成员彼此间也比较熟悉。此时成员会有一些依依不舍等感觉。工作人员保持开放自我、尊重支持、积极负责的态度，运用整合、评估等技巧，并设计有助于积极回忆小组活动经验的纪念性活动来结束小组活动，如最后与老人们一起照相留念。工作人员与小组成员进行小组总结、评估，使大家了解自己的收获，发现新的目标和需求。

（5）财政报告（略）。

（6）遇到的困难。刚开始老人参与小组热情不高，有点想敷衍了事，一直处于被动角色,小组气氛不活跃,凝聚力也不强,第一次还有个别成员因事早退,其他成员经过工作人员安抚,能保持比较稳定的情绪,继续进行小组活动。工作人员利用开启、积极倾听、鼓励、反应、支持、整合等技巧,使老人们认同此次小组活动,并由被动接受转为积极主动地参与。

(7) 观察小组的感受及反思。第一次见面时,老人们不太认识,在工作人员引导下,依次进行简单自我介绍,大家也都认真倾听。在聊到兴趣爱好时,有相同兴趣爱好的老人就引起了共鸣,小组气氛开始活跃。其中杨奶奶因事早退,其他老人在工作人员的安抚下,情绪都能保持稳定,小组进行还比较顺利。

第二次聚会的主题是老年保健方面的,一下子提到老年保健,老人们没有准备,一时不知从何说起,工作人员首先示范举例,老人们思路也渐渐开阔起来,积极地分享自己所知道的老年保健知识,气氛较活跃。邀请小组成员——在老年大学学习保健的杨奶奶介绍保健知识,她系统全面的讲解,老人们都很认真地倾听,频频点头,庞爷爷还拿出笔记认真做记录,老人们的参与度都很高,小组进行也很顺利。

第三次聚会时,老人们在上次小组活动结束时就询问了这次小组活动的主题,因此他们都还做了准备,带来了自己的记录、剪报和笔记,大家相互交流学习,气氛活跃,大家的参与度都很高。

第四次聚会时,经过几次小组活动后,老人们彼此已经很熟悉,大家聊天也特别轻松,气氛融洽又活跃。最后给老人们照相留念,他们都很开心,还结伴一起去其他老人家里参观。最后工作人员和老人告别离开时,老人们都很依依不舍,此次小组活动还是比较成功。

小组活动结束了,感觉从中受益匪浅,把我们从书上学到的一些方法和技巧运用到实际中,能帮助我们更好地掌握了小组工作的方法。观察小组的进程,老人们从最初的被动、拘束,到积极、主动地参与,到最后的依依不舍,工作人员需要运用多种方法和技巧来驾驭小组,比如认真地倾听,解释和举例来拓宽老人的思维,另外选择一些老人感兴趣的主题等,要善于观察小组中每一个成员的表现,不太爱说话的,要引导、鼓励他多说话,对于小组成员的积极行为给予肯定和鼓励,如肯定庞爷爷认真记笔记,以此调动其他成员的积极性,增强小组成员的凝聚力。最后在结束小组的时候,选择为老年人照相留念,以一个纪念性的活动,来帮助老人们以后可以更好的回味此次活动,更好地达到活动的效果。

三、任务实训

1. 实训案例

(1) 案例背景。

李奶奶今年已 82 岁了,老伴去年去世。李奶奶共生有二子一女,均已成家立业。大儿子 15 年前留学美国,一家人现在美国定居;二儿子 1969 年到江西插队落户,早在 1978 年就上调县城工厂,娶妻生子,现在夫妻俩都被选拔在县政府当干部;小女儿从戏剧学院毕业当了演员,结婚后住在婆家,经常出外景拍戏。李奶奶的三个儿女都很少回来看望她,现在老房子里就李奶奶一人"留守"着。前几年李奶奶身体还算硬朗,这两年每况愈下,特别是老伴撒手人寰后,李奶奶总感觉到"下一个该轮到我了"。

作为老年社会工作者,你将如何介入和帮助李奶奶解决问题,请写出介入方案。

(2) 案例分析。

① 个人问题。

A. 年龄方面，案主 82 岁高龄，其智力逐渐衰退和吸收新事物的能力下降，传统思想不能及时地转变过来，接受新思想的能力下降，保留着过去联合家庭的观念，认为自己是一个被抛弃的人，在一定程度上导致社会参与变少，从而越来越封闭，越来越消极。

B. 从身体方面，案主这两年身体每况愈下，客观的生理机能衰退，身体素质的下降使其产生消极情绪，变得敏感，猜忌多疑。

C. 在精神方面，案主自老伴去世后，长期独居，精神感到空虚，在身心的影响下，她过分关注自己的健康，总觉得下一个就轮到自己。

② 家庭问题。

案主自老伴去世后，独守空房，而子女不在身边，案主的两个儿子远在美国、江西，女儿住在婆家，平时工作又忙，自然很少回家探望，再加上各自有自己的家庭，在时间精力上自然很少顾及到案主。案主与子女间缺乏亲情的交流，隔阂逐渐加深。正是这样长期缺乏子女的生理照顾和心理的关怀，案主觉得自己被冷落，在情绪上很容易产生孤单、无聊的感觉和消极的情绪。并且，老伴的去世给案主带来了一种死亡将轮到自己的心理恐惧。

③ 社会问题。

A. 社会环境对案主也造成一定影响。社会的快速发展让老年人在社会化的过程落后于他人，而且社会没有充分提供老年人社会化的机会和服务，社会政策通常注重于为老年人提供基本的身体物质保障，并没有满足其心理需求和社会需求，这在一定程度上加剧了案主的消极行为。

B. 传统的中国文化重视天伦之乐，认为有儿孙跟随左右，是人生莫大的幸福。可是随着中国的社会文化变迁，大家庭解体，社会结构变成以核心家庭为基础，人们的家庭观念淡薄，还有工作调动，人口流动，住房紧张，年轻人追求自己的自由与生活方式等问题，都造成年轻人不能或不愿与父母住在一起的原因。老人晚年盼望的理想落空，孤独、空虚、寂寞、伤感、精神萎靡、顾影自怜，再加上体弱多病，上述消极原因就会更加加重。

C. 就目前中国社区的情况而言，一般社区没有充分利用社区资源与服务，没有关注到空巢老人，没能很好地为空巢老人提供多彩的老年生活，因而案主不能很好地融入社会的活动。这在一定程度造成案主心理上的孤单、寂寞。

2. 案例分析

(1) 约定阶段。

① 案主的基本资料如下：

案主：李奶奶

年龄：82

性别：女

家庭背景：老伴去世，儿女不在身边

案主来源：社区介绍

案主类型：非自愿案主

出现的问题：身体每况愈下，感觉自己将不久于人世。

② 评估途径：通过案主儿女、朋友、邻居、社区及案主了解情况。

③ 初步评估的结果：案主所出现的问题属于老年社会工作的范畴，应以老年社会工作个案工作方式进行介入和干预。

④ 约定阶段注意的事项如下。

A．由于案主自老伴去世后，长期独居，精神感到空虚，性格会比较孤僻，不太愿意将自己的情况与社会工作者分享，不太愿意接受社会工作者的帮助，有时可能会有或多或少的抵触、不合作等。所以社工在初期要特别注意与案主建立良好的专业关系，消除案主可能存在的抵触心理，使得案主愿意接受社会工作者的协助，与社会工作者达到一致的目标，并积极去实行。

B．根据社会工作在我国本土发展情况，社会工作在我国的发展比较迟，很多人都不认识和理解社会工作和社会工作者。同时，案主是一位82岁的老人，思想比较保守。所以社会工作者应在初期适当地对案主和案主的儿女等人阐明社会工作是一种运用科学的理论方法和专业的手段和技巧帮助社会上有需要的群体的科学。而社会工作者本身是会遵循保密、平等、尊重和接纳等原则去帮助案主解决问题。这样有助于社工与案主确立专业关系，并有助于社工得到案主、案主家人以及案主所在社区等的配合与协助，使得更有效地帮助案主。

(2) 评估问题。

① 收集资料。

A．与案主谈话，了解她的情况和想法，尽量了解案主个性，并向案主介绍社会工作的性质和宗旨，介绍社会工作者的工作实务和目标，让案主尽快接受社工，与社工建立良好的关系。

B．与案主的邻居和朋友谈话，收集案主个人性格，生活，人际关系等方面的资料。

C．与案主的家人交谈，了解案主的家庭情况，家庭生活状况。

此外，需要了解的情况还有：

A．案主以前的生活习惯和现在的生活习惯；

B．案主平时的活动和交际；

C．案主对儿女离家的看法，对自身情况的想法。

② 理论分析。

A．老年社会工作的基本定义是：老年社会工作就是因老年问题产生而产生的一种专业服务活动。它是指受专业训练的社会工作者在专业的价值理念的指导下，充分运用社会工作的理论和方法，为在生活中遭受各种困难而暂时丧失社会功能的老人解决问题、摆脱困境并同时推动更多的老人晚年获得进一步发展的专业服务活动。

这个定义明确地指出了以下几点：一是为老人服务是一种有价值理念支配下的活动，在开展老年社会工作的过程中时刻坚持社会工作对人的信念以及专业的基本原则；二是为老年提供社会工作服务需要在理论的指导下运用许多专业的方法，以提高服务的有效性和针对性；三是老年社会工作的最终目标是挖掘老人的潜能，提高老人的能力和促进老人的发展。

在本案例中，案主因丧偶，子女不在身边，由于孤单寂寞、缺乏精神慰藉，空巢老人便会产生"老年空巢综合症"。因而社会工作者要加强案主与家人、外界的联系，增强案主的生活积极性，帮助案主找回积极的人生。

B．目前，对于老年人问题主要有以下两种分类。

按照老年人群的差异性分类，即按照生命阶段把老年人划分为低龄老年人（60～70岁）、中龄老年人（70～80岁）、高龄老年人（80岁以上），这样，老年人问题的内容就被表述为低龄老年人问题、中龄老年人问题、高龄老年人问题。例如，低龄老年人的突出问题是社会参与问题，高龄老年人问题主要是日常生活照料和精神孤独问题。

按照老年人需求的层次分类，即把老年人的需求按层次划分为经济需求、医疗需求、社会服务（日常生活照料、法律援助等）需求、精神文化（包括教育、文化娱乐等）需求、社会参与（包括参与社会发展、经济发展和政治参与等）需求等。

在本案例中，案主82岁，是属于高龄老年人，因而社会工作者要更注意案主的身体健康和精神方面的给予，在建设案主精神世界的同时，不忘对案主身体的调理。

C．社会角色是指与人们的某种社会地位、身份相一致的一整套权利义务的规范与行为模式，它是人们以具有特定的人的行为期望，构成社会群体或组织的基础。而社会角色的失调会对人们造成打击和压力，使行为人无所适从。

在本案例中，案主原本生活在正常家庭，到后来子女成家立业离开自己，老伴与世长辞。在这较急剧的变化中，案主一时间不知道自己该干什么，生活亦似乎失去了意义。因而社会工作者应该注意给予案主这方面的帮助，解决社会失调问题。

D．从理论上认为一个人适应的良好与不好，是常以个体与环境中是否能取得和谐的关系而定，同时也与自我评价密切相关。根据马斯洛的需要层次说，人的主要动机有安全的需要、归属和爱的需要等，当这些基本需要得不到满足则会产生挫败感等不良情绪。其中安全的需要包括生理需要和心理的需要。

在本案例中，案主这两年身体每况愈下，身体素质的下降使其产生消极情绪，变得敏感，猜忌多疑。案主自老伴去世后，长期独居，精神感到空虚。在身心的影响下，她过分关注自己的健康，总觉得下一个就轮到自己。案主自老伴去世后，独守空房，子女不在身边，长期缺乏子女的生理及心理的关怀，让她觉得自己被冷落，容易产生消极情绪。社会工作者应帮助案主把身体调理好，增加其与家人的接触交流，使老人精神愉快，心理上获得安慰，走出心理问题的困境。

E．伯吉斯、哈维格斯特等人的活动理论强调，社会互动对每一个人都有同等价值。个人的角色建立在工作、婚姻和与社会联系及社团参与的基础上。如果老年人失去工作和社交活动，又不能在其他地方找到替代角色或建立新角色，就会成为"没有角色的角色"。这种情况无论是自愿还是所迫，最终将导致其放弃身份，社会价值及自我形象也会变得模糊。因此，老年人在精神上和心理上与社会保持接触，有活跃的社交生活，积极开辟新的生活形式，才能获得和维持开朗的心境，获得快乐与健康。

在本案例中，案主其智力逐渐衰退和吸收新事物的能力下降，社会参与变少，从而越来越封闭，越来越消极。因而社会工作者应注意让案主多参加社会活动，广交朋友，拓展兴趣爱好，把案主闲逸的生活时间安排的饶有乐趣，丰富多彩。

F. 归因理论认为,归因就是根据人的外部表现特征来推测其内在的意图和动机,对其心理活动状态做出解释和推论的过程。归因理论对于科学地认识个体的行为和心理活动规律,改进个体的行为有很好的作用。归因的类型可以外归因和内归因。

在本案例中,外归因是案主长期受社会传统文化的影响,传统文化对思维活动、实践活动具有一定的负面作用;再加上子女成家立业离已而去,老伴去世,自己身体状况每况愈下的外界环境影响,一定程度上影响了案主的行为。而内归因则是案主主观心理因素的作用,案主缺乏积极的生活态度,在某种程度上亦造就了案主消极的行为。

G. ABC理论是理性情绪行为疗法的核心理论,其主要观点就是情绪或不良行为并非外部诱发事件的看法解析评价,而是由于个体对这些事件的评价和解析造成的。在ABC理论中,A代表诱发事件;B代表个体对这一事件的看法解析及评价,即信念;C代表继这一事件后,个体的情绪反应和行为结果。

在本案例中,A是指案主的老伴去世,子女不在身边,身体虚弱多病。B是指案主在这些情况下,特别是老伴去世后,总感觉"下一个轮到我了"。C是指案主所表现出来的情绪:消极、孤独、敏感。正是由于案主受到A事件的客观世界和B事件的主观世界的相互作用影响,其个体情绪反应和行为才表现为异常消极、悲观。借鉴于此,社会工作者应对其情绪行为进行调理,开展心理咨询,心理活动,上门心理陪聊,帮助案主转变为正确的生活价值观。

H. 社会网络是人与人之间相互联系所形成的一个整体结构,两个互动主体之间的关系或社会联系构成社会网络的纽带。社会纽带既可以形成社会结构,也可以破坏社会结构。个人社会网络的结构特征决定了二人关系的作用,而个人的社会结构决定了二人关系发挥作用的环境。当一种关系建立以后,它就为其成员提供了直接接近其他人或其他资源的机会。

在本案例中,案主原来与丈夫、儿女、邻居等建立的社会纽带,随着老伴的去世,儿女的离开,都相继断裂或变弱。案主得不到社会网络支持,会影响到案主身心健康和其对生活的热忱和信心。社会工作者应该帮助案主改善其与子女之间的关系,鼓励案主多与外界接触,重建案主的社会网络。

(3) 计划及合约阶段。

① 制定目标。

短期目标:帮助案主把身体调理好,解决其"老年空巢综合症",增加老人与家人的接触交流,使老人精神愉快,心理上获得安慰,走出心理问题的困境。

长期目标:让老人树立积极的生存意识,即正确对待人生,科学看待生命。通过对人生和自我价值的合理认定提高对生命意义的领悟,健康快乐地活下去。

② 具体行动方案。

A. 个案会谈。与案主进行个案会谈,时间约为每星期2次(具体次数要根据实际情况而调整),以便了解和掌握案主各个方面的适应情况,并帮助案主及时解决她所面对的困难与问题。个案会谈中注意运用归因理论、ABC理论、个人行为与社会环境的原理等理论引导案主思考自己现在出现的行为想法的原因,和其可能造成的影响,以及如何去克服这些心理问题,帮助案主解决她所面对的困难或问题,帮助案主树立正确的生命价值观念。

个案会谈中需要了解和掌握的情况有:案主是否能独立照顾自己的日常生活,与子女关系是否和谐，与邻里、同龄人是否常有交流，平时有什么业余爱好，以及在计划实施过程中案主的情绪变化。

个案会谈需要讨论到的话题包括：对于老伴已故的态度；对于自己身体健康状况的看法；对于子女成家立业后，自己独立生活的看法；对于邻里人关系的态度；对于天伦之乐的看法，以及自己与子女的关系，对子女的看法；对于生命价值以及死亡的看法。

B. 社区访谈。根据个人行为与社会环境的原理，社区的生活与案主的行为有一定的关联。在社区访谈中要了解案主在社区的活跃指数和资料，分别向案主的邻居、社区中心以及案主的好朋友进行访问，从不同角度了解案主在社区生活的情况，协助有关人员了解案主目前的问题，求得他们的了解和理解，从而得到各种的资源支持。

社区访谈中需要了解的基本情况有：案主的经济状况，在社区中的活动情况如何，与邻里的关系，案主以前的生活，待人接物的态度，与老伴、子女们的关系及之前的身体状况，生活爱好等。

C. 家庭访谈（鉴于案主的子女分布在不同的地方，如果情况不允许聚集面对面访谈，进行电话访谈）。同理根据个人行为与社会环境的原理，家庭生活与案主个人的行为心理有着重要的关联。在此过程，通过案主的子女了解他们简要的工作情况，案主与他们的关系，以及他们对案主的看法评价，从而协助他们了解案主的困难，求得他们的理解和支持，共同协助案主走出心理障碍，健康快乐地生活。

家庭访谈中需要了解的情况有：了解子女们简要的工作情况，他们与案主的关系好不好，以及他们的想法和态度，一般什么时候回来看望母亲，多久回来一次，对母亲的关心程度等。

D. 小组讨论。在此过程中运用归因理论，与案主的子女们进行小组讨论（鉴于案主的子女分布在不同的地方，如果情况不允许聚集面对面访谈，则可进行电话交流），让他们了解到案主出现的问题，其中一个重要的方面是来自于家庭的，希望子女们多关心案主，多抽时间回来看望案主，让案主觉得原来子女仍是很关心、重视自己的。

讨论的中心议题：造成案主陷入"死亡恐惧"的漩涡的原因，身体状况每况愈下的原因，案主平时的生活模式，案主产生"老年空巢综合症"与子女们常年不在身边有没有关系？为了解决案主的问题，子女们可以做些什么？同时要关心老人的心理健康，及时帮助老人走出惧老心理是精神赡养不可忽视的问题。在制造、提供良好的物质生存条件的同时向她提供、创造积极的精神生存环境。

E. 组织案主与子女进行一次交心的会谈，让子女明白母亲的难处，设身处地为母亲考虑，从而增进子女与案主之间的关系（期间要注意场面的控制，以防出现情绪激动，场面失控），让子女更清楚地了解案主真正需要的是什么。同时建议子女平时多打电话给案主，增多案主与子女的交流，减少案主的孤独感，为营造融洽的家庭氛围提供条件，继而用家庭的温暖来感化案主，逐步改变案主消极的生存观。

F. 组织亲情一日游或者家庭聚餐（如果子女们的条件情况允许）。亲情一日游的主要活动是全家人早上一起去喝早茶，然后就是去观赏附近的名胜。目的是为了帮助案主以积极的心态去对待生活，重新投入社会的生活，多外出游玩，疏解心情。

G. 聘请医生（若有需要时）。为案主调理好身体（从案主的家庭休息环境、家庭晨晚间护理、日常生活饮食方面入手），尽量减少案主不必要的疾病。从某些程度上减少案主不必要的心理负担。其次通过一系列的图片资料、知识讲座等让案主懂得："空巢"老人也要学会"自我关照"，要善于安排自己的生活，对可能出现的突发事件做好准备。

H. 招募一些具有专业心理知识的志愿者，为案主提供面对面的心理咨询，开展一些心理游戏活动或者上门进行心理陪聊等。

I. 与案主去听相关的讲座或者观看相关资料（如果最近没有此类的活动，则可联手社区办一个这样的活动）。让老人树立积极的生存意识，即正确对待人生，科学看待生命。通过对人生和自我价值的合理认定提高对生命意义的领悟。由此，结合自身条件继续服务社会以激发生活热情、体验生活情趣，消除身心衰老对自我的不良暗示，正确对待疾病，有病求医，相信科学，不过分关注生理上的细微变化和片面强调他人对自己的态度。通过情绪转移加强人际交往，以消除与社会的疏远，避免自我孤立。辩证地看待衰老，变衰老为紧迫感，促进对生命的珍惜和人生意义的追求。

J. 在社区开展老年人活动项目，到户外或公园进行一些老年人喜欢的轻松的体育活动，如散步或慢跑、练气功或打太极拳等增进案主与社区同龄人的交流，广交朋友。其次，建议案主多走出家门，多参加各种文体活动和社会活动，培养兴趣爱好。通过养鸟、养鱼、种花等活动来填补生活上的空白，增添生活的情趣，使自己精神有所寄托，逐步减少对子女心理上的依恋。

K. 中期评估。老年社会工作者将通过案主本人对工作者的评价，以及案主的子女、朋友、社区的有关人员对案主的评价来做一个综合性的小结，撰写评估报告，根据实际情况来反思以及调整方案。

（4）工作介入。

作为老年社会工作者，在此过程中应要坚信：人具有选择的能力，并且由于人具有自我实现的义务，自我决定的权利，所以无论如何都应该尊重案主的意愿。同时社会工作者要以一种客观、体谅的心态去接受案主的实际情况，与案主一起分析所面临的问题，寻找产生问题的原因，讨论或者提出解决问题的方法。同时社会工作者与案主应建立平等、接纳、尊重的价值观。接纳不是鄙视或排斥，而是理解。接纳同时还是一个助人自助的过程，是在正视现状的前提下，相信每一个人都有发展的潜质，因而有责任鼓励及协助个人在顾及他人权益的情况下实现自我，寻找改变现状的方法并促使案主调动自己的潜能，积极改变现状，真正做到从案主的利益出发。与此同时，社会工作者应给案主真诚的鼓励和支持，并监督其完成各项计划，必要时进行情绪疏导，更正观念，减少疑虑，提供必要的有利信息，改善环境，肯定自我，增强自信心，调整和谐社会关系等。在实施过程中社会工作者还要对原工作计划的各个环节进行评估，查补缺漏，及时与案主共同商讨更正，从而使工作的介入达到更好的效果，发挥出更好的作用。

（5）评估总结及结案反思。

当案主基本上完成了以上的工作计划并达到了预期的目标，即案主已恢复正常的生活状态，和家人和睦相处，正确看待自己以及老伴去世的事实，能够积极参加社会活动，很好地与社会上的人交流，融入周围的环境，走出黑暗的内心世界，抛弃不好的想法，重新找回生活的热情，以积极的心态对待生活，此时，社会工作者就开始与案主商讨结案。结束工作关系，总结案主的进步与不足，安抚好案主结案的情绪波动。社会工作者通过和案主、案主的家人的深度访谈，与案主共同总结评估个案，评估报告由社会工作者撰写。

同时，社会工作者在结案阶段也要对这一个案例进行反思，总结个案计划和行动的成功与不足之处，总结社会工作者自己在实施行动中有没有遵循社会工作的价值体系、伦理守则，有没有很好地运用社会工作的技巧。

（6）回访。

在结案后一定时期内社会工作者还应拜访案主及家人，帮助案主回顾工作过程，根据案主的需要和问题的解决情况跟进服务。在这个阶段要注重与案主的分享，强调案主已经取得成绩，鼓励案主，增强案主自信心，帮助案主巩固已有的改变，增强案主结案后处理问题的能力。

3. 实训作业

上述案例在实施中可能遇到的问题有哪些，请思考并试着提出解决方案。

四、巩固提高

1. 知识回顾

（1）老年人的婚姻类型。
（2）老年人再婚的阻力。
（3）当代老年再婚的新变化。
（4）空巢家庭的含义及现状。

2. 任务实训

15年前孙大妈的老伴患食道癌去世，孙大妈跟3个女儿一起生活，女儿先后出嫁，她也从工作岗位上退休，孙大妈的日子变得前所未有的冷清。在女儿、女婿全力支持下，孙大妈决心再往前走一步。"我自己有两室一厅的房子，每月有两千多元的退休工资，只想有个人能陪自己说说话，生病的时候有人照顾。"去年10月孙大妈在老年婚姻介绍所里遇到了与她同岁的周先生，见过几次面后两人觉得很合得来，但孙大妈为了确保周先生不是冲着她的钱和房子来的，决定先同居再决定是否要结婚。

试婚刚开始的半个多月里孙大妈过得非常甜蜜，体贴的周先生每天买菜、做饭、辅导孙大妈两个外孙功课忙个不停，但孙大妈始终对周先生心存疑虑，把家里的存折和现金锁在保险箱里不让周先生经手，周先生渐渐感觉到孙大妈的疑心病，一心想和孙大妈结婚却接连被她拒绝，两人开始因为一些鸡毛蒜皮的小事起冲突。春节前周先生一气之下收拾东西离开，孙大妈短暂的试婚生活就此结束。

请分析孙大妈试婚失败的原因，你有什么好的建议吗？

3. 问题思考

王奶奶今年65岁，一年前老伴去世，儿子、媳妇把她接到身边，一方面想尽尽孝心，另一方面也希望她帮助带带孙子。开始的时候相处得很愉快，但是慢慢在孙子的教育问题方面开始有了分歧。小孙子今年13岁，喜欢和奶奶在一起，奶奶也会经常给他钱买些零食和玩具，儿媳觉得这样会把孩子"宠坏"；孩子上学的书包很重，每次上学的时候，奶奶总会帮他拿着，儿媳也不高兴，认为孩子的事情应该让他自己做。这样的小事情很多。而奶奶认为的一些不好的习惯，如孙子经常网络聊天，每天看电视，儿子和媳妇却觉得"无所谓"，"让孩子自己决定"。发生这些矛盾后，儿子的态度还好些，儿媳的脸色却越来越难看，最近两次竟然说："孩子教育的事情您就别插手了！"王奶奶很伤心，不知道该怎么办。

如果你是小区社工，你会怎么帮助王奶奶？

项目十 临终关怀

> **项目简介**
> 本项目说明了死亡与濒临死亡问题与老年社会工作的关系,介绍了临终老人的需要,以及社会工作者在老人濒临死亡时的角色定位。
>
> **学习目标**
> 知识目标:通过本项目的学习,使学生了解死亡与濒临死亡问题是老年社会工作的一部分,掌握临终老人的需要。
> 技能目标:通过本项目相关理论知识的运用,使学生可以正确对待社会工作者在老人濒临死亡时的角色定位,协助老人及家人面对死亡及丧亲哀痛。

一、基础知识

(一)死亡与濒临死亡问题是老年社会工作的一部分

直接面对濒临死亡和丧亲的现实是做老年社会工作不可逃避的一部分,不管是对新手还是有经验的专业人员来说,这都是一个最大的挑战。当事人去世,工作者失去了他,或者帮助老人或家人应对失去挚爱的人,都会不断提醒工作者死神会触摸每个人的生命,即使不是现在,也肯定会在将来某个时刻来临。很少有人能逃脱失去父母、配偶或伴侣,甚至可能是失去孩子而带来的哀恸。死亡焦虑是做老年人工作的一个重大挑战。社会工作者对自己死亡的恐惧或者是对自己所爱的人死亡的恐惧能带来相当大程度的不适感,许多时候甚至会打击社会工作者选择老年社会工作这一职业。

虽然一般人以为老年人应该会为死亡多作准备,但老年人与其他年龄的人一样,没有真正准备好面对死亡。有宗教信仰的人和积极的老年人较愿意接受死亡的事实。面对生和死,哲学家认为是一个哲学问题,存在与不存在的问题;宗教和心理学家认为人无论什么年纪,都要从自我的生命中找到它的完整价值,才能过有意义的生活,才会无惧地接受死亡,积极面对死亡和为死亡做好准备。老人面对老化过程所带来的身体、心理和社交挑战、朋友和家人离世,当然就会不期然地联想到自己的死亡。帮助老人回顾人生就是以协助老人说出自己未了的心愿和令他们为自己的人生感到平安和快乐为着眼点。其实,死亡一事对老人而言并不可怕,他们有的甚至早已在心里想过这个问题了。可惜,有时社会工作者本身对死亡存着惧怕和逃避的态度,也可能是迷信,或未准备好怎样去跟他们谈死亡的话题。因此，社会工作者需要去探索自己对死亡的看法和感受，这样才可以成为一个专业、有效、温情的老人服务社会工作者。

对年轻的社会工作者来说，与老年人讨论死亡或者预备死亡是极具挑战性的。事实上，相对于其他年纪的人士，老年人对死亡比较接纳，更愿意去讨论与死亡有关的事情。老人比较容易接受死亡这一事实，可能是老人觉得自己已差不多走完人生路，经历了自己人生中不同的阶段，由恋爱、结婚、组织家庭、事业、退休，死亡在他们而言，是生命中意料之事而不是遗憾。另一原因可能是在老年人的人生阶段中，与死亡的接触会愈来愈多。当他们对死亡愈感熟悉，就愈能接受死亡是自然的事。不过在此必须强调一点，就是接受死亡可能只是理性上而言，但在感情上，死亡仍然是一个极伤痛的过程。不过，有些老人甚至欢迎死亡多于害怕死亡。患有慢性疾病和失去了配偶或好友的老人，也许会觉得生活并不好过。分分秒秒为残弱的身体而战、在寂寞中挣扎等，都会削弱老人的生存动力。虽然老人可能从没想过要结束自己的生命，但他们也会抱有死神早来比迟来好的心态。至于没有情绪和疾病困扰的老人们，他们可能已对自己的生命感到很满足，而且仍会积极参与社交活动，但已有了死亡随时来临的心理准备。

（二）濒临死亡的人的身心特点

尽管临近死亡时身体和心理上的实际状况可能会因人而异，但是在个体去世前几个月和几个星期的时间里还是会有一些共同的身体症状或行为表现。当然，这说的是知道死亡会在一段时间后来临而不是因心脏病发作或严重中风之类的情况很快去世。

在离去世还有1~3个月的时候，当本人意识到或在潜意识里感觉到死亡不可避免时，他可能会疏远家人和朋友，开始与他们分离。尽管此时家人可能需要跟即将离世的人亲近，但是他却会退缩一旁，掂量自己的一生，准备好抛开一切。他可能会比平常睡得更多，或者闭着眼睛安静地休息，这样可以限定自己愿意跟人交谈的时间。此时应该鼓励家人和朋友继续与要离世的人待在一起，用触摸而不是语言跟他沟通。他可能对吃东西没什么兴趣，或者只是对他而言食物味道不好。

在离去世1~2周的时候，人可能会开始糊涂，大部分时间都在睡觉。他可能头脑混乱或者似乎在跟已经去世的人说话。家人对此可能会很受困扰，因为濒临死亡的人会非常真切地体会到那些逝去很久的所爱的人来"拜访"他。然而，这是濒临死亡过程中一个常见的现象，家人不应该摒弃这些事件对于行将离世的人的意义。这一阶段的躯体症状有血压低，体温忽高忽低，出汗增加，皮肤颜色不自然，呼吸不平稳。

去世前几天，人可能会突然回光返照，精力旺盛，头脑不再糊涂和混乱。这常常会让家人和朋友误以为他已经康复了，不会像以前预料的那样过世。然而，精力旺盛的时间一般都很短，接踵而来的是频繁坐卧不宁、呼吸不规律、循环不好和一定程度的对外界失去反应。当出现这些症状的时候，死亡就近在咫尺了。

（三）临终老人的需要

1. 身体的需要

临终老人除了要面对疾病伴随而来的身体变化，他们仍然在意身体形象和别人对他们所投的目光，尤以女性为甚。为了使临终老人觉得有尊严，社会工作者要鼓励家人或其他专业人士协助老人，尽量保持良好的个人卫生，也尽量让他们保持整洁的样貌。有清洁的身体和衣服，老人就多一点自信心，而不用担心别人以奇异的眼光看着他们有病的样子，心情也自然好得多了。社会工作者对这些细节都该有敏锐的触觉，并针对老人的身体和生理需要去教导家人和护理员如何照顾老人。这是全人照顾的起点，要清楚知道要照顾的不单是个病体，而是个老年人，一个有血有肉、有感情、有尊严、曾经贡献家庭和社会的人。这些是临终老人生活质量的指标。

2. 情感和心理方面的需要

在广义来说，临终老人除了身体需要以外，其他心理、情绪、宗教的需要都算为心灵的需要。临终老人也是人，他们不应被当作疾病或者垂死的情况来对待。社会工作者要了解并教育家人及其他护理团队，临终老人仍是需要被尊重的，与此同时也需要有控制事情能力的感觉，老人的情绪和心理需要与身体需要同样重要。他们需要尽量保持一些能够掌控自己生活、生命和自由自主的感觉。社会工作者要鼓励家人让老人直接参与临终照顾和日常生活的安排，并尽量采纳老人的意愿，让临终老人的最后旅程仍然是自主及有选择的。临终老人亦需要我们提供一个安全的环境及容许他们表达感受的气氛，好让他们有机会谈谈自己对死亡的看法和感受。

3. 社交需要

临终老人如果身体情况许可，让他们维持有意思的社交活动和跟他们有良好关系的家人和朋友有相交是非常重要的。如果临终老人觉得自己时日不多，可能更希望与自己的家人或好朋友见面，与他们保持联系。

如果有些朋友或亲人会因害怕与临终老人相见而勾起愁思，而老人本人亦可能因身体不适而不能见面以致双方可能疏远起来，社会工作者应尽量鼓励和安排并创造环境让家人和朋友与老人守在一起，如数星星、唱儿歌、牵手、煮饭等。因为关系一旦变得疏远，各方都会因为失去有意义的联系而感觉失落和内疚，消极老人更需要以儿孙来提醒自己，自己的生命将由下一代延续下去。换言之，生命已有接棒人，若是没有儿孙的老人，但他们一生有接触和教育过年轻人，他的生命也透过他们继续点燃下去。社会工作者的工作是改善老人和他身边的人的关系，接纳和了解他们的感受，并使他们能够和谐共处。老人和家人共同的力量，就可以发挥他们处理死亡的力量。由于临终病人面对的恐惧和困难大致相同，老人若有心力参与支持小组，必能从中获益。面对死亡时，老人与其他同类病人的想法和社交生活带给他们脱离孤单感是非常重要的。社会工作者可以安排老人或家人组成支持小组，提供机会让他们表达和分享面对绝症时之技巧和感受。

（四）社会工作者在老人濒临死亡时的角色

1. 提供情感支持

对老人及其家人来说，在濒临死亡的过程中社会工作者最显而易见的作用就是提供情感支持。老人及其家人需要能敞开心扉谈论伴随认识到有人将要离开这个世界而来的种种感受。这些感受可能会令人恐惧,而且恐惧感非常强烈。举例来说,某个将死之人的亲属会非常生这个人的气,责备他没有及早求医问药或者不戒除坚持糟蹋自己的行为,诸如大量吸烟或酗酒等。这种强烈的愤怒似乎背离了老人将要离世,家人感到哀伤和深深爱恋的真实感受。老人也可能会抨击家里的照顾者,看起来特别忘恩负义。伴随濒临死亡而来的情绪上的"过山车"是难以预料的,它会扰乱老人及其家庭支持系统。

要准许老人及其家人谈论死亡。许多时候家人甚至提这个词都可能有困难,更不太可能跟要离世的老人公开谈论这件事。彼此都避免直接谈论死亡有可能会让双方在仍然有时间处理重要情感方面的事宜时,与之失之交臂。

2. 代替老人及其家人争取权益

濒临死亡的老人及其家人可能会心绪不宁,不能积极地为自己向医护人员争取权益。社会工作者可以发挥重要作用,代表家人跟其他专业人员打交道,要坚定不移地确保医护人员能敏锐地体察和理解老人及其家人的需要。比如,如果一个家庭想要安排临终关怀照顾,但是医生却还没有提出这一建议,那么可能就有必要让医护人员注意到这一问题,并鼓励家人提出来。家人或老人出于对医生的顺从可能对心存质疑的治疗过程犹豫不决,开不了口。尽管社会工作者需要尊重医护人员的专长,但是老人及其家人也有权在可能的情况下对治疗决定提出自己的意见。

3. 提供资讯

社会工作者为老人及其家人维权的另一项重要工作是帮助他们得到有关病情、备选处置方案、预留治疗指示、临终关怀和支持性服务的资讯。社会工作者在帮助老人及其家人获取这些资讯方面扮演着医护人员的重要补充角色。医护人员并非不想帮忙,而是可能太忙了,无暇确认老人及其家人真的了解这些资讯。家人可能陷入老人濒临死亡所带来的情绪困扰之中,被完全压倒,甚至不知道该从何着手。社会工作者可以帮忙组织资料,让家庭了解清楚情况,并把难以应付的挑战分解成更容易掌控的事宜。比如,如若一个家庭正在考虑临终关怀服务,那么社会工作者就可以为其提供本地临终关怀组织的相关资讯,并细化做出这一选择的步骤。同样地,如果老人或家庭需要更详细地了解遭遇到的不治之症,那么社会工作者可以从医院的宣传手册或可靠的网站上获得简单易懂的资讯,帮助家庭更好地了解疾病。虽然社会工作者不应该代替医护人员提供医疗资讯,但是可以帮助家庭获得所需的资讯。

4. 社会工作者的自我保健

做濒临死亡的老人及其家人的工作是社会工作者面临的一个最艰巨的挑战,对新手来说尤其如此。尽管社会工作者可以帮助老人及其家人,向他们提供情感支持,代表他们争取权益并提供资讯,但是没有什么干预技术可以真的阻止死亡的来临。每天做病入膏肓的人的工作会激起助人者本身对死亡的焦虑,并给其身心健康带来巨大的压力。社会工作者要保持警惕,察觉压力已经变成问题的征兆,并在其给自己造成身体损害或让自己出现职业耗竭前,采取措施加以缓解,这非常重要。

奥尔森发现,能做濒临死亡的病人及其家人的工作而没被击垮,且生活得很好的助人专业人员，包括护士和社会工作者，是那些有一套特定态度的人。奥尔森发现那些对自己影响快离世病人的生命质量的能力有现实的认识，并对自己在自然界中的位置有切合实际的看法的专业人员，最能够平衡好工作上的要求和自己的身心健康。濒临死亡虽然不愉快但却是生命历程中自然而然的一部分。社会工作者应知道自己已经在合理的限度内向面临死亡的老人及其家庭提供了情感支持，接受了现代医疗和人类肌体战胜疾病的局限，帮助了这些非专业人员健康地接纳和处理死亡。

针对濒临死亡和丧亲的人开展工作的社会工作者需要解决好自身的压力。奥尔森强调了社会工作者通过足够的膳食营养和锻炼保持自身身体健康的重要性。有氧运动、网球、慢跑、急行或者其他的运动都有助于缓解压力，增加身体的耐力，这是具备情绪上的耐受力的重要因素。学习和运用渐进式肌肉放松术或者做做按摩，都会有助于缓解在处理压力性情绪和心理问题时身体上的紧张。对专业人员来说，建立自己的支持系统，必要的时候让其帮助自己处理不好的情绪，并让自己有机会谈论死亡之外的话题，这些都十分重要。

马什和卡斯曼提议，做濒临死亡和丧亲工作的专业人员应该安排自己的例行减压活动，这样的活动让他们能有意识地在身心上脱离工作情境。可以是做一段时间的放松或冥想，轻松地散散步，聆听让工作者不去想死亡和濒临死亡这方面事情的特定的音乐，或者是任何其他的活动，让自己把做死亡工作的压力抛到脑后。

所有专业的临终关怀工作人员都知道，即使是调整得最好的、有经验的、已经习惯了的专业人员，也偶尔需要离开一段时间，不接触死亡，这被称之为"死亡饱和"。对护士来说，这常常意味着调换到另一个部门工作几周或几个月，脱离临终关怀休整一下。对社会工作者来说，这可能意味着做老年社会工作中其他方面的老人及其家人的工作，这些工作跟死亡和濒临死亡没有那么紧密的联系。不管怎样，对社会工作者来说，重要的是知道什么时间该从做病入膏肓的老人的工作中抽身，做短暂休整。

二、案例示范

（一）案例描述——最后一个驿站[①]

在武汉市一栋3层的灰色楼房中，死亡是个避不开的话题。每过几天，这里就会有人死亡。死去的人一走，就有新人住进来；再有人死去，就再有人住进来。就像人生的最后一个驿站，一些人的生命在这里走到尽头。

那些在狭窄走廊里和白色木门内生活的老人，有的孤苦了大半辈子，一生平淡无奇；有的肚子里则装满了风雨、故事。但在香港人林玉敏看来，她能为他们做的事笼统来说只有一件，那就是替他们完成遗愿，帮他们平和地面对死亡。

她与"驿站"里的社工义工们，称呼这些老人"爷爷奶奶"。他们和医护人员一起，照料这些已经罹患绝症者的生活起居。她也会委婉地提醒他们，在辞世之前，要好好珍惜有限的时间。这个年轻女孩完全没有想到，她触碰到了这个社会里一个古老的禁忌。

有同事提醒她最好不说这些，不然会有人接受不了；有的老人一听她说起这个，立即转身离开。可她还是要说，只不过方式更加委婉了一点。很快，她有了一个"死神"的外号。

---

① 资料来源：http://www.360doc.com/content/10/0211/10/142_15657362.shtml

但慢慢的,有很多人接受了她。一些行将进入另一个世界的人甚至开始喜欢她。毕竟,她竭尽全力在做的,是让他们在生命最后的日子少些遗憾。

【"你咒我死呀,你们是不是搞殡仪的"】

3年前,林玉敏只身来到这里时,她对这个城市一无所知。她是土生土长的香港人,第一次离开香港工作。她听不懂武汉话,刚到武汉时,甚至不会说普通话,第一次面试员工时,说话就像"外国人"一样。她也不习惯武汉的饮食,开始的半年,几乎每天都拉肚子。

那一年,湖北省荣军医院刚刚启用了一栋新楼。这栋大楼由香港英皇慈善基金捐助。湖北慈善香港英皇关爱老人护养中心就设在这里。按照约定,湖北一些农村福利院的少数"三无"、"五保"老人,将在护养中心走完人生的最后一程。

房间格局一样,墙壁一律白色,两张病床,一个卫生间,还有空调。这样的居住环境,有的老人第一次享受到。

此外,英皇慈善基金还资助香港"无国界社工"在此推广"临终关怀"的项目。林玉敏就是无国界社工派往武汉的工作人员。她将在此工作3年。

在武汉,临终关怀并不是一个新鲜话题。早些年,荣军医院也开展过此项业务,濒死者被送到这里,由医护人员照料他们的生活,直到他们老去。

但林玉敏觉得,只是将老人们的生活照料好,还远远不够。她从香港带来的理念是,社工要给这些即将面对死亡的人心理上和精神上的安慰,让他们舒缓安详地离开这个世界。

第一批服务对象,是护养中心主任熊春娥带队挑选的。当时,熊春娥带着队伍,到武汉周边的一些农村福利院找人,条件是生命期3个月到半年内的"三无"、"五保"老人。符合条件的人,随即被送到护养中心,度过生命的最后时光。

但是,熊春娥始终没敢跟老人们提到"死亡"。她只是告诉他们,护养中心的条件好,设备比较先进,适合一部分老人治疗。她担心,一旦告诉老人们实情,一部分人将不会去。

她解释称,在传统观念中,老人们都希望叶落归根。护养中心的第一批住客就这样被"骗"到了武汉。

正因为老人们不知情,所以,"无国界社工湖北慈宁服务处"开张不久,主任林玉敏就碰上了一个"老大难"问题。

一位老人已经濒临死亡,她认为应该将实情告诉老人。但当她和护养中心的医护人员就此讨论时,在场者没人赞同她的做法。

"每个人都有知情权,为什么不能告诉老人他们的健康程度或生命期,让他们安排好一切呢?"她不解。他们则告诉她,一旦告诉病人时日不多,病人也许会加重心理负担,加速死亡。

讨论许久,她的方案通不过。事后,她又求教于很多人,大部分人都给她相同的答案。"我们怎么知道老人害怕?就像小孩,冷了,大人给他穿衣服,热了,给他脱衣服,我们问过小孩是怎么想的吗?我们是不是习惯了充当孩子的代言人?"林玉敏把自己的困惑说给当地的同事听。

但她得到的最多回答是:你是香港人,不太了解本地文化。

她自己也曾亲身领教这种文化。一次,她在做临终关怀推广活动的前期准备工作时,随机调查了一些武汉市民。当问起对临终关怀的看法时，一位老人破口大骂："你咒我死呀，你们是不是搞殡仪的？"

事后，有人告诉她，老人自己谈死亡可以，如果子女和老人谈的话，就会被扣上"不孝"的帽子，要是别人和老人谈，那就意味着"咒人家死"。这让她有点尴尬，因为在香港，她经常和自己的妈妈讨论妈妈百年后的葬礼如何举办。

直到现在，林玉敏仍然在困扰中工作。她害怕因为向老人隐瞒死亡时间而为他们留下很多遗憾。她所要推广的临终关怀，目的就是要濒死者舒缓无憾地离开。

她选择在一些思想比较开放的老人床头，偷偷地放一些临终关怀的资料；她还会试探性地同他们探讨生死。不久，一些不能接受她的观念的老人送给她一个"死神"的外号。

【"我只想让每一个濒死的人安详离世"】

在"驿站"里，那些看上去有些沉默甚至有点木讷的老人们，多数在心里藏着或大或小的遗憾。

林玉敏的第一个服务对象是个孤寡老人，早年毕业于华中师范大学。首次和他接触时，她就碰了钉子。

她告诉老人，自己是香港来的一名工作人员，想和老人聊聊天。老人没反应。她东拉西扯地说了一会儿，老人摆摆手，示意她离开。一连数天都是如此。

凭着数年的社工经验，她知道老人害怕孤单，也不一定习惯新的居住环境，所以，她坚持每天都去看老人，老人逐渐开口了，但说话很少。有时老人不说话，她就坐在老人床边，握住他的手，陪着他看电视。握住老人的手，抚摸老人，是她学会的社工常用手段之一。

经过多天观察，这名经验丰富的社工终于找到了突破口。她发现这名老人喜欢看报纸，每天早晨都要溜出去买报纸。一天，她走进老人房间时，见他正在看报纸，就对他说："爷爷，我看简体字比较困难，你能不能给我讲讲外面发生了什么？"

话匣子一下子打开了。当天，老人很高兴地给她讲了报纸上的不少新闻。此后，老人每天都会给她讲报纸上的内容。渐渐地，他们也开始聊一些别的内容，关系逐渐融洽。她偶尔偷偷留一些临终关怀的资料在老人的床头。对此，老人并未表示反感。有时，她也会顺着老人的话，试探性地讨论一下生死。比如，她会问老人是否害怕死亡，死后的世界是什么样的等等。

有一天，她像往常一样去和老人聊天。老人突然说："小林，我快要不行了，不能给你讲故事了。"

"爷爷，你有没有没做的事，看我能不能帮你做。"林玉敏说。

老人告诉她，他有一个侄子，好久没联系了，很想让他知道自己的生死。他还说，自己希望能总结一生的经历。但他又接着说："像我这样的人，有谁会在乎呢？"

"我们都很在乎你呀。"林玉敏说。她紧握住老人的手，鼓励他写出自己的历史。

在她的鼓励下，这位一生默默无闻的孤寡老人开始动笔，书写自己的历史。林玉敏还是每天坚持去看他，每天都听他讲自己的故事。老人的病情逐渐恶化，手握不住笔了。年轻的姑娘又找来录音机，把他的话录下来，再找时间整理出来。

与此同时，她发动各种关系去找老人的侄子。她把寻找过程告诉老人时，老人开心地笑了。

老人弥留之际，她紧紧握住他的手，在他耳边大声喊道："爷爷，传记已经开了头。如果找不到您的侄子，我会好好保留。"她发现，老人在去世前，流出了眼泪。

如今，老人的侄子也未找到，她就一直珍藏着老人的传记。

"我不是死神，我是做社工服务的，只想让每一个濒死的人安详离世。"林玉敏说。她只是想多给那些老人一点关怀，让他们感觉到，在临死之时，仍有人爱着他们，他们仍有尊严。

这名年轻的香港姑娘曾多次到一些农村的福利院。老人们生活条件之简陋，常常让她感到心酸，有时甚至让她"泪流满面"。她曾听说，在一个农村福利院中，有一位老人已经死亡两天了，都没被人发现。

因此，只要老人们有需求，她和她的团队就会尽量去满足。她还要求每一位社工，都要尽可能地握住老人的手，陪他们聊天儿做活动，让他们不再感到孤单。

服务处社工黄华清服务的一位老人，在临死之前，希望能见到自己的弟弟。但老人的弟弟出门已经比较困难了，黄华清就尽量让老人和弟弟多通电话。

老人还有另一桩心事。多年前，他"休掉"了自己的前妻，一直感觉很"对不起她"，希望能当面向她道歉。但是，他已经记不起前妻的名字。黄华清几乎动用了所有关系来帮忙寻找老人的前妻。每天，她都和老人分享自己寻找的过程，老人"听了很高兴"。

老人还告诉她，他的弟弟希望能把自己接回去土葬，但他不同意，说土葬"不环保"，"还花钱多"，自己一定要火葬，并把骨灰撒到河里。不过，弟弟坚决反对。说这些话的时候，黄华清发现，老人始终是"笑眯眯的"。

老人的前妻最终未能找到，但老人走的时候"很安详"。

3年来，林玉敏和她的同事知道了很多离世老人的秘密。她听一位老人告诉她，自己为年轻时做错的一件事而忏悔终生；另一位老人则在去世前，向她"传授"了自己掌握的一门独特的种植技术。

这样的故事多了，连社区养老的一位老人也找上了门，希望林玉敏帮忙找到自己的初恋情人。老人并不是服务处的服务对象，听到老人的心愿后，林玉敏还是立即联系了自己的记者朋友，在媒体上发布消息，最终帮老人实现了这个心愿。

【"临终关怀的重点是关怀，而不是临终"】

住在护养中心的老人，走了又来了。有的老人，在护养中心养好身体后，不再是临终关怀的对象，就又回到了原先的福利院。他们带去了林玉敏的天使般的形象，也带去了她"死神"的名声。

为了让更多老人接受自己，林玉敏开展了一系列活动。护养中心逐渐出现了一些新气象：老人们不再躺着等死，而是参与到社工们组织的一些活动中。他们亲自做卡片、画图，还在社工们的鼓励下，去帮助那些更需要帮助的老人。

有一位老人发现护养中心不给他治病，非常气愤，每天嚷嚷着要离开。每次活动，社工都会邀请他参加，可是他从不参加。后来有几次，社工故意没叫他，想吊吊他的胃口，有一天，当社工走进老人房间邀请另外一位老人时，那位始终不愿意参加活动的老人突然抓住社工的手，问社工为什么不叫他。

那次活动，老人做了很多卡片，还把做好的卡片送给别人。活动结束时，他兴致勃勃，不愿离开。从此一发不可收拾，每有活动，老人都参加。

在医护人员照料下，老人身体逐渐恢复，不再是临终关怀的对象。在离开护养中心回福利院的那天早晨，老人跑到林玉敏的办公室，问还有没有什么活动？能不能参加完再走？

这让林玉敏感到很欣慰。她清楚，老人们终于开始认可她的做法了。

还有一位老人也是林玉敏的服务对象。每天，这名香港女子都要和老人拉拉家常。趁老人心情好时，她就会偷偷留一些临终关怀的资料。刚开始，老人很"反感"。他告诉林玉敏："我是来看病的，不是来临终的。"

后来老人身体状况逐渐恢复，就回到了原先的福利院。林玉敏和她的团队到福利院回访老人时，正赶上了老人老伴的葬礼。他们帮忙做了很多工作，并承诺老人，当老人老伴去世百天之时，去给她上坟。

在老人的老伴"百天"快到之时，老人打电话给林玉敏，拉了一些家常，并提醒她，老伴的"百天"快到了。

老人老伴"百天"之时，恰逢雨天。林玉敏租了一辆车，带着几名社工和义工，前往百公里之外的地方，去给老人的老伴上坟。一天下来，他们又饿又累又冷，但老人那天流出了眼泪。后来，老人就到处宣传林玉敏的临终关怀理念，并把一些宣传资料贴在福利院院长的办公室。

在林玉敏多年的社工工作中，她经常发现一些机构或义工，在为弱势群体服务时，多是买上一些物资，分发到他们手中，然后就离开了。在香港做社工时，有一次，一位院舍老人半开玩笑地和她说："我们不是动物园里的动物。不要经常安排社工走马观花地看望我们。"她当即明白，老人们更希望社工们能坐下来和他们拉拉家常，说些体己的话。

因此，到武汉后，她经常向队友们强调："临终关怀的重点是关怀，而不是临终。"

她鼓励她的团队走出去，到福利院陪老人聊聊天儿，拉拉家常。她还曾带着专业摄像师，到一个偏远的福利院，委婉地劝说老人照百年照，冲洗好后，再给他们送过去。服务处还经常组织义工，给福利院的老人理发、剪指甲等。

去年，林玉敏倡议"一人一封信"活动，建议社工和义工与福利院的老人互相通信。

义工刘春凤这些天老在想，福利院的李爷爷怎么还没给她回信。她想，信是不是已经到了班级的信箱，分发信件的人还没顾得上取信？为此，她偷偷抠过班级的信箱。她又想，要不要再给爷爷写一封信，问问他是不是信寄错地方了？她还想，春节快要到了，她应该买一张卡片，最好能在春节当天送到爷爷手中……

李爷爷的老伴去世百天时，刘春凤曾随林玉敏去给他老伴上过坟。回到武汉后不久，刘春凤便给老人写了第一封信。

信的内容，多是一些寻常话，比如，要注意身体了，要经常笑一笑等等。这名调皮的大学生，还在每句话的后面，都画上一个笑脸。两页信纸寄了出去，很快就收到了回信。在回信中，老人一再强调，收到她的信后，自己"高兴极了"，"好开心好幸福"，并希望能经常收到她的信。"老人们都很孤独，我们能做一点就做一点吧。"刘春凤说。

（二）案例评析

生、老、病、死本是人生必经的阶段，但人们往往难以接受老化、疾病或死亡等的现实。要处理因死亡而来的伤痛，更是不少人一生中最大的难关。因此，社会工作者在接触患有末期绝症的老人及他们的家人之前,必须先接受有关的知识及技能培训。无论年资深浅,去了解和面对死亡及丧亲之伤痛对社会工作者而言,不仅是老人服务工作的必然部分,更是当中最具挑战性的一环。痛失老人,又或是协助家人平伏丧亲哀痛,都会时刻提醒我们死亡将或迟或早以同样方式临到每一个人身上的事实;另一方面,社会工作者还要替服务对象承受一部分丧亲、丧偶、丧友,甚至是丧子、丧女的痛苦,死亡的焦虑因而成为老人服务中最显著的挑战。害怕自己或所爱的人将会死亡而产生的恐惧不安,可能会削减社会工作者从事临终服务工作的意愿,严重的甚至因而不会考虑以老人作为服务对象。

虽然一般人以为老年人应该会为死亡多作准备,但老年人与其他年龄的人一样,大部分的人都没有真正准备好面对死亡。有宗教信仰的人和积极的老年人较愿意接受死亡的事实。面对生和死,哲学家认为是一个哲学问题,存在与不存在的问题;宗教和心理学家认为人无论什么年纪,都要从自我的生命中找到它的完整价值,才能过有意义的生活,才会无惧地接受死亡,面对和为死亡做好准备。老人面对老化过程所带来的身体、心理和社交挑战、朋友和家人离世,当然就会不期然地联想到自己的死亡。帮助老人回顾人生就是以协助老人说出自己未了的心愿和令他们为自己的人生感到平安和快乐为着眼点。其实,死亡一事对老人而言并不可怕,他们有的甚至早已在心里想过这个问题了。可惜,有时社会工作者本身对死亡存着惧怕和逃避的态度,也可能是迷信,或未准备好怎样去跟他们谈死亡的话题。因此,社会工作者需要去探索自己对死亡的看法和感受,这样才可以成为一个专业、有效、温情的老人服务社会工作者。

三、任务实训

1. 实训案例:我们需要中国式的劝慰之道[①]

在一家肿瘤医院,一个病人病床周围的帘拉了起来,形成一个独立空间,接着他和我低声交谈起来。

他告诉我:"真的,我对这个世界已经不留恋了,别的不说,地球环境污染这么严重,没什么好待的。"

我一愣,没想到他会提到环境污染,而且他不像是在开玩笑。

作为临终关怀志愿者,我知道他不是真的失望,他是在内心中尽力寻求平静,进而找到了这个让自己从容离去的"理由",我的任务就是附和这一点,强化这一点,让他更加平静,于是,之后的交流中,我和他一直在谈环境污染的问题……

我认为,中国的临终病人,大都没有宗教信仰,他们会用各种方式为自己的"非正常"离世寻找安慰,对他们来说,这非常艰难,同样感到艰难的是临终关怀志愿者,他们不能像西方志愿者那样告诉病人"你不是死去,你是到了幸福无比的天堂,我们甚至还美慕你呢"等等,中国临终关怀的最大难点在于:西方历时几十年的一整套非常成熟的临终关怀方法,由于建立在宗教以及"来世"基础上,中国临终关怀志愿者无法直接使用。

找到系统的针对中国绝症病人的"中国式临终关怀劝慰之道",需要更多的关怀实践。

但是,这样的实践,目前很难开展。

---

① 资料来源:http://focus.news.163.com/10/0818/18/6ECUSD7L00011SM9.html

有一次，我在一家以高危老人为主的临终医院看到这样的场景：一个女大学生志愿者面色凝重地走进医院，看过一楼的病房，她已经眼圈发红，到二楼的时候，眼里已经有了泪水（她觉得这些临终老人太可怜了），最后，在三楼，她和一个老人抱在一起哭。

临终关怀需要志愿者具备超强的心理承受力，不仅是面对生命最后阶段的残酷，还要面对病人最后阶段不堪入目的面容，以及病人接连逝去时内心的无助与痛苦。而这些，还不是目前中国志愿者的主体人群所能立刻适应的。

再有，绝症病人对生命以及痛苦有着超乎常人的体验，从某种意义上说，他们都是人生的"哲学家"，如果志愿者没有一定阅历以及深刻的感悟力，绝症病人则不愿意与之交流，尤其在身体很不舒服的情况下。

实际上，适合做临终关怀志愿者的应该是 30 岁以上的人，但这样的人在中国志愿体系中，本身就比较少。

尽管有太多的艰难，但是，中国有世界上最多的人口，就意味着有最多的临终病人，这个世界上"最大的临终群体"理应得到专业的临终关怀，并于最终获得内心安宁，要知道，一旦病人真的可以这样，其表现会让所有人感到莫大欣慰，就像我在一个医院看到的，一个七十多岁的绝症老人，她的要求是：所有看她的家人以及朋友，都要在临走时轻轻吻一下她的额头，而当亲友微笑地这样做时，她则闭着眼睛，平静地甚至幸福地享受着这最后一吻……

2. 案例分析

对年轻社会工作者来说，与老年人讨论死亡或者预备死亡是极具挑战性的。事实上，相对于其他年纪的人士，老年人对死亡比较接纳和更愿意去讨论。无论他们是否已对无可避免的死亡做好准备，对长期病痛的恐惧也许都是预料死亡将至时最令人害怕的事。

在临终关怀过程中，心理护理是最重要的环节。多数绝症患者得知自己的病情时，通常会经历愤怒、否定、沉默、面对、配合几个阶段；且多数病人很难度过前三个过程，并存在自杀等危险。正因如此，不少家庭选择向患者本人隐瞒病情，但专家指出，"患者也有知情权，让患者了解病情、正确积极地面对死亡才是对病人最好的尊重。"

在心理护理中，一方面是对患者的心理护理，需要医护人员向患者解释病情、认识病情、进一步理解治疗是有意义的，以减轻患者的疑虑；另一方面，是对家属的心理护理，对其进行死亡教育，先让家属正视死亡，再让其协助医生对病人进行心理辅导。

由于中西方传统人文观念不同，对死亡的认识不同，很多患者不能正确理解死亡、面对死亡。在临终关怀工作中，让患者了解病情、正视死亡、更合理地安排剩余的生命时光，则成为目前临终关怀事业的难点。

与国外很多发达国家相比，我国临终关怀事业仍处于起步阶段，现对临终病人的临终关怀的主要模式有：宁养院、社区的临终关怀家庭病床、临终关怀医院、综合医院的临终关怀病房等。但多以社会福利及民营为主体，而具有临终关怀病房的综合性医院只在个别城市的个别医院才拥有，且数目甚少。

据了解，我国每年需要临终关怀的人中，只有不到千分之一能真正享受到这项服务。三级医院一般不收治此类病人，主要原因是经费问题，其次多数医院考虑自身有限的医疗资源，以及病人所承受的过高的经济负担。

在国外，社会爱心人士、义工等都会参与到临终关怀服务中。中国目前还没有较为成功的运行模板，临终关怀事业仍然在探索中。

3. 实训作业

你赞成作者的观点吗？你是如何看待临终关怀的？

四、巩固提高

1. 知识回顾

（1）死亡与濒临死亡问题是老年社会工作的一部分。
（2）临终老人的需要。

2. 任务实训

临终关怀作为一个名词，源于中世纪，是指为患病的朝圣者或者旅客修建的庇护所。现代临终关怀运动则将它引申为对垂死病人的一种照护，使病人有尊严地离去。在医学上，临终有着严格的定义："指人在医学上已经被判明无法治疗，将在3～6个月内死亡的一段生命旅程。"

世界上第一所临终关怀医院——克里斯多弗医院，由一位英国护士桑德斯于1967年创办。20世纪70年代中期，美、德、法等发达国家建立起各种形式的临终关怀机构。

2010年7月底，英国经济学家集团旗下的信息分析机构——经济学家信息部（EIU）推出的首例"死亡质量报告"，对40个主要经济体关于死亡前看护质量做出评估并进行排名。排名最高的是英国，其次是澳大利亚、新西兰和爱尔兰，而中国则排名倒数第四。

为何中国的排名如此之低？中国临终关怀的真实现状又是如何？

通往通州的京通快速路上，快速而繁忙的来往车流中很少有人注意到，双桥出口附近，在绿树掩映中有一座名叫松堂的临终关怀医院。

上午9点，在医院庭院一角的绿荫下，一位七十多岁的老人吃了几口饭就闹小脾气不吃了。站在身旁的护士边喂边哄："张爸，再吃两口，咱就不吃了好不好？"老人乖乖地张开了嘴。院子的其他地方，还有许多老人坐着轮椅在看护人员的陪同下活动。

和这座永远向前奔跑的城市不同的是，这个院子里的人们早已甩开了快节奏的生活，安心地等待生命最后一刻的到来。正是这家不起眼的医院，已经为两万多位老人带去了诚挚的关怀和帮助，使他们在临终前依然感受到生命的尊严和安详。

【23年搬迁7次】

在医院中式的三层小楼里，几乎每间病房都住满了老人。每间病房外都有一张提示单，记录着老人是否可以交谈，是否需要安静等信息。老人大多在安然入睡，或者静静地望着窗外人来人往。

这所创建于1987年的松堂医院，是中国第一家临终关怀医院。

从最初的6张病床发展到如今能收治近两百名病人，已经走过了23个春秋，住在松堂医院的人有95%是被各大医院定性为"生命末期"的人，平均年龄82岁，年龄最大的是109岁，最小的才刚刚出生。

不过，让院长李伟评价这23年走过的历程，他却说到松堂医院每一次搬家的情景。从1992年到2003年的11年间，他领着百多位病况危急的老人辗转于北京城的东南西北，一共被迫搬家七次。

搬家，对于普通家庭和个人来说，都是一件麻烦又琐碎的事情；对于一个以临终病人为住院群体的医院来说，更是无法想象。一些病人家属提出一些建议，为什么不搬到城里、社区里面去呢，那里老人集中。

"搬到城里？谁不想呢？但现实是很多人不理解临终关怀是什么，我们只能远离人群。"

有一次，搬去一个社区，"社区的群众不让我们进入，谁也不想接收我们这些八宝山前一站的临终老人，居民们围堵我们的车，坚决不让这些躺在病床上的老人们下车。起码有上百个群众围在医院门口。好些人围在一起，有一个小伙子特别激昂地在给大家讲：'我们一定要团结起来抵制他们，如果他们真的搬进去了就轰不走了，这是一家死人医院，要搬进我们社区里头，天天死人，我们这辈子也发不了财了，多晦气啊。'"

【传统的羁绊】

"死亡和濒死在中国文化中被视为晦气。"正是这样的观念令松堂医院的临终关怀之路走得格外艰辛。

而这也正是中国临终关怀事业发展的写照，传统的观念让中国二十多年的临终关怀事业进展缓慢。

"我们中国人总是在强调优生，又是胎教又是营养的，但却避讳死亡，从来就没有优死的观念。"年近花甲的院长李伟遗憾地告诉记者。

松堂医院副院长朱林回忆，曾经有一位刘姓老师离异后带着年幼的儿子和半身不遂的母亲一起生活在大杂院里。除了上班、照顾儿子，更难的是侍候母亲。邻居们都知道他非常孝顺。

但半年之内，母亲还是被烫伤2次，全身发生了22处褥疮，屋里味道难闻不堪。居委会动员他将母亲送到松堂医院，刘老师从感情上接受不了：现在是母亲最需要他的时候，怎么能推给医院呢？最后虽然勉强答应送去试试，嘴里还一直解释："我真是没办法才把母亲送到这。"两个月后，母亲身上的褥疮慢慢痊愈，精神也好起来。儿子想让她出院回家，她却执意不走了。

"养儿防老的观念在中国根深蒂固，如果哪家把老人送到临终关怀医院，不孝的大帽就来了。"

【家属的疑惑】

即便是将老人或者绝症患者送到临终关怀医院，很多病人家属也不能马上理解什么是临终关怀。

37岁的张大诺从2003年起就在松堂医院担任志愿者，每周他都会去医院2~4次，坐在床边和病人聊天，进行心理护理。对他来说，病人家属的不理解是他护理最大的干扰。

"在我关怀过的一百多个临终病人中，只有两三例是家属主动找上我的，其中一例还是再三观察了我与其他病人交流后才对我说：'要不，你和我妈妈也聊一聊？'"

在临终病人治疗过程中，心理护理是最重要的环节。

心理护理，一方面是对患者，需要医护人员向患者解释病情、使病人认识病情、进一步理解治疗是有意义的，以减轻患者的疑虑；另一方面，是对家属，对其进行死亡教育，先让家属正视死亡，再让其协助医生对病人进行心理辅导。

"但中国人忌讳谈死，甚至用各种替代说法代替'死亡'的意思。跟病人及其家属谈死亡，是很难接受的，临终关怀也很难摆到桌面上来谈。"

有一次，护士长已经把张大诺引荐给病人，又被不知情的家属揪了出去，并被"押解"到护士长办公室"对质"。面对家属，这位志愿者也不敢说是临终关怀，只说是"病人关怀"。

【欠熟的产业】

除了观念上的障碍，中国的临终关怀还缺少一个完整的体系和规范。

我国目前开设临终关怀的医疗机构估计100家，几千张床位，但是每年需要临终关怀的人却多达几十万，供需极不平衡。

去年9月，旅美博士傅旻的婆婆在美国突发中风脑溢血，被医院确定为临终阶段，几天后被转移到家里。接着，由医生、注册护士、社工、宗教辅导、照料者和药剂师组成的临终关怀团队就开展了对她和家人的临终关怀。

在美国临终关怀已形成产业，主要以入户服务为主。临终关怀机构首先会帮助患者家庭增添必要的医疗设备，以确保病人所处环境的卫生、安全、方便。接近生命终结期，随着病人对死亡恐惧的增加，专业人员会敦促家属持续陪伴在病人身边，进行精神安慰。当病人最终离开后，死者家属通常难以承受丧亲之痛，临终关怀服务会继续提供为期1年的情感支持，有的还定期举办活动，缅怀死者。

身为应用养老学博士的傅旻告诉《国际先驱导报》的记者："相比较之下，中国的临终关怀概念或者定义并不清晰，所提供的方式和系统就比较混乱。中国现阶段的临终关怀大多都是一般的医疗护理服务，所以中国的临终关怀并不完全符合国际上对临终关怀的定义，如果一定要按照国际上的标准来衡量，那一定会有许多缺陷，因为这样是没有可比性的。"

对此，上海复旦大学附属医院的成文武教授认为，现阶段中国纯粹的临终关怀机构还太少，而且临终关怀的观念没有得到广泛的普及。大多临终关怀的机构也没有规范化，临终关怀也没有成为国家医疗体系的一部分，也没有相关的政策来扶植，所以中国临终关怀至今还是举步维艰。

"生如夏花之绚烂，死若秋叶之静美，点一盏心灯，让生命泊于安宁。"为什么我们不能让更多的人笑着离开人间？

收集资料，谈谈你所了解的世界各国临终关怀的真实现状又是如何。

3. 问题思考

临终关怀的伦理学意义是什么？

参 考 文 献

[1] 隋玉杰译. 老年社会工作[M]. 北京：中国人民大学出版社，2008.
[2] 王树新. 老年社会工作[M]. 北京：中国劳动保障出版社，2007.
[3] 范明林. 老年社会工作[M]. 上海：上海大学出版社，2006.
[4] 范明林. 老年社会工作案例评析[M]. 上海：华东理工大学出版社，2010.
[5] 张恺悌. 老年社会工作实务[M]. 北京：中国社会出版社，2010.
[6] 梅陈玉婵. 老年社会工作[M]. 上海：格致出版社，2009.
[7] 仝利民. 老年社会工作[M]. 上海：华东理工大学出版社，2008.
[8] 刘静林. 老年社会工作[M]. 北京：中国轻工业出版社，2005.
[9] 张福娟. 残疾人社会工作案例评析[M]. 上海：华东理工大学出版社，2010.
[10] 王瑞鸿. 社会工作项目精选[M]. 上海：华东理工大学出版社，2010.
[11] 马伊里. 社会工作项目精选[M]. 上海：华东理工大学出版社，2007.
[12] 童敏. 社会工作实务基础[M]. 北京：社会科学文献出版社，2008.
[13] 邓恩远. 社会工作方法与实务[M]. 北京：北京大学出版社，2009.
[14] 何式凝. 中国社会工作案例[M]. 上海：上海人民出版社，2008.
[15] 陈钟林. 社区工作方法与技巧[M]. 北京：机械工业出版社，2005.
[16] 方青. 社会工作概论[M]. 合肥：合肥工业大学出版社 2006
[17] 黑珀渥斯著，张宏哲译. 社会工作直接服务——理论与技巧[M]. 台北：洪业文化事业有限公司，1999.
[18] 李晓凤. 社会工作——原理·方法·实务[M]. 武汉：武汉大学出版社，2008.
[19] 朱眉华，文军. 社会工作实务手册[M]. 北京：社会科学文献出版社，2006.